西方经济学圣经译丛（超值白金版）
晏智杰◎主编

The Economics of Imperfect Competition

不完全竞争经济学

［英］琼·罗宾逊◎著
王翼龙◎译

华夏出版社
HUAXIA PUBLISHING HOUSE

《西方经济学圣经译丛》序

翻译出版西方经济学名著，如以1882年上海美华书馆印行《富国策》[英国经济学家H.福西特（1833~1884）《政治经济学指南》（1863年）中译本]为开端，迄今为止已有一百多年历史。回顾这段不算很长然而曲折的历程，不难看出它同中国社会百多年来的巨大深刻的变迁密切相关，它在一定程度上是中国思想界特别是经济思想界潮流和走向的某种折射和反映。单就中华人民共和国成立以来对西方经济学名著的翻译出版来说，窃以为明显呈现出各有特点的两个阶段。改革开放以前几十年间，翻译出版西方经济学著作不仅数量较少，而且其宗旨在于提供批判的对象和资料。对于出现这种局面的不可避免发生及其长短是非，人们的看法和评价可能不尽一致，但此种局面不能再原封不动地维持下去已是大多数人的共识。改革开放以来，对西方经济学著作的翻译出版进入到一个新阶段，短短二十多年间，翻译出版数量之巨，品种之多，速度之快，影响之广，均前所未有，呈现出一派生机勃勃的繁荣景象。这是中国社会改革发展的需要，也是历史的进步，主流无疑是好的；但也难免有选材不够精当和译文质量欠佳之嫌。

华夏出版社推出这套新的《西方经济学圣经译丛》，可谓正逢其时。在全面建设小康社会的新时期，随着社会主义市场经济体制改革的深入，随着中国经济学队伍的建设和壮大，我们需要更多更准确更深入地了解西方经济学；而以往几十年翻译出版西方经济学所积累的经验教训，也正在变成宝贵的财富，使我们将翻译出版西方经济学名著这项事业，得以在过去已有成就的基础上，百尺竿头，更进一步。我们会以实践为标准,比以往更恰当地把握选材范围和对象,尽可能全面准确地反映西方经济学的优秀成果,将各历史时期最有代表性和影响力的著作纳入视野;我们对译文质量会以人所共知的"信、达、雅"相要求,尽力向读者推出上乘之译作。我们还会认真听取广大读者和学者的任何批评和建议,在分批推出过程中不断加以改进和提高。

在西方经济学迄今的发展中,涌现了数量不少的重要著作,其中亚当·斯密《国富论》(初版于1776年)、马歇尔《经济学原理》(初版于1890年)和凯恩斯《就业、利息和货币通论》(1936年),是公认的三部划时代著作。《国富论》为古典经济自由主义奠定了基础;《经济学原理》作为新古典经济学的代表作,为经济自由主义做了总结;《就业、利息和货币通论》则标志着经济自由主义的终结和现代国家干预主义的开端,故将它们同时首批推出。其他名著将陆续问世。

晏智杰
北京大学经济学院
2004年11月15日

目录 Contents

前　言　1
导　论　3

第一篇　方法论

第1章　几项假设　3
第2章　几何学　13

第二篇　卖方垄断均衡

第3章　卖方垄断均衡　33
第4章　需求的变化　45
第5章　成本的变化　61

第三篇　竞争均衡

第6章　供给曲线　71
第7章　竞争均衡　78
第8章　租金插叙　88
第9章　完全竞争条件下的供给曲线　105

第四篇　卖方独家垄断产量与竞争产量比较

第 10 章　四类成本曲线插叙　117

第 11 章　卖方独家垄断产量与竞争产量比较　127

第 12 章　论比较　138

第 13 章　卖方垄断价格管理　142

第 14 章　对比较的异议　148

第五篇　价格歧视

第 15 章　价格歧视　161

第 16 章　价格歧视的寓意　184

第六篇　买方独家垄断的市场结构

第 17 章　买主插叙　193

第 18 章　买方独家垄断的市场结构　199

第 19 章　买方垄断和卖方垄断与完全竞争的关系　209

第七篇　生产要素的需求

第 20 章　边际净产量插叙　215

第 21 章　个别雇主的劳动需求　223

第 22 章　一种行业的劳动需求曲线　231

第八篇　卖方独家垄断与竞争的劳动需求比较

第 23 章　卖方独家垄断与竞争的劳动需求比较　243

第 24 章　对比较的校正　248

第九篇　剥　削

第 25 章　对劳动的卖方独家垄断的剥削　255
第 26 章　对劳动的买方独家垄断的剥削　264

第十篇　一个卖方独家垄断领域

第 27 章　一个卖方独家垄断领域　279

结论　297

附录　报酬递增和报酬递减　299

前　言

本书除换一种方式重说有关经济理论的流行看法外，还包含我认为是新的某种内容。不过，虽然并非都是新的见解，但我可以肯定地说"这都是我自己的发明"。特别要提一下的是，我一直承蒙R.F.卡恩先生的帮助。书中所附一应技术性考证资料都是他帮助集腋成裘提供的，很多重要问题，尤其是价格歧视问题和剥削问题等，他解决得与我解决得一样多。他还提出了大量数学证法，求出这些证法，我自己怕是力不从心的。大体上，我是在马歇尔和庇古教授奠定的基础上尽力逐步扩大范围的。这是经济学家们无不从中受惠但又或许不予重视之处。我多半是在我认为我发现了细节有误之处才提及他们的著作的。

就近些时候的著作说，使我受益匪浅的，首推皮耶罗·斯拉法先生发表于1926年12月《经济学杂志》上的文章，还有E. A. G. 罗宾逊先生的著作《竞争行业的结构》，以及G. F. 肖夫先生分别发表于1928年6月和1930年3月《经济学杂志》上的文章。斯拉法先生的文章必须看做是源头，我的著作是从这个源泉流出的，因为本书的主要目的就是试图落实他的意义重大的建议，即整个价值理论都应该按照垄断分析加以论述。罗宾逊先生论述企业最适度规模的著作，是我的竞争均衡论的基石，且在有关报酬递增和报酬递减的附录中发挥了重要作用。肖夫先生的几篇论文奠定了我对租金和四种成本曲线所作的论述的基础。但仅仅了解那几篇论文的读者，会大大低估我对他的感激之情，因为过去他在剑桥大学的多年教学，都直接或间接地影响了我论述很多经济分析问题的整个思路。我受肖夫先生影响而形成的具体一些的观点，是这些观点一出现就悉数承认其来龙去脉的，但我对他的感激之情，则绝不应认为就仅限于这几个论点。

某几个带有限定性的问题非予以解决不可之时，详尽阐述经济理论的时机便到来了，而且，很多作者都是独自研究这些问题的。因此，待到集中点的几个问题彼此殊途同归之时，有很多时刻，几个探索者竟是感到意外的，且也是颇有些沮丧的。此类时机中，"边际收入曲线"的来历堪称是一个引人注目的例子。此项工具，在我的著作中起着极大的作用，本书就是由应用它于各种问题中而引起的，但我本人并不是紧接着抵达该殊途同归之集中点的很多探索者中的一员。该殊途同归之集中点我最早是从马格达伦学院的 C. H. P. 吉福德先生那里获悉的，他当时在剑桥大学参加经济学荣誉学位考试。不久，克莱尔学院的 P. A. 斯隆先生给我看了一篇该校未发表的论文。接着，P. A. 哈罗德先生把该文的观点发表于 1930 年 6 月号《经济学杂志》上的一篇必然与斯隆先生的文章差不多同时写成的文章中。在后来的一篇文章（《经济学杂志》，1931 年 12 月）中，哈罗德先生以某种分析的形式着手对边际和平均曲线之间的某种关系进行论述，这种关系我已借助于几何发现了。该集中点，我可以宣称我是通过自己开辟的一条路抵达的，但他对平均和边际价值之间的基本关系的分析和阐述，一发表就对我极有帮助。与此同时，很多探索者也加入到了边际收入这个集中点的迅速壮大的群体中，T. O. 英特马教授（我不认识，他也预言会有哈罗德先生平均与边际价值的关系的公式）也早就加入了这个群体（《政治经济学杂志》，1928 年 12 月）。E. 施奈德博士、H. V. 斯塔克尔贝格博士和梅赫塔教授等等似乎都分别发现了这种关系。就连该概念的命名也展示了少许巧合。我对吉福德和哈罗德对该概念所取的名称不满意，是罗宾逊先生后来为我给它取名为"边际收入"的，而这是在瓦伊纳教授发表一篇文章（1931 年 9 月）前取的名，和瓦伊纳在他的文章中取的是同一名称。

"替代弹性"这个概念提供了此类巧合的另一个例子。因为在我早些时候首次使用这个概念后，J. R. 希克斯先生在他发表的《工资理论》一书中对该概念进行了阐述。希克斯先生的著作发表时，我的论述工资的著作差不多完成了，但一项对他的成果之一的研究让我排除了我的论点的一个错误。在该领域的这一部分，D. H. 罗伯逊先生论述的"对工资不满的缘由"的观点的光辉文章《经济学遗存片段》，是我负有最大文债之处。

多位学者近年来一直致力于构想论述垄断问题的方法，有些想法与我的有相似之处。施奈德博士和斯塔克尔贝格博士已经发表了一两项研究成果，这已收入我的工具箱中。但我以为，使用简单的几何方法就能说明问题时，采用过于复杂的数学分析，这会有损于他们的工作。不过，佐特恩博士的《垄断问题》一书使我深受启发，他只利用了马歇尔采用的"面积"方法。他在换一种方式重说他在"边际"术语上取得的部分结果的过程中，至少提出了一个重要的论点。张伯仑教授的《垄断竞争理论》提供了多个不谋而合的成果，可出版晚了些。这些巧合，我无从在本书中加以详述了。

该领域或许还有我不知道其进展的另外的探索者。如果我的成果与另外某一位作者的成果存在雷同之处可又没有提及的话，那就必须理解为不是我的同道探索者我并不认识，就是他的著作是在我的著作已经完成时出版的。但是只要有可能，我都会提到我认为我的研究在抵达该集中点时就已在那里的探索者的名字的。

承蒙 C. W. 吉耶博先生拨冗读了我的文稿，而且提出了多个有助益的建议。最后，除了他的建设性的建议以外，该著作从开始筹划到后来的每一个阶段，我都得益于卡恩先生的批评指正。为此，读者以及我本人，都应对他表示感激，因为他纠正了书中的无数差错。

本书第 7 章有几节作了几处改动，它取自于（作了几处改动的）1932 年 12 月的《经济学杂志》上的文章，是经编者许可用于本书的。

琼·罗宾逊
剑桥大学
1932 年 10 月

导 论

"关心经济分析的人中包括工具的制造者和工具的使用者"。①本书,是为专事分析的经济学家配备的一种工具箱;本书,是专就经济分析用的方法所作的一项尝试,对我们理解现实世界,也就能起一点间接的作用而已。经济学家们只有把他们的工具用于观察到的种种事实,才能逐步建立起有关现实世界的工作模型,他们的目标就是要建立这种模型。掌握这工具箱,是总攻在即浅尝辄止的;而对急欲出成果的那些人来说,与工具使用者的丰硕成果相比,就是拥有了这个工具箱但也还是大为逊色的。工具制造者与工具使用者之间的这一分歧,是大到了令人苦恼的程度的,经济学家们对政治学家们、企业家们和统计调查者们表现出的焦急,都不会不深表同感的,但后者却对极其贫乏、枯燥甚或误导的信息啧有烦言,这种信息是专事分析的经济学家们所提供的。假如某个政府急欲了解在某种实际情况下,它是否该答允一家铁路公司有权收取差别待遇价格,一旦告知要看各类货物运输的需求曲线的相对凹性时,那么,不论是否任由实施差别运价,铁路都将承接大一些吨位的货物运输,这样会使政府感到不悦的。若是有合理化方案正在付诸实施,因而公众急欲知道生产集中于几家企业的结果是否可能导致涨价,那么,只要各企业产品的边际成本曲线与需求曲线平行,价格就会保持不变,余则毋庸赘言。动手实干的人对他要的是面包而某经济学家却

---

① 庇古:《经济分析的功能》,1929 年,重印于《经济学论文集和演说集》,第 3 页。

给了他一块石头这一点牢骚满腹,这是情有可原之事。但专事分析的经济学家对这些怨言的回答,不应是扔掉他的工具,进而孤注一掷并赤手空拳地埋头研究起现实世界中的盘根错节的问题来,他理应着手详尽阐述他的分析,以便能早日开始得以付诸应用。某种简单的分析只能依据简单的假设进行,分析越是复杂,据以发挥作用的假设就越复杂,而且这些假设与现实世界的复杂条件也就越贴近。讲求实际的人要有耐心,经济学家们则务必使其手中的工具精益求精,但愿迟早能满足注重实效的人们的要求。

这样一种理想境界,实现之日依然遥遥无期。与此同时,某经济学家虽是竭尽所能,但至多也就是百般细心精确地利用他所拥有的工具而已,他回答某个一般问题时还得绞尽脑汁,讲清楚回答中所隐含的涉及该问题的性质所作的假设。如果那些假设是差不多已经达到使所作的回答合乎要求的状况了,那么此时,动手实干的人就都能接受这种回答了;但如果那些假设非常抽象,那么此时,这位经济学家也就只会使这位动手实干的人莫名其妙,而他自己则名誉扫地,其源概出于他自己就假设且待回答的问题与正提出的问题是同一问题。

但经济学家常常拙于以必要的准确性表述他们的假设这一事实,绝不应归因于口是心非,而应归因于一种被误解的谨慎。在动手实干的人的面前,专事分析的经济学家(虽然其言谈举止通常掩饰事实)是意识到自己的争强好胜的。在尝试解决某种新问题并着手作出使之可解决所必需的假设时,他不得不设想那重实际的人要是瞥见那一系列假设后旋即会作出何等嘲弄人的评论。然而,他易受强烈诱惑,因而把一些接近于实际问题的假设但又凭借他所掌握的技术无以解决的问题的假设尽收其一系列假设之中,或是仅限于使之易于解决,但又隐去了限制它的假设的问题(他太过于谦虚,以致整体省略了它们),他希望不会有人注意它们。

这样的行为尽管源自令人钦佩的谦逊,但却还是使人反感并违反对重实际的人的信任。假如某经济学家以无理性的快乐借以提出他的假设,使重实际的人愤慨——以掩饰此行为深受其自己鼓舞,那么,他就不可能指望重实际的人与他分享,即他正在着手探讨经由唯一途经给他提出的那种问题,沿着该途经,甚至还有找到答案的机会。

本书力图符合这种标准,要是书中的一些表尚缺乏某种必要的假设,那就必须视若说明我陷入了第三个陷阱之中,这个陷阱挡了经济学家的路:他连自己都不知道他尚有哪些假设。

在老式教科书中,通常都是按照完全竞争的观点着手价值分析的,这种分析方案几乎是同质的,而且还有某种审美魅力。但是在某一章的某处,有关垄断的分析就不得不着手进行了。这就呈现出了竞争分析永无可能消化的一大堆难题。我们援引斯拉法先生的评论:"当然,当我们获得在垄断和竞争方面作为各行各业实际状况研究所需的工具时,有人告诫说,这些通常并不适于一类或另一类,但会存在于中间地带,而且按照各自的特殊情况,一个行业的性质不是更近似于垄断制度,就是更近似于竞争制度。"① 但是,这些中间情况该如何予以论述,教科书中则从未有过任何一点很清楚的指导。作为现实世界的一种写照,这种理论是不足以令人相信的,并且作为一种纯粹的分析的构造,它还有颇为令人不舒服的一种外观。

此外,现实世界与有关价值的竞争分析之间的关系,因有频频出现的曲解而受到了更为深刻的误解。由于受其方案中完全竞争的逻辑顺次的误导,经济学家是有点儿身不由己了,干脆认为现实世界无疑是同样重要的了。他们一发现现实世界存在的"企业的内在经济性"与完全竞争的假设不一致的某些现象,未等想起简单地解释现实世界并不能满足完全竞争的假设,就忙不迭地意欲寻求有关这种现象的某种复杂解释了。要不然,他们就是很想将这一理论方案引入某些要素,这些要素表面上看来似是能说明现实世界的种种现象的,然而,若果真引入,那就会彻底毁掉这种理论方案的逻辑的一致性。

正是处于混淆的这样一个时刻,斯拉法先生断言,"因此,必须

---

① 《竞争条件下的收入规律》,载于《经济学杂志》,1926 年 12 月,第 542 页。

摒弃自由竞争之路，要改弦易辙，即实施垄断"。①

斯拉法先生在书中用沉重笔调分析的垄断问题一发表，顷刻就使竞争分析即告烟消云散。也就是说，由一如既往的相同的一些要素构成的整个分析方案，现在可以按照另一种完全一样的方式加以分析了，书中再不会有哪几个章节出现一些难处理的是非不清的问题。以下两个简单例子就能说明起作用的这个过程。

首先谈垄断的定义问题。按照原有的方案，以纯粹垄断为一极端和纯粹竞争为另一极端的这样一个系列排列的各种现实情况非常多，但是对于纯粹竞争和纯粹垄断的定义则极难找到。初一看，说某种商品在某个市场上的需求由很多生产者予以满足时竞争就存在了，而垄断则是由一个生产者予以满足时才存在，这似是足够容易的。但是，什么是商品？我们必须把相互竞争以满足单独一种需求的各种各样的物品变为单独的一种商品吗？假使那样的话，既然每一种商品都必有某些竞争对手，既然作为最后手段的每一种商品都代表货币的一种用途，而这一用途与货币的另外各种用途又都是相互竞争的，那么我们就不得不说诸如完全竞争一类的情况，就根本无从说起了。再就是，对一大类各种各样然而又都是匀质的商品中的一种商品，我们能将其定义为商品吗？如果是那样的话，那么，从其顾客的观点看，就连匀质度相当高的某种商品生产者之间的竞争，哪怕是微小到几乎可以忽略不计的程度，是否也必须看成是竞争的呢？我们这不是在讨论一种商品，而是在讨论几种商品的一个标记。因为，假如某个买主都有理由选中一个生产者而不是选中另一个生产者的话，那么，生产者所销售的产品，从这位买主的观点看来，又不是完全可以交换的，那他也就只得把每一位生产者的产品都视为不同的产品了。由此可见，对一个垄断者的一种合乎逻辑的定义作出的任何一种尝试，都不是把垄断排除出研究领域，就是把竞争排除出研究领域。在此标尺的竞争一端就可以找到这种限制性实例，而且是轻而易举地就可以找到的；这种限制性实例出现于

---

① 《竞争条件下的收入规律》，载于《经济学杂志》，1926年12月，第542页。

某一个生产者的产品的需求富有完全弹性时。但在另一端,这种限制性实例又在何处呢?个人对产品的需求,就是对商品的总需求这一实例吗?如果是那样的话,那么,我们这又回到如何给一种商品下定义这一本源问题上来了。我们知道所谓"在一种完全市场销售"是何所指,可何谓绝对不完全市场呢?

此时,我们笔下一放弃限制垄断之举,这一困难即自行全然消失。每一个生产者对自己的产品都有垄断权,这是显而易见的,而且,假如其中有很多生产者都在某种完全市场上销售产品的话,那么,我们习惯于描述为完全竞争的这种情形和状态就存在了。我们只需按该词的本义理解垄断即可,它亦即是独一无二的一个销售某一产品的卖主。既如此,那么,有关垄断的这一分析也就迅即使有关竞争的分析荡然无存了。

科茨等先生已经获得了生产棉线的垄断权了,而贝德福德郡的一位蔬菜农场主却并未获得汤菜的垄断权,其中显然有某种含义,对此,读者可能持有异议,但这种异议很容易回答。就此过时的含义来说,"垄断"意即个别生产者的产量方方面面碰巧都受制于替代品链条上的一个明显的缺口。这样一个缺口,实际上提供给了我们有关某种产品——生产棉线或汤菜——尚可一试的一个定义,该定义与常识相一致,是不会引起麻烦的。一旦某一个生产者控制了这样一种产品的全部产量,那么,非哲学家们心目中一个垄断者的概念与作为一个卖方垄断者的合乎逻辑的那种定义就不谋而合了,而上述困难也就解决了。

垄断分析赖以把竞争分析给卷入其中的方式的第二个例子,可用分析方法自身予以说明。斯拉法先生以企业作为垄断者这一构想入手,宣布改写价值理论的时候到来时,他提出建议,熟悉的工具——"最大垄断净收入"——已准备就绪,而且此项工作可以立即开始了。但是那种工具充其量也就是一种笨拙的工具而已,虽然有很多事项需要这一工具,但它又不适用,欲取而代之,就必须从老式教科书讲述竞争的章节中借用"边际"的方法,然后经改进,以适应新的需要。

尽管多种技术分析工具都没有什么内在价值,而且也就是图方便才使用的，然而用于垄断产量分析的边际曲线自身，却是契合整个问题的核心所在的。使那个技术分析工具发挥作用所必需的唯一假设，就是各企业都照此方式进行运作，乃至能在发现自己的特长且得以发挥的这样的情况下可获得的最大利润这样一个假设。现在，使价值分析可行的正是这一假设。假如人们各行其是，则唯统计方法才有助于发现经济学规律；而若人们照可预期的方式行事，但又是出于大量复杂化的动机，则经济学家们就只得把工作交托心理学家了。使价值分析可行的是这样一种假设，即任何一个人在其经济生活中都绝不贸然行事，乃至造成亏大于盈，而总是行必多得益而少致亏。构成绘制边际曲线手段的正是这一假设。有了这一简单模式作为基础，整个分析体系也就逐步建立起来了。

本书的主题是价值分析，若要不使它似是极其神秘，这是极其荒谬的，这样说明何谓价值分析就绝非易事。这个观点可以这样提出：你看到两个人，一个人卖给另一个人一根香蕉，并从那个人那里获得1便士。于是你问：这香蕉怎么就定价1便士，而不是另外任何一个价格呢？着手解决这个问题的最明显的方法，也就是把这个问题分解为两个新的问题：怎么碰巧是这一个人要以一根香蕉获取1便士？以及怎么碰巧会是那另一个人会付1便士以获取一根香蕉？总而言之，把这个问题按两个标题分成两个部分：供给、需求——这是自然的事。

按照第一个标题，问题是：一个人就按他销售的价格，而不是按另外任何价格销售他的产品，这是怎么发生的呢？现在他据以销售的价格，一方面决定于他能由此而得到的，另一方面则决定于他为由此所得而付出的。这里，我们再次遇上了需求与供给的一分为二的问题。但是，在这一点上，依据卖方的观点看，是客观地看待需求的条件，认为它是组成总的需求的一部分，而这一部分决定着他要做什么。其次，当有很多卖主各自都独立地根据明智而可预测的动机行事时，他们就是要试图销售相同的产品，他们的决定有可能导致某种复杂化因素的相互作用，这种相互作用经济学家们必须审慎地加以研究。一旦如此，那么价值分析，就供给而言，该说的，也就所剩无多了。

接下来我们转谈这个主题下的第二个标题，亦即分析从个别买主的角度研究价格问题。在这一点上，供给的条件是客观地被看成是组成总的供给的一部分的，是这一部分决定着买主要做什么。然后，就需求而言，该说的，也就所剩无多了。或许，对价值分析过程的这样一种解释，会是把那种神秘性消除得也太彻底了些，不过现在看来，还是比以往任何时候都似是还要荒谬。"我认为，你至少还得告诉我，"读者抗议说，"在某种基本意义上，为什么一根香蕉定价为1便士。你所做的无非也就是将若干完全清楚不过的概念作了一个复杂化了的归类罢了，这些概念我原本就是谙熟于心的。"但此类归法乃专事分析的经济学家们的工具的一个组成部分，经济学家们的终极目的就是要寻求现实世界向他们提出的那些实际问题的最终答案，我所以装备好我的工具箱，就是怀着在完成他们的任务上助他们一臂之力这一希望。

本书分为两编：卖方独家垄断的市场结构，销售原理；买方独家垄断的市场结构，购买原理。但是，这里把供给与需求分为两部分，与那个香蕉问题上的一分为二，不完全是一回事。某经济学家一进入那个问题的下半部分，就问那位购买者怎么就按那个价格购买呢？他这是进入他几无发言权可说的一个领域了。这是一个重要问题层出不穷的领域，但它们是心理学的问题，而非经济学的问题。不过，要是那商品，就像香蕉，不是为了自己的利益而并不是非买不可的，而是为了帮助购买者赚钱的话，那么，那位经济学家也就复能发挥其所长了。因此，本书专论购买的这一部分，就以论述购买生产工具和服务而不是购买商品的原理为主了。总而言之，这一部分是要把价值分析应用于各种生产要素的价格问题之上。

本书的体例可列表如下：

第一篇，方法论。第1章，几项假设。第2章，几何学。

这两章都给出了某些必要的定义。再就是，我们的讨论要深入，确立抽象程度的那些假设就非有不可，否则就都只能原封不动地将问题的不真实性如实地一一予以陈述。第2章展现第1章所述的技术的组成要素。

第二篇，卖方垄断均衡。第3章，卖方垄断均衡；第4章，需求的变化；第5章，成本的变化。

这几章是就价格由什么确定这个简单问题进行分析,这种价格系由于个别生产者有鉴于生产者以及需求状况和成本状况而为其商品进行支付的价格。

第三篇,竞争均衡。第6章,供给曲线。第7章,竞争均衡。第8章,租金插叙。第9章,完全竞争条件下的供给曲线。

在第6章,某种商品的供给曲线这个问题,是依据最后一篇所得的结果加以考虑的。在第7章,给这个问题引入了一个新的要素。卖方垄断利润对销售任何一种商品的生产者的人数的反作用,在这里是首次予以考虑的。第7、9两章的标题,是因其简明而非考虑其逻辑性而选中的。这两章(连同其间的插叙)实际上所描述的,都是所在行业的产量的某种变动对需求产生的影响。诚然,对其成本,则假设不产生影响;而其需求的最简单的变化对其成本的影响,则假设存在。由此可见,某个行业产量的某种变动对所产产品的价格的影响这个问题的两个方面,是分开论述的;把两者结合在一起,就可以按照本书始终保持的一定抽象水平上的分析某种产品在一定条件下的供给曲线了。

第四篇,卖方垄断产量与竞争产量比较。第10章,四条成本曲线插叙。第11章,卖方垄断产量与竞争产量比较。第12章,论比较。第13章,卖方垄断价格管理。第14章,对比较的异议。

第四篇的主题是独立生产者总数减为一,而其余一切都保持不变的情况下对某种完全竞争行业的产量的影响,这被称为卖方垄断产量与竞争产量比较。这种比较的这个标题,按习惯法是认可的,而且,虽然逐字看来与作为本书基础的垄断这个概念并不一致,但若避而不用它,那就会是迂腐的了。

第10章,是为获得比较所必需的方法所作的插叙。在第11、12两章,是进行比较。在第13章,是从上述比较中得到的一个必然的结果。在第14章,是证实那些比较结果不仅极其不切实际,而且实际上还含有某种逻辑上的前矛后盾之处。花这么多时间进行比较,而这比较证明又是无用的,那么看来委实是徒劳之举了。但对这种异议,有两种回答:首先,在每一种经济学教科书中,此类比较都占有一席之地,更何况此类比较与以往通常采用的方法相比,以边际方法来进行比较，还方便一些。采用边际方法就能避免教科书比较中常见的某些差错。但如果这是唯一的回答的话，那么，区区课堂练习而竟占用如此大的篇幅，那还得认为是得不偿失的，而不论按传统看是怎样的不可或缺。第二种回答，是这里仅就完全竞争所作的这些比较，是为分析当代最重要的现实问题之一扫除障碍的，即不完全竞争条件下相互竞销的多家企业结成推行独家控制联盟的影响。

第五篇，价格歧视。第15章，价格歧视。第16章，价格歧视的寓意。

本篇论述独家企业按不同价格销售同一产品的情况。按逻辑顺次，这是属于第二篇的论题，故在这里是前后文相呼应的。第16章是没有遵循严格的分析路径的，含有某种插曲性的内容，表明了对价格歧视是否可取这个问题的某种反省。

第六篇，买方独家垄断的市场结构。第17章，买主插叙。第18章，买方独家垄断的市场结构。第19章，卖方独家垄断的市场结构和买方独家垄断的市场结构与完全竞争的关系。

第六篇，基于个别买主的观点，初次提出价格分析的问题。第17章提出了若干定义，是对第1章的定义的增补。第19章是对以下两个方面内容所组成的内容所作的概述，这两个方面的内容是：个别买主和个别卖主。

第七篇，生产要素需求。第20章，边际净产量插叙。第21章，个别雇主的劳动需求。第22章，一种行业的劳动需求。

该篇讨论某种生产要素的需求曲线，为方便起见，该要素即被称为劳动。第20章，含技术分析工具方面的若干必要增补项目。第21、22两章，以一种与第二篇和第三篇有关的某种商品的供给曲线的分析方法相对称的方法，对某种要素的需求曲线作了分析。此项分析未加全面展示；反之，一家企业的个案以及某个完全竞争的行业，则是作了生动说明的。

第八篇，卖方独家垄断与竞争的劳动的需求比较。第23章，卖方独家垄断与竞争的劳动的需求比较。第24章，对比较的校正。

这些比较，无论从哪一个方面来说，都不仅与此前的比较相对称，而且还都易遭异议并为此作辩护。至此，买方分析遂告结束。

第九篇，剥削。第25章，对劳动的卖方独家垄断的剥削。第26章，对劳动的买方独家垄断的剥削。

本篇中，我们对生产要素价格，不是按照雇主的观点，而是按照要素所有者的观点，作了研究。各章标题中的"劳动"一词，不复代表任何生产要素，它代表属于被称为劳动的这个大类的一种要素。在这一部分，完全竞争不再占有属于令人感兴趣的某种特别的地位，而是用作比较的一项标准了。背离分析之路径和提供伦理性反思的诱惑，在这里是大到难以抗拒的。

第十篇，一个卖方独家垄断领域。第27章，一个卖方独家垄断领域。

就本书而言，我们不再沉迷于价值理论，而是步入福利经济学领域了。

第27章，就是一种原生态探讨性的尝试，旨在说明对价值的垄断分析可怎样与庇古的福利经济学论著联系起来。在这里，我们不再强使自己抵制作伦理反思的诱惑，而且虽说本书的类别，绝不比提供价值分析和分配分析的其他类别的书无所收获，然而它的主题却是属于伦理性的。

下决心深入钻研下列各章节的读者，很快就会发现自己置身于一个巨大而且陌生的领域中。我已设法提供了一个指南，用以缓和读者的心境。在某几章首页的页末，有一个上面标有星号（即 *）的注解，建议章中有几节但凡对纯技术问题不感兴趣的读者，初读即可方便地从略，或者永久地略去。我为此还标明了特别的用语："只是为了不怕头晕的人"。但非数学出身的读者听了这些警告，千万别大吃一惊。这样的读者常常让理论经济学家们所用的那种数学工具给吓住了。而实际上我本人对数学就几乎是一窍不通的，并且尽管我就某些验算拜访过一位数学家并请教了他，因为某种结论要精确就非要有验算不可的，但有关这种结论的总的含义，是用简单方法发现的。但愿在本书中，对于理论分析，通过纯粹的经济推理，再加上通晓"弹性"这个概念和几何教科书中三角的一两个定理的概念，我已经充分说明了理论分析是可以取得重大进展的。

第一篇
方法论

第1章 几项假设

一

本书的目的是用实例说明，对某种商品的销售量和价格的分析，可以采用以单项决策的研究为基础的一种方法进行。

极其重要的假设是，每一个人按照合乎自身经济利益的观点，发现自己处于可以有所为的环境时，都以某种切合实际的方式行事。研究神经官能症和思维混乱所致的经济影响的一种方法，比这里要提出的这种方法就要复杂得多。

一旦作出了这一基本假设，一切经济趋势也就都可以用一系列方法加以分析了。在这种情况下，一个务实的人会怎么办？某种先验的分析即可予以作出，以设法推助有关经济现象的研究对现实世界的某些经济趋势产生影响，这些都可用统计调查加以检验。

这种方法以影响个人决策的环境要素一分为二为依据，这两部分要素是假设为互不相关的，而且各以一条曲线予以表示。

由此可见，我们在考虑某个生产者所作的商品销售量决策时（从广告成本和其他种种市场营销成本中抽象出来的），完全不受其控制的需求条件是以一条需求曲线来表示的，各种产品的生产成本则是以一条成本曲线来体现的。通盘考虑需求曲线所代表的需求条件及其生产成本，某位卖主遂可决定投放市场多大规模的产量。我们在研究中总是假设他要选择能使其达到最大纯收入的这样一个投放量；或当我们考虑某种生产要素的使用量时，考虑中的两个要素就是：一方面是该生产要素的供给曲线，另一方面则为该商品的需求条件。至于另外几种要素的供给曲线以及生产的技术条件等，则概体现于该要素的需求曲线上了。考虑这两个要素的影响，生产者即可决定各种要素分别该使用多少。在这里，我们是假设他总要以既定产量的生产成本最低这样一种方式作出他的选择的。与此相仿，又总是把一个卖主设想为一定要先考虑购买对自己有利、再有考虑不等数量的供给价格后，才确定他行将采购的某种商品的数量的。

对人的决策所作的此类研究涉及人类心理学研究。但经济学所需要的心理学背景，则纯粹是行为主义的心理学。当这种经济分析方法先进到足以分析神经官能症和思维混乱症的结果时，此类分析才会研究恐惧症和思维混乱症，而且是唯它们导致按统计可计量的影响时，才研究它们的。

本书提出的这种方法是研究均衡状况的一种方法。在这里，我没有提及随着时间的推移所致的影响。本书在论述短期和长期的均衡时，会说明各种技术手段，但不研究均衡状况递进过程，我们主要关注的就是这种长期均衡状况而已。

本书的主题在这里是说成价值分析的。然而，单独考虑起来，价值理论（至少在英国经济学家中）无非也就是对某种商品产量所作的那种分析的一个传统称谓，属于用词不当之列。① 价值理论没有这样一种条件遂不成其为理论，那就是，——考虑起来，单独的每一种商品均占总产量微不足道的一个小比重而已。因此，一种商品产量的某种变化所引起的全行业产品生产成本的任何变化，因而还

---

① 这个观点，马歇尔著名的比喻足以用来说明："我们可以就价值是由效用决定的还是由生产成本决定的各执一词，但这就像用剪刀剪开一张纸一样，是用一把剪刀的上半部分剪呢还是用下半部分剪呢，这同样会是合乎道理的一种争辩。"（《经济学原理》，第 348 页）但若成本是持久不变的，价格，则如马歇尔自己所承认的，就完全由成本本确定了。产量由该剪刀两半部分一起决定，这依然正确无误；而且，也只有存在不是需求完全无弹性就是供给完全无弹性这一异常情况时，才会出现产量不是完全由需求决定就是完全由供给决定的这种情况，但这又属另当别论类，但这样说还是正确无误的。

有对其他产品的需求的影响,都是可以合乎逻辑地置之不理的。

二

有的基本定义我们就在本章予以阐述了,① 有的则随着我们所持论点的展开相继予以提出。

商品 就是与他种物品有任意划定界线的但其内部实际上可以看成是匀质的一种消费品。

企业 与现实世界的公司非常相似,但只生产一种商品,且受独一无二的某一独立的同行公司控制。

一家企业的居于控制地位的同行,也就是一位 *企业家*。可想而知,就长期问题来说,这位企业家是要求获得足以说服他继续工作的一定金额的酬偿的,此酬偿与企业产出量的多寡无关。

只生产某种商品的众多企业的任何集团都构成一种 *行业*,这一行业与现实世界各行各业的对应性程度或许并不严丝合缝。不过,在现实世界某种商品都由其本身与其最近似的替代品划界的情况下,生产此类商品的现实世界的多家企业就都将符合同一个行业的这个定义,其符合程度之高,足以使这种技术意义上对各行各业的讨论都具有某种重要性。

需求曲线 是体现一个价目表的,按照所列各种价格,数额不等的某种商品都将在一定市场上以及在一定期限内卖出。诸如每年世界上出售的原棉数量,或是英国每月购买的汽车辆数,再就是贝里克郡市场每天的丝袜对数,等等,这些均可由一条需求曲线予以表示。

与此相仿,*供给曲线* 所体现的也是某种商品一定时期内与各种不同价格联系在一起的产量。

需求曲线,按照商品的卖主的观点看,是一个客观概念;供给曲线,则是从买主的观点看的一个客观概念。

---

① 这些定义都是与我们所要进行的分析相对应的,目的不一,则定义亦相应改变。

效用曲线，是从买主观点看的主观概念。但效用这个概念，我只是到了本书后面的论述中才予以提出；在本书的前半部分，我只关注卖主决策而已。需求的主观条件只在主观需求曲线中显现，而效用这个概念在此整个方案中尚无一席之地。下半部分，会在进而开始分析买主决策时才给效用下定义。

一条曲线的*弹性*是几何概念，它计量的是在此曲线上的任何一点发生微小的变化时，横坐标的比例变化被纵坐标的比例变化相除以后所得的商。由此可见，任何一种价格或任何一种产量的*需求弹性*，都是采购量作为对价格的一个小变化而发生的比例变化，以及被价格的比例变化除得以后所得的商。与此相仿，*供给弹性*等于供给曲线的弹性。采用视一条下降的曲线的弹性为正值与视一条上升的曲线的弹性为负值的方法，这是方便的做法。弹性的数值小于 1 的一条曲线，是称为*无弹性的*；弹性等于 0 的，即说成是*完全无弹性的*；而弹性等于无穷大的，则谓*完全弹性的*。①

*完全竞争*是在对每一位生产者的产品的需求都富有完全弹性时出现的情况。在这种情况下，首先，卖主为数大，唯如此，任何一位卖主的产量在该商品总量中所占的比重都微不足道。还有，买主就其在彼此竞争的卖主中的选择上都毫无二致，结果，市场就是完全的了。

给*生产要素*下定义这个问题，在多个方面提出了为数相当多的有争议的问题。但是，难题还在于找到生产要素总供给的相宜的定义。既然本书仅涉及分别加以考虑的几种商品而已，那么这些问题谅必不会使我们裹足不前。

生产要素是由*各生产单位*的服务，如一人一天的劳动、一个经理一个月的工作或一个企业家一年的工作等构成的。这些是生产要素的*自然单位*，是可以任意选择的，以期尽可能紧密地与现实世界的条件相一致。每一个单位也就是用于生产某种商品一次而已。这样一些单位的生产要素的概念所体现的抽象程度是自不待言的。因为在现实世界，单独一家企业就往往生产多种商品，因此，就算一

---

① 完全无弹性的曲线应当与 y 轴平行，而完全弹性的曲线则与 x 轴平行。

个生产要素的单位，比方说，某个人开始准备某种事宜，就可能立即促成几种商品的生产。此外，在现实世界，一位企业家或许就同时涉足很多行业，并且一开始就在某一新行业开始生产，而同时又不离开他已受雇的那些行业。但在本书中所描述的这个世界，一个企业家就是一个不可分的单位，他所起的作用就是就一家企业的价格和产量作出决策，而该企业一次只能进行一种商品的生产。就长期问题来说，资本的自然单位是控制着满足某个时期急需的某个金额的货币的。在短期——资本、机器或建筑实物体现的有效期内，以同一术语把固定资本看做是土地，而把自然单位视为机器年或机器日，这方便易行。称为生产要素的是各生产单位的服务，而非这些单位本身，但为简化起见，一个生产单位的时间这个度，我们在随后的章节里是略而不提的。土地的自然单位，也就简单地称之为英亩，劳动的自然单位，即称人，如此等等。

有四个生产要素是人们习以为常的，它们是土地、劳动、资本和企业。这种传统的生产要素的划分是适合一时之需的。四个传统生产要素中的每一个所指的都是一个类别的生产单位，它们有着某些明显的共同特征。在第七、八和九三篇的阐述中，诸如"要素土地"一类用语，我们务必理解为系指一定数量的生产单位，它们都有土地这一共同特征，其中，最重要的首推占有空间的某个独特位置。"要素劳动"意指具有劳动这个特征的若干单位，其中，就重要性来说，首推这劳动是由某个人提供的。如此等等。"一种要素"的还要精确的概念待书中的阐述有必要之时我们再提出也为时不晚。任何一个生产过程都非要有这四个要素中的某个要素的某些单位不可。这就是说，制造、运输或市场营销，就其中每一个过程来说，空间、劳动、工具以及指导性控制，这四项缺一不可。

上述定义体现了相当程度的抽象，然而，务实一些的定义，尽管处理起来会有些麻烦，但在分析方法上都无需作出什么根本性的改变。

三

随着本书阐述的深化，将下列解释作为某种参照是有用的。

需求曲线。——既定市场特定商品的需求曲线,体现的是在其余一切条件都保持不变的情况下,人们会按(每天、每年或是另外任何一个间隔期)名目繁多的各种价格购买某种商品的数额。马歇尔教导我们根据其余一切的价格均固定这一假设绘制需求表,这不仅会使绘制合乎实际的需求曲线的一切希望全成泡影,而且此事本身就颇有些莫名其妙。某种商品的实际价格一有变化,就会改变该商品的竞争商品或是互补商品的任何需求曲线。此类商品除非是在相关数量供给恒定的条件下生产,否则需求的这一改变就不会改变其价格。因此,马歇尔的方法也就仅适用于两类情况而已。首先,就既非竞争对手又非与任何一种商品结合使用的某种商品来说,既然货币的一切运用在它们不是合作的范围内便是相互竞争,以及在它们不是竞争的范围内便是合作,那么,这样一种商品是绝不可能找到的。其次,这倒适用于某种商品,假如其余一切都在恒定供给价格的条件下生产,那么,这又会是一种我们不可能指望得到的情况。正确的方向是庇古教授指出的,① 即假定其余一切商品的供给条件而非价格都是固定的。当然,这还是留下了很多难题,不过,这样一种方法用处还是很大的。

个别需求曲线 这一用语,意指对某个企业的产品的需求曲线,而不是某个买主的需求曲线。由于存在广告,个别需求曲线遂有复杂化的问题了,但这些问题可以忽略不计。增加一个企业的销售量所必需的广告支出,从企业家的观点来看,也可以看成是降价,这对销售量是有同样的影响的。②

在不完全竞争条件下发展的某个行业,有下列事实导致的某种难题,这就是,构成该行业的每一家企业的个别产品需求曲线,在某种程度上取决于其他企业的价格政策。情况如此,那么,假如有一家企业提价,其余各家企业的需求曲线也就必将提高。这或许会

---

① 《经济学论文集和演说集》,第 64 页。
② 但参看卡恩的文章,是《经济学杂志》,1932 年,第 660 页,以及肖夫的《市场的缺陷》一文,1933 年,第 114 页,有市场营销成本所致的分析上的复杂化问题。

使这些企业都竞相涨价，它们这一涨价，就将影响对首家企业的产品的需求。不过，在绘制任何一家企业的需求曲线时，考虑这一影响还是可行的。个别企业的需求曲线，可以设想为是要证实对该企业的销售量产生的全部影响，这种影响源自于它所索要的那些价格的某种变化，而不论这种变化是否导致另外企业所索要的价格的某种变化。不过，详尽思考这个问题不是我们的目的。一旦该企业的需求曲线业已绘就，那么分析方法，遂告付诸应用，而不论对待绘就的需求曲线作出何种假设。

把需求曲线称为一个卖主的*平均收益曲线*，这往往是方便之举。

供给曲线。——某种商品的供给曲线证实的是就该商品每一数量来说，为求该数量得以产生所必须支付的那种价格。供给曲线这一概念提出了难以计数的难题，其中有的见本书随后的各章讨论。一条短期供给曲线可能会有某种确切的含义，然而，长期供给曲线这一概念则呈现了对实际状况的某种高度的抽象。主要困难源自于下列事实，即在实际情况下，商品的生产成本，因而还有商品的供给价格，都不仅仅是取决于任何时刻的产量，而且还受所在行业的过去的历史的影响。① 因此，证实产量与其供给价格之间的某种独特关系的一条曲线的这一概念，是极其富于幻想色彩的。不过，就我们所作的此项分析来说，我们还是利用这一富于幻想色彩的概念。我们所用的成本曲线，并非显示实际产量按何种成本获取的历史曲线，它们表明的是，其余一切条件均不变，唯产量的某种改变对成本造成影响。对于源自产出规模改变所致的生产方法的改变，在这里我们予以确认了。然而，源自发明或新方法的应用的技术上的种种变化，则并非成本曲线的一个要素，而是改变了整个曲线的位置的，它们原本可以同样好地应用于某种不同规模的生产。②

某个行业的产量，因某家新企业的加入等等极微小的若干单位

---

① 参看马歇尔：《经济学原理》，第 808 页。
② 参看庇古：《福利经济学》，第 218 页。

要素的增加而得以提高。由此可见，一条供给曲线，不论它是上升的、下降的或是恒定不变的，都会呈现出小小的波状运动。但是，如果该行业的产量需有很多单位的此类要素的话，那么，这类波状运动就可以忽略不计。

时间。——经济分析的最难以克服的困难中，有很多都是与时间紧密相关的。关于这一点，我们在阐述过程中还会简略提及，不过，在大多情况下，我们只得把它们暂搁一边。至于供给一方，我们则假定生产由处于静态均衡状态下的企业进行；而需求一方，我们则假定我们在处理需求曲线时是容许以二维方式来体现它们的。也就是说，对下列事实，我们是忽略不计的，即任何时候的要价都可能改变需求曲线的未来的位置。有人会反对说，这是不必要的限制，而且会说，绘制一条长期需求曲线使每一种产品价格都与这样一个数量联系在一起，这个数量是价格有时对需求充分发挥其影响时会实现的销售量。但这不会适用。假如某个卖主知道当前的一种高价会导致未来的一条低需求曲线，那么，他就有在现在的高利润和未来的低利润以及与现在的低利润和未来的高利润之间择一而从的选择。我们需要的不是一条长期的二维需求曲线，而是这样一条需求曲线，即它在各点上都显示出打了折扣的可以根据各种价格预料的未来的销售率。这一概念含糊不清，这是令人沮丧的，因为该概念含有对生产者的这样一种推测，即它不独涉及该生产者的当前的价格决策对所能实现的销售量的未来的影响，而且还有他据以漠视未来前景的那种价格。但显而易见的是，诸如此类的概念在一个明智的企业家决定采用何种价格政策时是必须考虑到的。在下列的内容阐述过程中，对于这些复杂情况我们会略而不提，而对于利用二维需求曲线但不探究结果如何我们会假定这是无可厚非之举。在某个竞争行业的产品需求曲线方面并不见得有诸如此类的难点，它们也就适用于个别需求曲线而已。

曲线的形状。——在接下来的内容中我们要采用这样一个假定，即一条曲线，如果它是自上而下凹的，也就是说，它的凹边是朝着 x 轴的，那么，我们就把该曲线说成是一条凹曲线；而如果它是自上而下凸的，而且其凸边朝着 x 轴时，那么，我们就把它说

成是凸曲线。①

本书多半是以很专业的技术语言描述的，只有这样，结果才能以精确而简洁的方式提出。不过，在每一个步骤上我们都是把技术语言还原为常识用语的，这一点很重要。在把需求曲线说成是凹的或凸的时候，其前者就是说价格的既定绝对下降，它导致销售量随着价格的下降而越来越大幅度增加；而就后者来说，它是指随着价格的下降，销售量相应地变得越来越低。

总的说来，个别买主的大多数日常用品的需求曲线很可能会是凸曲线，因为这种买主的需求很可能会按照某种无可怀疑的价格达到饱和，因此，需求曲线的底端部分会是垂直的。由此可见，整个市场对任何一种商品的需求曲线，唯市场由具有不等财富的人构成，因而降价不仅诱使高价时就购买某些消费品的人多买一些，而且还会诱使新买主蜂拥而至，这时，才可能是凹的。要是买主对商品的偏好分布不均，则同一效应也会产生。如果收入越来越低或是购买商品的欲望越来越小的那几个买主群体，其中一个群体总比另外一个群体要大一些，那么，随着连续几次的降价，势必总会有一次比另一次人数要多的新买主受这种商品的吸引来购买商品，则这条需求曲线的凹性就会是有增无减的。而如果市场由无论是财富还是对商品的偏好都相似的买主构成的话，那么，就价格是如此之低，以致就连最穷困以及忠诚度最低的购买者也会购买这部分商品来说，这条需求曲线很可能就是凸形的。

在一种不完全竞争的市场上，在这种不完全性归因于运输成本以及买主在其所在的地区分布均匀的时候，每一个生产者的需求曲线就很可能是凹形的。因为其中的任何一个生产者所索要的价格的接续几次的每一次降低，都会导致更宽的一个环行地带的顾客直接

---

① 按照微分学的用语，一条曲线要是 $\frac{d^2y}{dx^2}$ 数值是正的话，那么，就应将它说成是凹形的；而 $\frac{d^2y}{dx^2}$ 的数值若是负的话，则应说成是凸形的。参见图47和48。

向生产企业购买产品。反之，企业所在地区的买主人口密度越大，而各企业所在地区的人口密度越低时，则各企业的需求曲线往往多半会是凸形的。因为随着价格首先降低到企业的销售量为零的水平时，买主就会越来越多地被吸引到该地区来。但随着该企业的产品销售到更远的地区去，则价格的每一次降低，购买者中的响应者都会寥寥，无奈之下，这家企业遂开始侵入各竞争企业周围的人口密集地区。市场的不完全性归因于各类买主偏好特定的企业时，类似的因素也同样适用。在上述每一种情况下，需求曲线的形状都可以根据影响需求曲线的种种条件加以解释。

与此相仿，成本曲线的形状也取决于生产条件。例如，当生产规模由于产量增加而出现递减状况时，或由于某种稀缺要素按递增率存在进而成本提高时，一种完全竞争的行业的供给曲线就会是凹形的。这就是我们理当正常预期会发现的那种结果。但成本按照某种递增率降低或按照递减率提高时的一种凹形供给曲线，这种趋势也并非就不可能出现。

某种特定数量的绝对变化与价格或总产量的成本绝对下降联系在一起时，一条曲线就是一条直线了。我们没有理由指望这种曲线在任何一种实际情况下果真能出现，但此类情况给我们提供了某种分析工具，这种工具在下面接续的论述中，我们还要大加利用。

企业家。——在下面各章节中，企业家是人格化了的。但在一家股份公司中，没有人承担最后控制该企业的职责。此项职责名义上通常依赖股东，而实际控制则通常是完全听凭董事们处置的。这种公司的创始历来归因于公司的发起人。此外，企业家的报酬未必见得就归属于实际上执行企业家职能的人。公司的方针政策是由公司最具影响力的董事们发号施令确定的，而因此发生的盈亏则归股东们处置。这些复杂情况我们在这里不予置评；而企业家就可视若为一个不可分割的监督机构和利益相关者。

第2章　几何学

一

就价值的垄断分析来说，不可或缺的首要工具是一对曲线，即边际曲线和平均曲线。平均价值和边际价值这些概念可应用于生产成本、效用、收入、生产要素、生产率等之中。① 在本章，为说明问题方便起见，我们把论述中的这些数量称为成本和产量，但此类论述也同样适用于另外任何两个数量，其中的一个决定于另一个的数量。边际成本代表总成本随着产量的增加而据以增加的总成本的比率，例如，n 个单位产量的边际成本等于 n 个单位减 $n-1$ 个单位的总成本，还有平均成本等于 n 个单位产量的总成本除以 n 个单位。因此，假如已知任何两个接续数量的产量的平均成本，那么就可以

---

① 本章提出的技术工具中有几部分取自于庇古教授的著作（见《福利经济学》，附录）中。边际曲线与平均曲线之间的关系的代数公式化表述（第36页），源自哈罗德先生（《递减成本规律》，载于《经济学杂志》，1931年12月）。本人尚未致谢的其他作者发表过论及各个不同时期的工具的著述，例如，H. V. 斯塔克尔贝格博士：《纯粹成本学基础》，载于《国民经济学杂志》，1932年5月；阿莫罗索教授：《销售统计曲线》1930年；E. 施奈德博士：《垄断经济形式的纯粹理论》、《垄断工业中的分工与成本问题》，载于《西摩勒耳年鉴》，第19卷；T. O. 英特马教授：《倾销对垄断价格的影响》，载于《政治经济学杂志》，1928年12月。

计算出边际成本。例如：① *

产出单位	平均成本	总成本	边际成本
10	20	200	—
11	21	231	31
12	22	264	33
13	23	299	35

或者

产出单位	平均成本	总成本	边际成本
10	20	200	—
11	19	209	9
12	18	216	7
13	17	221	5

第一个例子表明成本在提高，第二个例子则表明成本在下降。如若成本恒定，那么，边际成本就等于平均成本。例如：

产出单位	平均成本	总成本	边际成本
10	20	200	—
11	20	220	20
12	20	240	20

---

① 为了明晰起见，在此用数字表示的例证中，数量上的颇多变动（$\frac{1}{10}$，$\frac{1}{11}$，$\frac{1}{12}$，等等）业已给证实了，但如此大的变动会使计算有失精准。精确地说来，边际成本唯等于总成本的增加部分而已，而这一增加部分（假如这增量无穷小的话）应当归因于产出的一个增量，它是被产出的增量所除以后得的商，即边际成本 $= \frac{d（总成本）}{d（产量）}$。

* 建议熟悉边际分析的要素的读者，需要时就以本章作为参考。建议其他读者研究头两节，然后再在后一阶段回到其余各节所展示的更复杂的关系上。——译者注如果边际成本大于平均成本，那么，平均成本必然提高。因为假如增加的第 12 个单位的产出成本大于平均成本 11 的话，那么，平均成本 12 就会大于平均成本 11。类似地，假如边际成本小于平均成本的话，则平均成本必降无疑。因为生产第 12 个单位的成本要小于平均成本 11，因而平均成本 12 也必然会小于平均成本 11。要保持平均成本于同一水平，那么，第 12 个单位的边际成本就必须等于 11 个单位的平均成本。由此可见，只要边际成本大于平均成本，则平均成本必然随产出而增加；而只要边际成本小于平均成本，则平均成本必降无疑；如果边际成本等于平均成本，则平均成本就恒定不变。但平均成本下降而边际成本上升是有可能的；反之亦然。若平均成本降低率随着产出的增加降到某个水平后，边际成本就有可能提高。例如：

产出单位	平均成本	总成本	边际成本
8	12	176	—
9	21	189	13
10	20	200	11
11	19	209	9
12	$18\frac{1}{2}$	222	13
13	$18\frac{1}{4}$	$237\frac{1}{4}$	$15\frac{1}{4}$
14	$18\frac{1}{8}$	$253\frac{3}{4}$	$16\frac{1}{2}$

二

这些关系可借助边际成本和平均成本用图表的形式予以表述。按照惯例，产出由 x 轴计量，单位成本（边际的或平均的）由 y 轴予以计量。正如我们所知，只要边际曲线位于平均曲线之下，平均曲线就必降无疑；而只要边际曲线位于平均曲线之上，平均曲线则必升无疑。假如平均曲线先降后升，则边际曲线就将在其最低点与之相交（如图 1 所示），因为平均曲线一旦是边际曲线位于其下且有降无升时,则边际曲线位于其上一定是有升无降的。类似地,若是平均曲线先升后降,则边际曲线就会在其最高点与之相交(如图2所示)。

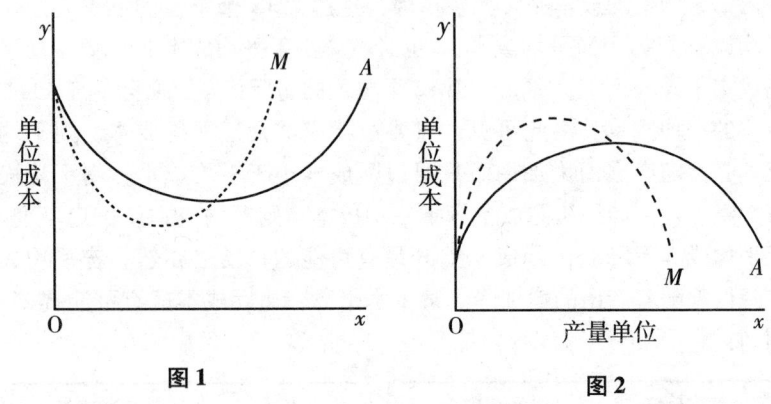

图1

图2

这两条曲线必须在同一时刻脱离 y 轴,因为无限小的产量的平均成本等于边际成本。

因为极小产量的平均成本和边际成本是相等的。

假如已知接续两个产量的平均成本,或者换句话说,假如已知平均成本曲线的斜率,那么,边际成本就是可以计算的。但是,要从边际成本溯及平均成本的起源,那就必须知道边际曲线以及我们讨论中的产量的整个过程。假如我们算得出一个单位的成本,加上第二个单位的额外成本,再加上第三个单位的额外成本,如此直至算出第 n 个单位的额外成本,那么,我们也就能求出 n 个单位的总成本。任何一项产量的总成本,就由位于包括我们讨论中的这项产量在内的各项产量的边际成本曲线下的那一面积来表示。

三

现在,我们必须探讨这两条曲线之间的几何关系了。平均曲线与边际曲线之间的基本关系是,就任何已知产量(图3中的 OQ)来说,位于边际曲线下的面积(AEQO)都等于平均曲线所对应的长方形面积(BDQO)。

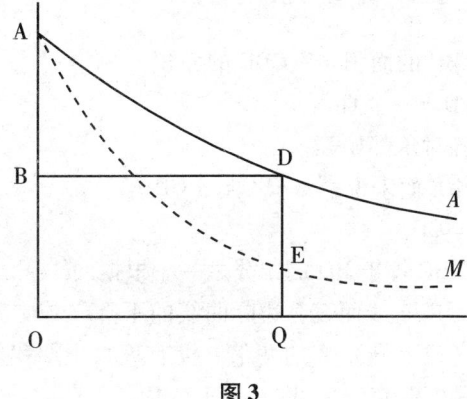

图 3

由此，我们即可对下列关系加以推断。假如这些曲线都是直线，那么，从平均曲线任何一点到 y 轴的一条垂线，都将被边际曲线二等分（如图4所示）。

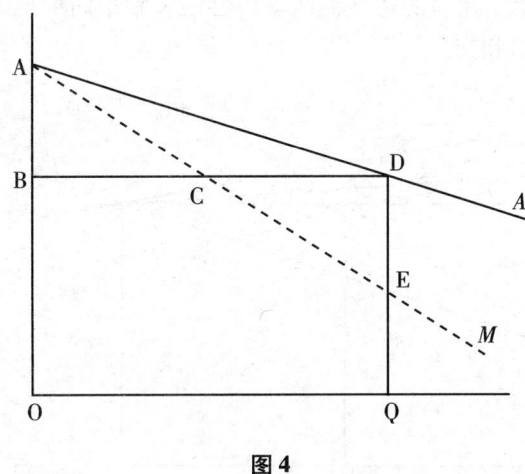

图 4

从平均曲线上的一个点 D 分别画垂直于 y 轴和 x 轴的 DB 线段和 DQ 线段。

令边际曲线与 DB 线段相交于 C 点以及与 QD 线段相交于 E 点。

令边际曲线和平均曲线与 y 轴相交于 A 点。

求证 BC = CD。

既然它们分别都等于产量 OQ 的总成本，那么，BDQO 的面积 =

AEQO 的面积。

所以，△ABC 的面积 = △CDE 的面积。

但∠B = ∠D = 一个直角。

因为 C 的各对角都相等,

所以，就各方面来说，△ABC = △CDE。

所以，BC = CD。

由此可见，BC 等于 BD 的二分之一。根据同样证法，可知 AB = DE。也就是说，就直线而言，边际曲线的下降（或上升）率都等于平均曲线下降（或上升）率的两倍。没有理由预期我们要论述的曲线就应该是直线，但直线曲线这一简单事实，使我们能发现一切边际曲线和平均曲线之间几何学赖以建立的基本关系。我们现已能够据此作出某些推论。首先，不必离开直线曲线这个面积，我们就能根据上述证法明白，假如有两条或两条以上的直线型平均曲线相交于一点，那么，对应的边际曲线就应在距 y 轴中间的地方并就在同一水平位置上相交。

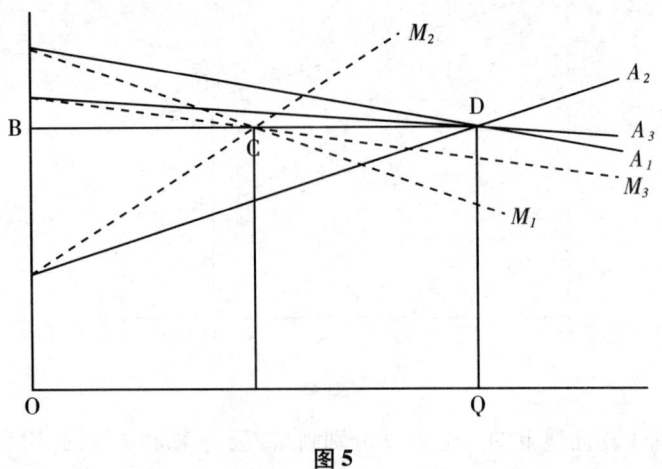

图 5

在图 5，各边际曲线都相交于 C 点，而且 BC = CD。

论述垄断分析时，我们常常需考虑两对或两对以上的平均和边际曲线的特性。成对的直线型曲线之间的这种关系以后会是有用的。

四

此外,上述基本关系还使我们有了从平均曲线中导出边际曲线的一种很简单的图解法。如果这些曲线都是直线型的话,那么,这个方法就平淡无奇了。我们知道,从平均曲线上的任何一点到 y 轴所绘的那条垂线被边际曲线二等分了,因而,如果已知平均曲线,那么,对应的边际曲线即可立即绘出了。但如果平均曲线不是一条直线,那么,情况就会复杂一些。从平均曲线中导出边际曲线的方法取决于下列事实,即对应于平均曲线上的任何一点的边际价值,就像对应于该点的垂线一样,都是相等的。情况必然如此,因为成本的变化率在该垂线和该曲线的这一点上是完全相同的,我们要计算归因于在此点上的产量的小小增加的正常变动,对我们来说,不论我们是从该曲线上还是从该垂线上计算,都是个无差别的问题。

因此,我们可以根据平均价值推导出边际价值。

如图 6,设 AD 为与一条平均曲线正切于 D 的切线。

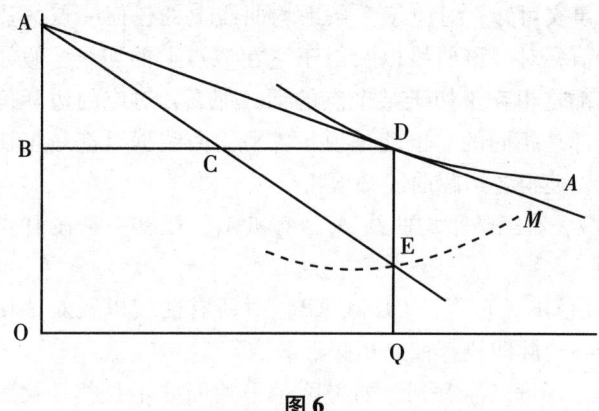

图 6

画分别垂直于 y 轴和 x 轴的线段 DB 和 DQ。

产量 OQ 的边际成本,与 AD 为切于 D 的那条切线的曲线和该切线本身是相等的。

设 AE 在 C 点上把 BD 二等分,并在 E 点与 DQ 相交。

接着，把切线 AD 视为平均曲线，AE 为它的边际曲线。因此，这条边际曲线是穿越 E 点的。绘一个切面的一条边际曲线的这种方法，在我们接下来的论述中会有用。AE 可说成是相当于正切于 D 的切线。

AB = DE，而 QE 等于产量 OQ 的边际成本。

现在，我们已经有了一种方法，可用于发现相当于具有任何形状的平均曲线的那种边际曲线。为构思一个示意图，我们没有必要画出对应于那条切线的 AE，因为我们知道，线段 AB（见图 6）等于线段 DE。由此可见，在平均曲线上的任何一点画一条切线，我们即可发现该边际曲线上的那个对应点。要找到对应于平均曲线上的那个点的边际曲线上的点，那就得画出与该平均曲线正切于该点的一条切线和从该点至 y 轴的一条垂线。该边际曲线就将位于那平均曲线之下，而在 y 轴（AB）之上，其间的线段距离被切线和垂线互相抵消。

采用这种方法，我们就可以仿效一条平均曲线，而不论其形状如何，画出各点的对应曲线。

由此事实可知，对应于一条平均曲线上的任何一点的边际曲线的边际价值，对于该曲线以及对于它在该点上的切线，假如有很多平均曲线都是相互正切于某个点的话，那么，对应的边际价值对这所有曲线都是相同的。也就是说，各平均曲线据以都是正切曲线的那种产量，使得各边际曲线必须相交。

在图 7，有三条平均曲线 A_1、A_2 和 A_3，还有一条在 D 点的公切线 AD。

临界值 QE（它等于 QD 减 AB）对所有曲线以及对该切线都一样，而且各边际曲线都彼此相交于 E 点。

此外，还可以注意到，如果两条平均曲线不是相切接触，而是相互相交于任何一点，比如 D 点的话，那么，对应于其中弹性小一些的那条边际曲线，就必然在这样一个点的下面与 DQ 线相交；而该边际曲线与对应于其中弹性大一些的那条平均曲线，就在这一点上相交；而且，这几条边际曲线必然彼此相交于直线 DQ 的左侧。

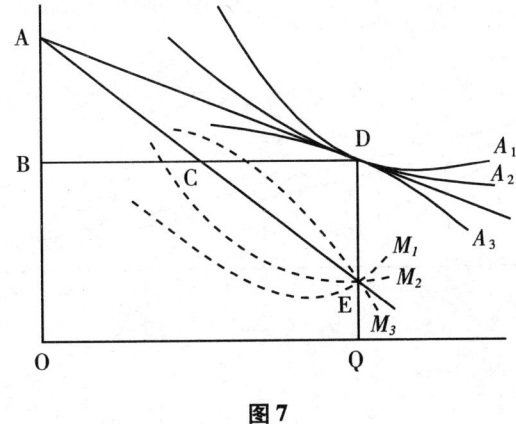

图 7

五

某一条平均曲线与该对应边际曲线之间的关系，将取决于那条平均曲线的弹性。① 当此平均曲线上升时，边际价值是正的，而不论该曲线的弹性如何；而当平均曲线下降且其弹性大于 1 时，则产量增加就会导致总成本的提高，且边际成本必须是正的；但若该平均曲线的弹性等于 1，则即使产量增加，总成本也会维持不变，此时，边际成本等于零；而若该平均曲线弹性小于 1，则对应的边际曲线就将显示出负值。②

---

① 参看弹性的定义，见本书第 6 页。
② 至此，我们是举了成本曲线的例子，而且要是我们正在考虑的平均曲线表明的是任何企业单位的产量的成本的话，那么，企业单位就不可能出现小于 1 的弹性。因为大一些产量的总成本反倒要比小一些产量的总成本小。不过，这是绝不可能的事，我们这是在研究边际成本与平均收成本的关系问题，是为方便起见唯以成本曲线举例说明就是了。平均曲线无弹性时边际价值为负数这一事实，一旦讨论平均收入和边际收入时是很重要的（参看本书第 38~39 页）。

单一弹性的成本曲线，理论上不见得就不可能。假定生产最起码的产量所必需的支出，在不增加任何成本的情况下促成了无限大的产量的直线一例,见图8所示。

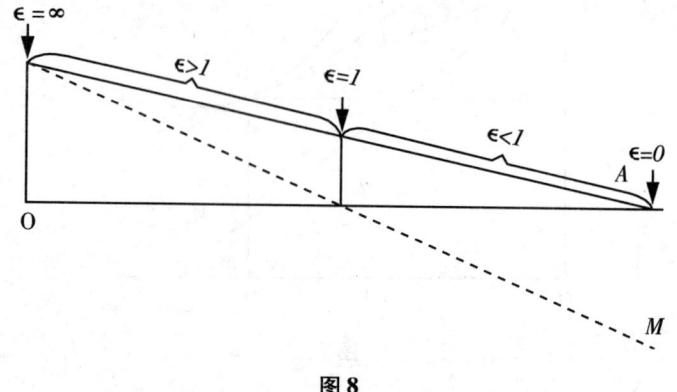

图 8

对于任何一条平均曲线来说,在它与 y 轴相切时,以及在该点的边际曲线与其位置重合时,弹性都是无限的;而在它与 x 轴相切之处,弹性等于零。一条直线处于中途之点,弹性等于1;高于此点,平均曲线富有弹性,边际价值为正值;低于此点,平均曲线则无弹性,且边际价值为负值。

边际曲线与平均曲线的垂直距离,取决于平均曲线的弹性,这一点在通常情况下都不很难理解。既定点上的平均曲线的弹性越大,边际曲线与之就越接近。

例如,在前面的图 6 中,既定点 D 弹性越大,切线 AD 的斜率就越小,而 AB 间的距离就越小,E 点离 D 点也就越近。若是平均曲线富有弹性,则它就将与 x 轴平行,边际曲线与之重合,成本恒定。各时点多生产的一个单位的额外成本,随之也就等于该时点以及另外任何时点的产量的平均成本。

平均价值、边际价值和弹性之间的关系,可精确地予以阐述。

如图 9,假设 PM 为任何一种规模的产量 OM 的平均价值,CM 为边际价值。

话,那么,我们倒是应该有长方形双曲线形式的平均成本曲线,而且边际曲线还会与 y 轴和 x 轴重合。对很多听众的广播或许就提供了此类平均成本曲线的一个例子。

画一条切平均曲线于 P 点而与 y 轴相交于 A 点以及与 x 轴相交于 E 点的切线。

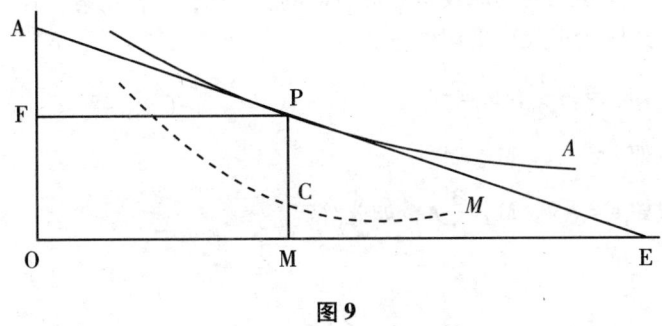

图 9

再假设平均曲线的弹性①在 P 点为 $\frac{PE}{AP}$。

此时，APF 和 PEM 两个三角形是相似的。

所以，$\frac{PE}{AP} = \frac{PM}{AF}$。

但是，AF = PC。

于是，P 的弹性 $= \frac{PM}{PC} = \frac{平均价值}{平均价值 - 边际价值}$。

假设弹性为 ϵ，平均价值为 A，边际价值为 M。

此时，$\epsilon = \frac{A}{A-M}$，$A = M\frac{\epsilon}{\epsilon - 1}$，$M = A\frac{\epsilon - 1}{\epsilon}$。

由此公式可知边际价值与平均价值的比率，只要知道平均曲线的弹性，即可予以推断出来。假如平均曲线是一条渐近于两条轴的长方形的双曲线，因而该弹性对于所有产量来说也就等于 1 的话，那么，对于所有产量来说，边际价值也就都等于零。这就是说，边际曲线是与两条轴线相重合的。假如平均曲线的弹性等于无穷大的话，那么，$\frac{\epsilon - 1}{\epsilon}$ 也就等于 1，因而平均价值和边际价值也就都相等了。

假如 $\epsilon = 2$，$M = \frac{1}{2}A$。

---

① 马歇尔，《原理》，第 102 页。

假如 $\epsilon = \frac{1}{2}$，$M = -A$，如此等等。

假如一条上升的曲线是看成负数的，① 那么，就一条上升的曲线来说，边际价值大于平均价值。

假如 $\epsilon = -\frac{1}{2}$，$M = 3A$。

假如 $\epsilon = -1$，$M = 2A$。

假如 $\epsilon = -2$，$M = \frac{3}{2}A$，如此等等。

六

接下来，我们必须说明在某几种特殊情况下边际曲线与平均成本曲线之间的关系。这些特殊情况都很重要，因为它们不只是有助于理解一般关系，而且还因为它们在我们随后的分析中是必不可少的。假如平均成本直至某一时刻始终保持不变，而后才开始逐渐提高，那么，边际曲线就会逐渐偏离它（图10）；而假如平均曲线开始突然升高，那就说明这一曲线含有某种 *弯折* ，② 而边际曲线则含有某种不连续性（图11）。

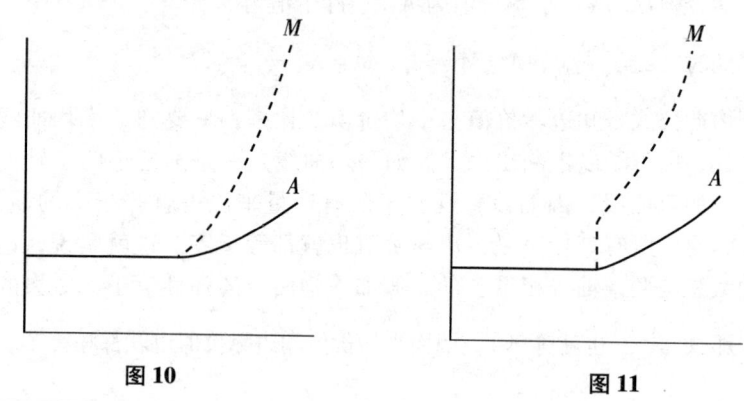

图 10　　　　　　　　图 11

---

① 这虽不合逻辑，但很方便。而对于上升的曲线是看作正的还是负的，无关紧要，只要把它看成是下降曲线的相反弹性就行了。

② 一条曲线存在某种弯折，会导致其斜率必有某种不连续性。

一条下降的平均曲线类似地也会出现某种弯折。假如至此一直在持续下降的平均曲线的斜率，突然如图12所示减小了，那么，边际曲线就会连续提高，而后又继续其正常过程。

若平均曲线的斜率突然加大（如图13所示），则边际曲线也将断断续续下降。

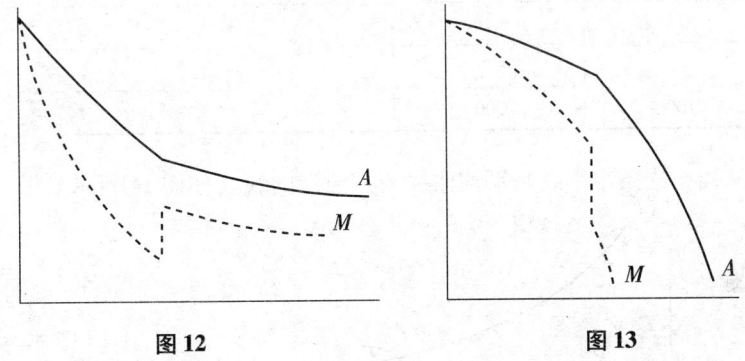

图12　　　　　　　　　图13

平均曲线有某种弯折，这可以看成是这样一种情况下出现的极端例子：即在少数几种产品产量的范围内，该曲线的斜率经历了某种剧变；而在此范围内，在无任何一种实际中断的情况下，该边际曲线也发生了急剧升降。

七

还有一种可能性，这种可能性我们至此尚未作出过讨论。尽管平均成本是在下降中，可边际成本还有可能恒定不变。成本由两个要素构成时，即可出现此类情况，这就是随产量的变化而直接成正比地变化的一个数额，和根本不随产量变化而变化的一个固定数额。模具和奖牌的例子就属于此类情况。假设一个模具成本为100英镑，而用它铸造一块奖牌成本为1英镑，那么，边际成本和平均成本就会是如下页表所示。

按此例所示，我们可知边际成本恒定，平均成本会随产量的提高而降低。平均曲线为一条长方形双曲线，该双曲线包含一个等于固定成本（上例中为100英镑）的面积，而边际成本曲线则为一条

奖牌个数	总成本（英镑）	平均成本（英镑）	边际成本（英镑）
1	101	101	—
2	102	51	1
3	103	$34\frac{1}{3}$	1
4	104	26	1
⋮	⋮	⋮	⋮
100	200	2	1

水平线，这条水平线是平均曲线与其渐近的线（如图14所示）。①

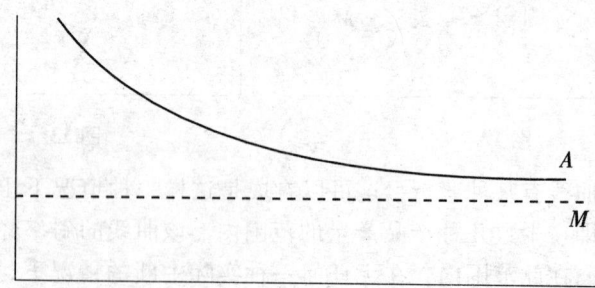

图14

此类曲线对短期成本的分析有用。对这种成本来说，间接费用为一个固定要素，而直接成本则为一个可变要素。平均直接成本作为产量的相关要素恒定不变时，就将出现上图所示的那种情况。

八

现在，我们得回到简单一些的一类曲线的研究上。在第三节，当一条平均曲线是直线时，从它上面画一条垂线，使之在任何一点上都与 y 轴互成直角的话，那就会被边际曲线二等分。而当这些曲

---

① 产量为零时，必须把边际曲线看成是接近 y 轴；产量无限大时，则其与平均成本曲线相交。

线不是直线时，也可以发现相应的关系。

假如一条下降的平均曲线是凹形的，① 那么，边际曲线就会在其中点的左侧与这条垂线相切（如图15）。

画在P点上的任意一条与一条平均曲线正切的切线，其对应的另一条曲线②会垂直相交于P点下面的C点。

画出与 x 轴平行的线段BC，使之与 y 轴相交于B点，那么，它就会与边际曲线相交于C点，与切线相交于N点，与平均曲线相交于D点，且BC = CN。③ 既然该曲线是凹形的，那么，D点必然位于BN外侧。

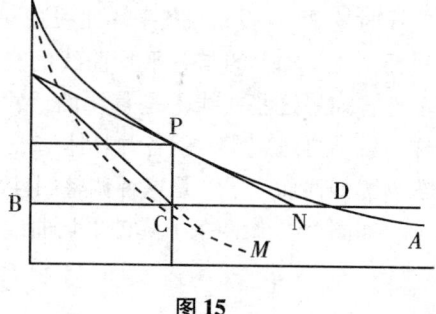

图 15

所以，CD > CN。

但是，CN = BC。

所以，BC < $\frac{1}{2}$BD。

要是一条凹形平均曲线是上升的，那么，这条切线必然位于该平均曲线的右侧，故 BC > $\frac{1}{2}$BD。若一条平均曲线在下降，但呈凸形，则 BC > $\frac{1}{2}$BD；但若该曲线在上升，且呈凸形，则 BC < $\frac{1}{2}$BD 无疑。BC 与 BD 的比率，视平均曲线的斜率和曲率而定。④

---

① 参见本书第 10 页。
② 参见本书第 19 页。
③ 参见本书第 17~18 页。
④ 该比率的近似值，可视如下的斜率大小而定，如图15A：
令与平均曲线相对应的曲线在 D 点与 BD 相交于 L 点，以求 BL = LD。
若 $y = f(x)$ 为平均曲线的方程式，则该对应曲线的斜率就是 $2f'(x)$（见本书第 17~18 页）。
若边际曲线的方程式是 $y = f(x) + xf'(x)$，则边际曲线的斜率就是 $2f'(x) + xf''(x)$。

九

以下的大量篇幅,我们当用以论述成对的边际曲线与平均曲线之间的交叉问题。前面的陈述有助于揭示此类交叉。我们研究直线曲线时发现,①假如两条平均曲线相交于某个点,则若干边际曲线必然相交于 x 轴上的与各平均曲线的交点之间处于同一水平线上的某个点。如果这些曲线不是直线的话,那么,正如上述关系所示的那样,就不再适用了。就各种具体情况来说,其结果要看各曲线的*调整凹性*如何而定了,是这种调整凹性决定了 BC 对 BD 的比率。

如图 16,设两条下降的平均曲线 A_1 和 A_2 相交于 D 点。

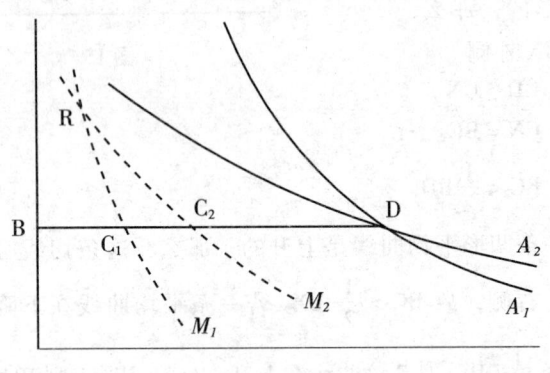

图 16

若 $f''(x)$ 小,则边际曲线可视为 C 点与 E 点之间的一条直线,而且由此可知: $\dfrac{\text{LD}}{\text{CD}} = \dfrac{2f'(x) + xf''(x)}{2f'(x)} = 1 + \dfrac{xf''(x)}{2f'(x)}$。

但是,$\dfrac{\text{BC}}{\text{CD}} = \dfrac{2\text{LD} - \text{CD}}{\text{CD}} = 2\dfrac{\text{LD}}{\text{CD}} - 1$。

所以,$\dfrac{\text{BC}}{\text{CD}} = 1 + \dfrac{xf''(x)}{f'(x)}$。

$\dfrac{xf''(x)}{f'(x)}$ 可视为计量平均曲线的*调整后的凹性*的尺度。

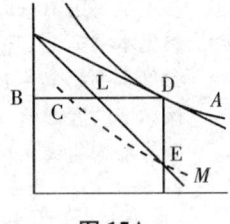

图 15A

就此证法,我谨对 R. F. 卡恩先生深表谢意。

① 见本书第 17~18 页。

画一条与 x 轴平行的线段 BD。

假设相应的边际曲线 M_1 和 M_2 分别相交于线段 BD 上的 C_1 和 C_2 点,而它们之间又彼此相交于 R 点。

要是这几条平均曲线都是凹形曲线的话,那么,BC_1 和 BC_2 就都小于 $\frac{1}{2}BD$;而如果它们都是凸形曲线的话,那么,BC_1 和 BC_2 便都大于 $\frac{1}{2}BD$。

因此,各条平均曲线都是凹形曲线时,则 M_1 与 M_2 相交之点 R 可能不是在高于 BD 的某处,该处与 y 轴的水平距离小于 $\frac{1}{2}BD$;就是在低于 BD 的某处,该处与 y 轴的距离可能小于、等于或大于 $\frac{1}{2}BD$。而如果各条平均曲线都是凸形曲线的话,那么,点 R 就可能不是在低于 BD 的某处,该处与 y 轴的距离大于 $\frac{1}{2}BD$;就是在高于 BD 的某处,该处与 y 轴的距离可能小于、等于或大于 $\frac{1}{2}BD$。采取同样的方式也可证实,① 如果一条凸形曲线在下降,而另一条凸形曲线在上升,则各条边际曲线的交点距 y 轴就必会超过至 BD 的距离的 $\frac{1}{2}$,而水平则可能高于或低于各条平均曲线的交点的水平。如此等等。由此可见,种种可能形状的成对的曲线之间的关系,可以根据本章第八节阐述的论点推导出来。

十

曲线的各种变动趋势我们还必须给予深入研究。平均曲线的位置的变化是需要我们予以侧重关注的。这些变化情况会是多种多样的,比如,平均曲线可能提高了,而其斜率在产量既定的情况下,

---

① 兹建议不熟悉这种方法的读者,以制图方式说明这种情况和下述内容之间的关系。

却一如从前。就该产量来说,各条切线都是平行的;或者,在无论何种既定价格下,该平均曲线的斜率也许还是始终保持不变的;再就是,该平均曲线,或许位置改变了,但其所致的结果,却是无论按既定产量来说还是按既定价格来说,其弹性都会出现与以前一样的情况,而以前在那种情况下,它们是各不相同的。① 假如在某一产量下它们的弹性都是相同的,那就可以证实各条切线就会相交于 x 轴。与此相仿,要是弹性在某种价格下都相同的,那么,按此价格,各条切线就会相交于 y 轴。② 相互处于这种关系下的各平均曲线,会证明对我们接下来的阐述是有用的,因而我们不妨就给它们取一个名字,这原本就很方便。既定价格下有同一弹性的两条平均曲线,就称为该价格条件下的 *等弹性* 曲线。

当然,平均曲线也可能按照另外任何一种方式改变位置,因此,在任何一种价格或产量的情况下,不论斜率还是弹性,都不会是相同的。不过,可以说上述关系还是勾勒出了种种可能变化的范围。

十一

本章生动地说明了的种种几何关系,在下面接下来的各章中会变得明白易懂起来。这些几何关系会应用于各种问题之中,而且在我们接下来陈述的核心问题中还会提及它们。与此同时,随着我们的分析的深入展开,某几种更深层次的关系不仅还会是不可或缺,而且一有机会,还要从本章所含的论题中作一些推陈出新。

---

① 对不了解斜率与弹性之间关系的读者来说,下列做法或许有用:试考虑两条平行的直线形下降曲线,它们的斜率相同。通过原点的一条线,它们将会与这两条曲线相交于弹性相同的几个点上。一条垂直于 x 轴的线,将与高一些的那条曲线相交于弹性比低一些的那条曲线大一些的一点;反之,垂直于 y 轴的一条线,将与低一些的那条曲线相交于弹性比高一些的那条曲线大一些的一个点上。
② 该命题的逆命题见本书第 53 页。

第二篇
卖方垄断均衡

第3章 卖方垄断均衡

一

在生产成本以及商品需求条件已知的情况下,要解决的第一个问题便是确定卖主的产量。

关于这个问题,我们既可以按*短期*的观点予以考虑,也可以按*准长期*的观点加以考虑。就短期而言,企业的生产设备固定;而要是不考虑产量的话,则部分生产成本也是固定的,不生产就无由引起的那几种成本(例如,劳动成本、原材料成本和动力成本等),我们称之为*原始成本*。就准长期而论,生产设备应当设想为须适应于产量变化的部分,而企业家最低限度报酬外的一切成本,均可依产量而异。实际上,真正意义上的*长期成本*,一切均决定于企业自身。

与此探讨有重大关系的成本曲线是企业的边际成本曲线。

论述短期或准长期的问题,边际成本曲线可作适应性改变,而从业已长期存在的企业的观点来看问题,长期和准长期的边际成本实质相同。长期与准长期的区别唯源于下列事实:就长期来说,生产既定产品的企业总数会有变化;而就准长期来说,则不会发生那种变化。[1]

在需求条件既定的情况下,价格和产量就由边际成本来决定,而平均成本函数则应当证实在既定价格、既定产量情况下,企业家

---

[1] 见本书第 78~79 页。

获利与否，以及因而是否还要继续生产。只要他矢志不渝，平均成本水平就不会影响其产量。

平均成本与决定生产的赢利程度的重要性，因思想混淆所致，它常常导致这样一种看法：在一定情况下，平均成本在价格的决定上也是重要的。例如，企业家常常抱怨说，有的外国竞争对手由于管理费用低，因而在竞争中就有优势。诚然，一旦低价居于支配地位，则管理费用低的企业就能生存；而管理费用高的企业，就会破产。不过，只要两者都继续生产，那么价格就不会受管理费用的影响。

老练的观察家会习惯于漠视平均总成本，而仅注重直接成本，并视之为在任何一个时刻都是影响价格的因素。不过，支配短期价格的显然并不是平均成本，而是边际直接成本。由此可见，价格受边际成本支配这一法则，同样适用于生产能力固定时的短期时间以及生产能力可能改变了的准长期时间。就短期时间来说，边际总成本也就是边际直接成本而已，因为随产量改变而改变的唯直接成本而已。由此可见，直接成本与间接成本的区别，就其本身而言，并不十分重要，① 重要的倒是平均成本与边际成本的区别，而不论所讨论的是何种时期。

二

产量一有增加，边际成本很可能不降则升。不过，它也有可能保持不变。一般说来，某家公司随着产量的提高，一开始边际成本有可能会降低，继而会提高或是保持不变。这是我们应该料想到的。不论生产技术与产量变动与否以及是否相适应，情况都可能就是如此。在准长期阶段，生产技术或许改变了，那就很可能有生产的规模经济；而增产是增产了，但规模经济却未见得因此而相应递增。既然如此，那么，在不存在稀缺要素的情况下，只要企业家有可能

---

① 对于一家企业（连同一定生产设备）在任何既定条件下是决定生产产品还是什么也不生产来说，极其重要的是平均直接成本。

增加产量，而又不会招致诸如管理上人浮于事的一类不经济的情况，那么，边际成本就会是恒定不变的。再就是，假如存在递增产量所致的经济与不经济正好相抵的那种情况，则就某个范围内的产量来说，边际成本就可能是恒定的。而在达到某种程度后，规模不经济就可能超过规模经济，边际成本就可能提高了。①

很多情况下，在边际成本恒定甚或提高时，平均成本会是下降的。在总成本中，总会有那么一个固定要素，也即企业家的报酬，而且，在多种生产中，例如，铁路、天然气的配送或是无线电广播等，为求实现最小产量得以实现所必需的最小单位设备，会有极大的生产能力。在这种情况下，在相当大的范围内，随着产量的增加，平均成本势必会降低。而由于存在这种趋势，有的学者就会以为在这种情况下，随着需求的增加，价格必降无疑。② 但此系错误推论，因为平均成本在下降这一事实并不意味着边际成本必降无疑，更何况在任何一种情况下，确定产量和价格的都是边际成本。

类似的一种情况是某种行业的设备生产能力与产量相比存在过剩的短期常见的情况，其原因在于边际直接成本常常恒定于生产能力的极限产量上。例如，试考虑棉纺厂一例，假如由于需求下降，那么工厂是开工不足的。于是，如果不是全厂一周就开工几天，以便所增的产量达到这样一种程度，乃至就照此整周开工却不加班，从而导致边际成本不存在提高之虞；要不就是该厂天天开工，但部分织机或是纺锤都会出现闲置状况。由此可见，若是机器质量全优，且每一台机器均在运转中，而唯加班或是减少每一个人看管机器的台数，则进一步的增产才有可能实现。无论在何种情况下，边际成本都会在相当的产量规模内保持不变。③

在短期内，边际成本的下降或许并不如有的人声称的那样，产

---

① 对一家企业的成本曲线的这一探讨，系基于罗宾逊先生的《竞争工业的结构》。
② 马歇尔，《原理》，第 485 页。
③ 就第二种情况来说，尽管不是就第一种情况来说，平均实际成本将随着产量的增加而降低，但这并不影响本书的论点。

量一增长就会导致降价。不，没有那么多听风就是雨的现象。倒是有可能在某些情况下，生产的技术效率因为某个组织开工不足或机器未达到设计标准而大为降低，结果是边际成本一直减至设计产量的水平上。例如，钢铁工业的情况可能就是如此，使其设备利用率达到其设计能力的水平上就可能获得巨大的技术经济效率。不过，总的说来，还是可以假设在短期内，因设备和组织限制所致，即使产量水平相当低，边际成本也会上升，且在任何一种情况下，都必有某种边际成本据以上升的产量水平。

但对目前来说，不论何种原因，边际成本恒定、上升或是下降都是无关紧要的，虽有对应于任何既定边际成本曲线的平均成本曲线的性质这个问题，但利润额是会因情况而有别的；而且，只要绘出的那些曲线中的每一个问题都与讨论中的这个时期有关，那么，我们的分析也就同样可应用于准长期或短期的情况。

三

在通常情况下，个别企业产品的需求曲线会是下降的。这种曲线的弹性取决于多种因素，其中首推同行企业个数，再就是从卖主的观点来看其他企业与本企业的产品的可替代程度。如果几乎没有生产近似产品的其他企业的话，那么，卖主中财富的分配、需求产品的供给条件，① 以及影响对任何一种产品需求的所有不可计数的因素，都将影响个别生产者的需求曲线。但任何一家产品同质程度充分高的生产企业为数大时，对其中任何一家的产品需求曲线都会造成重要影响的就是这些同行企业之间的那种竞争。其中任何一家企业的产品需求弹性都将大于行业同类产品的需求弹性，因为尽管各生产者都可能拥有某些客户，但这些客户会由于种种原因优先购买单个企业的产品。然而，单个企业的产品价格一提高，有的客户就根本不再购买此类产品，而购买其竞争者的产品了。

如果企业为数众多，因此其中的任何一家的产量的某种变化，

---

① 马歇尔，《原理》，第383页。

对该产品的总产量的影响都可略而不计的话,那么,在买主就其对一家企业与其竞争对手之间的偏好(或者冷漠)而言都一样的这个意义上来说,这种产品就是完全同质的,并且竞争也就是完全的,而对个别企业的需求弹性也就是无限的。也就是说,任何一个生产者都能按照现行的市场价格,想卖出多少就卖出多少。若他降价了,则不论降价幅度多少,他都能占领整个市场;而若提价,则不论提价幅度多少,他都会处于根本无人问津的地步。

在任何一种现实产品的生产中,完全竞争永远是一种可望而不可即的市场状况,但它却提供了不完全竞争的某种有限的市况,而这对市场分析是颇为有用的。近似于完全竞争的状况,在某种组织程度高的产品市场上,例如,某个大型集镇的玉米交易所,还是可能存在的。

四

确定这样一种价格并按照这种价格销售,那么,进款总额或总收入相对成本的余额就会极大。在通常情况下,这是假设为生产者的宗旨的。假如生产者以这样一种方式调节产量,乃至销售量增加一个单位所得的总收益的增加额,恰好等于生产该增加的一个单位所致的成本的增加额,那么,上述宗旨就能实现。而如果他减少一个单位的销售量,那么,他减少的收入就会比节约的成本多;而若他的产量增加一个单位,那么,他为此支出的成本会大于由此所获得的收入。

多销售一个单位的产品所致的总收入增加的那个部分,就是*边际收入*。① 本书中我们总是假设卖主力求实现边际收入等于边际成本。按此设想,卖主达此目的有两种方法可供选择:或是估计各种产品的需求价格和成本;或是采用反复试验法。② 为分析简明起见,我们就姑且把这位生产者称为*卖方垄断者*。

---

① 这个概念与庇古教授的"边际需求价格"绝无联系(参见他的《福利经济学》,第17页注释以及第806页)。

② 参见本书第42页。

这位卖方垄断者的边际收入曲线是与其产品的需求曲线相邻的，我们可采用图 6 所示的那种方法来说明它的起源。

需求曲线表示他的平均收入。假如他能按照每个单位 10 先令销售出 1 000 个单位的产品，那么，10 先令也就是他的 1 000 个单位的销售产品的边际收入，而他销售 1 000 个单位所得的总收入也就等于 10 000 先令。他的边际收入将等于销售 1 000 个单位所得的总收入与销售 1 001 个单位所得的总收入之差。随着产量的增加，销售价格降低，因此，平均收入也将随着产量的增加而降低。例如：

单位数	价格或平均收入	总收入	边际收入
10	20	200	—
11	19	209	9
12	18	216	7

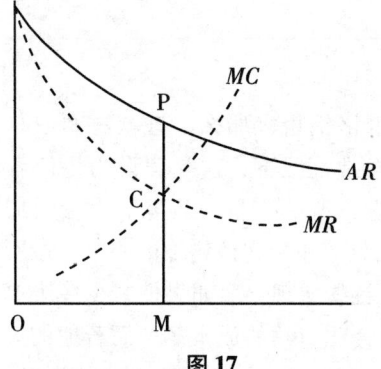

图 17

产量的确定可例示如下：

如图 17，AR 是平均收入或平均需求曲线。

MR 是边际收入曲线。

MC 为边际成本曲线。

OM 为最具报偿性的产量，MP 为其价格。

如果需求曲线缺乏弹性，则边际收入即为负值。① 例如：

单位数	价格	总收入	边际收入
20	10	200	—
21	9	189	−11
22	8	176	−13

在这种情况下，这位卖方垄断者减产将是有利的。因为即使他增产也依然是一个先令也不花，但收入却是销售量每增加一笔就减

---

① 参见本书第 22 页。

少一回的。假如需求曲线无弹性的话，则产量微不足道，而售价却极高，而他所获得的好处再高也莫过于此了。如果需求曲线还是无弹性，而价格又居高不下的话，那么这显然是荒诞无稽的。总有那么一个阶段，其价格一提高销售量便迅即下滑，而此时，若有卖方垄断者觉得他将面临需求曲线无弹性的那种情况，那么，他就势必会提价，直至需求开始变得富于弹性为止（如图18所示的那样）。

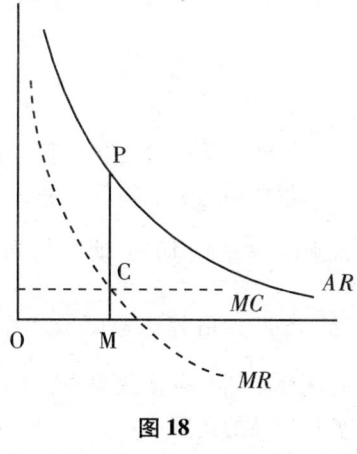

图 18

假如需求曲线完全富有弹性的话，那么，边际收入和价格就会相等，① 而产量则会处于这样一种水平，即按此水平，边际成本等于价格（见图19）。②

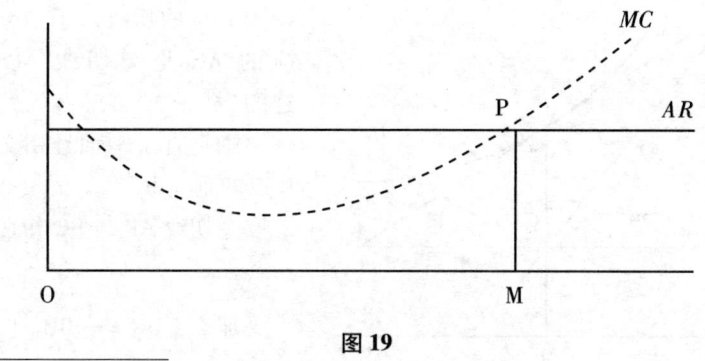

图 19

---

① 参见本书第 14~15 页。
② 边际分析方法显然会得出与马歇尔所用的那种方法同样的结果，这种方法用于发现这样一种价格，即按此价格，代表"垄断纯收入"的那个面积处于极大值，因为纯收入在边际收入等于边际成本时是处于极大值的。这两种方法都可用于分析竞争和垄断的种种问题。马歇尔仅用"边际"方法论述了竞争问题，仅用"面积"方法论述了垄断问题，他把垄断与竞争之间的某种人为割裂的情况引入了他的分析方法之中（参见本书导论第 5~6 页）。

五

垄断产品的价格将代替与这种产品的边际成本的某种关系。

假如 ϵ 为需求弹性,那么,我们知道,[①]这种价格就等于边际收入乘以 $\frac{\epsilon}{\epsilon-1}$。但就劳动产品来说,边际收入等于边际成本。由此可见,垄断价格等于边际成本乘以 $\frac{\epsilon}{\epsilon-1}$。不论成本曲线取何种形状,但这都必然是确凿无疑的,因为边际收入总是等于对垄断者而言的垄断产品的边际成本。

这同一种关系也可用另一种形式予以表述:

如图20,令 PM 为垄断产品 OM 的价格,MC 为产品 OM 的边际成本和边际收入。

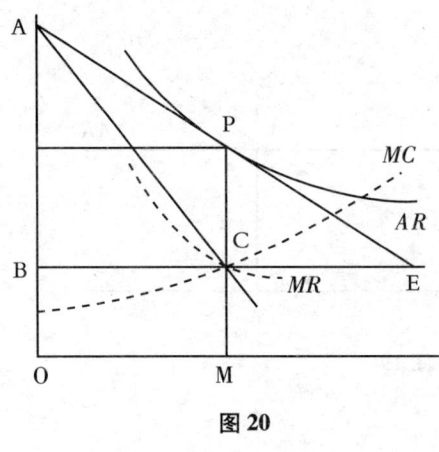

图 20

令 AP 为与需求曲线相切于 P 点的切线。于是,对应的 AC 是与切线 AP 毗连的。[②]

画垂直于 y 轴且相交于 B 点的垂线 BC。

令切线 AP 与 BC 相切于 E 点。

那么,$BC = \frac{1}{2}BE$。[③]

AEB 与 PEC 为相似三角形。

所以,$CP = \frac{1}{2}AB$。

所以,$MP = MC + \frac{1}{2}AB$。

---

① 参见本书第 23~24 页。
②③ 参见本书第 19~20 页。

也就是说，
既然 MC = OB，以及 AB = OA − OB，
换言之，
既然 MC = OB，又 AB = OA − OB，
那么，MP = $\frac{1}{2}$（OA + MC）。

由此可见，垄断价格等于垄断产量的边际成本，再加上相切于 y 轴的那条曲线的截距加边际成本之和的一半。这种关系也会被证实于随后的论证有用。

六

垄断利润总额也即净收入，尚需我们给予考虑。此项数额应当等于位于边际收入曲线（即总收入曲线）下面的那一面积与位于边际成本曲线（即总成本曲线）下面的那一面积之差。对于垄断利润，我们只要考虑一下平均成本曲线也可予以发现。关于这一点，我们尚待在整个论证的后一阶段加以讨论。垄断利润等于平均成本与平均收入之差乘以产量。例如：

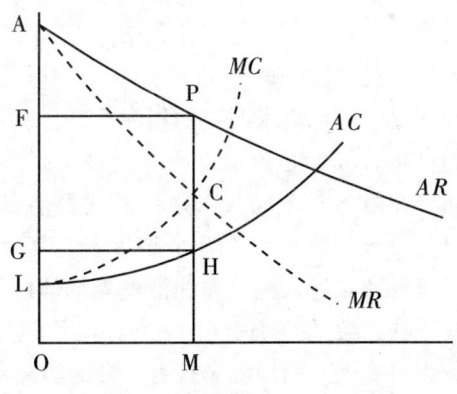

图 21

如图 21，垄断利润等于面积 ACL，且在 MH 为产量 OM 的平均成本时，等于面积 FPHG 的平均成本。

七

由于这种分析方法纯属人为所致,因此对此提出异议就是再自然不过的了。在任何平淡无奇的卖方垄断者头脑中都没有这种想法时,以及就连最现代的企业对它们如何处理需求曲线也就只有最模糊的概念之时,读者或许会问:讨论取决于需求曲线形状的分析有什么用?①

诚然,对于卖方垄断者来说,除非有一个精确而又可靠的成本会计制度,而且他通晓销售产品的市场条件,否则他便无法获悉究竟该怎样才能获得最大净收入。但是,如果供需条件在相当长的时间内始终都是如一的,那么就只有以边际收入与边际成本达成平衡,卖方垄断者才能实现适度的垄断产量了。我们没有必要推测这个卖方垄断者能全部构思需求曲线和成本曲线,他无非也就是能注意到销售量的稍增会使他的净收益略微增加或是减少而已。只要边际收入大于边际成本,那么,对他而言,他就会面临增加产量的趋势;反之,只要边际收入小于边际成本,则对他而言,就会面临一种减产的趋势,而且他就会在垄断点上处于平衡状态。

不过,情况或许会是有几个平衡点的,而且,如果他发现了其中的一个点,那就不会有改变的趋势;即使在另外某一点可以获得还要大的纯收入,情况也还是如此。

多重均衡的情况,一旦需求曲线的斜率改变,就一段时间来说,它是高度富于弹性的,而后也许会变得相对缺乏弹性,接着会再度富于弹性。例如,在由各具不同收入水平的几类消费者构成的一个市场,这种情况就可能出现。会有几个临界点,其时,价格的某种下降会突然使得某种商品进入整个新的消费者群体所能及的范围内,因而需求曲线就很快会变得富有弹性。对应于此类需求曲线的边际收入曲线,可能会出现先升而后降紧接着又升的情况②,此时,就会

---

① 有的企业实际上是计算它们可能按各种价格实现的销售量,而且断言它们所作的估计的高度准确性。但此类情况很可能罕见。

② 参见本书第 25 页。

有几个垄断均衡点。

此外,即使边际收入曲线始终如一地下降,但边际成本曲线的形状也还会是有几个平衡点的。

如图 22 和 23,OM_1 和 OM_2 是可能的垄断产量,而 M_1P_1 和 M_2P_2 则是相应的价格。

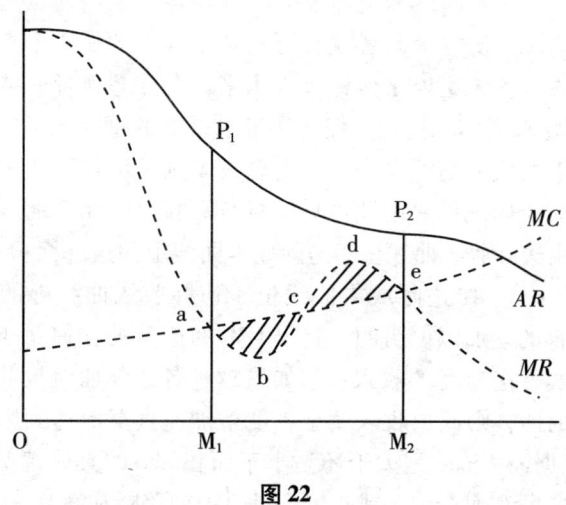

图 22

图 23

各点的纯垄断收入会不尽相同,然而,对于此类局面,任何一个卖方垄断者都不可能充分了解到这样一种程度,乃至他一选,竟就选中了其中纯垄断收入最大的那一个点。假如卖方垄断者已经达到某一个均衡点了,那就不会再有另一个把他吸引到比他现在的收入还会大的点了。

假如边际成本曲线和边际收入曲线在各垄断均衡点之间的走向都是已知的,那卖方垄断者就有可能判断其中的哪一个点会产生最大的垄断收入。无论处于何种收入水平,卖方垄断者的纯收入都等于总收入*减*总成本。现在,任何产量水平下的总收入都以位于边际收入曲线下的那一面积来表示,而总成本则是由位于边际成本曲线下的那一面积体现的。由此可见,与 OM_2 和 OM_1 相应的各项净收入之差,是由边际收入曲线位于边际成本曲线上的这一面积(图22和图23中的cde)*减* 边际成本曲线位于边际收入曲线上的那一面积(abc)所得的差加以说明的。超出 OM_1 的产量的任何微小变动,都会减少该卖方垄断者的收入;但如果越过各边际曲线彼此第二次相交的点c的话,则此项收入就会再度增加,直至他达到第二个均衡点 M_2。依据面积cde是大于还是小于面积abc的具体情况而定,产量 OM_2 的垄断利润会大于或小于产量 OM_1 的垄断利润。

第4章 需求的变化

一

我们研究的下一阶段是研究需求变化对个别卖主的要价的影响。正如我们业已指出的，① 卖方垄断价格是生产的边际成本和需求弹性的函数，因此，需求变动对价格产生的影响，是取决于边际成本的变化和需求弹性的变化的。②

我们先来分析这样一种情况，在这种情况下，边际成本恒定，因此需求增加所致的产量的任何一种变化，都不致导致边际成本发生任何变化。但要是需求曲线是以这样一种方式就提高了的话，则只要其对原价的弹性保持不变，垄断价格也就不会改变；而售价虽如前，但销售量却提高了。对于这种情况，我们看一下下面的公式即可一目了然：价格 = 边际收入 $\times \dfrac{\epsilon}{\epsilon - 1}$（$\epsilon$ 为需求弹性）。在这种新的均衡状况下，边际收入必等于原有状况下的边际收入。因为边际成本丝毫未变，且既然原有价格下的需求弹性也没有改变的话，那么价格是不会改变的。由此自然可以得出这样一个结论，那就是，在边际成本恒定不变的情况下，假如以原有价格为比照需求曲线弹

---

① 参见本书第40页。
② 此分析全据下列假设进行，即所论企业的需求曲线与成本曲线是互不相关的。参见本书第8页注②。

性减小了的话，那么价格就会提高；而一旦需求曲线变得富于弹性起来了，则价格是会降低的。*

如两条需求曲线对某种价格都具有同一弹性的话，那么，就可以说成是 *等弹性的*。① 我们可以认为，两条需求曲线，就某个值域来说，如按该值域内的那种价格的任何一个数值所购的数量，都是相互呈持久不变的某种比率的话，那么，这两条需求曲线对该值域来说就是等弹性的。因为弹性是由可归因于价格的某种相称的比率的变化计量的。如果按各种价格实现的购买量都是呈某种持久不变的比率的，则各种价格的弹性就必然都是相同的。由 100 至 105 的这种相称的变化，是与从 200 到 210 的那种相称的变化相同的。如果某种商品的总销售量因有与老客户完全相同的新客户的增加而增加的，则需求曲线就会是这样升高的。因此，需求量的某种增加竟然导致按原先价格出现的弹性不变，这就不是难得一见的情况了。

若是我们考虑之中的需求量的这种提高属于这种性质，而边际成本又并非恒定不变，则垄断价格不变就会是显而易见的。边际成本下降，需求量的提高必定导致价格的下跌；而若边际成本提高，则必导致价格提高。

我们的研究至此已有了一定的进展，所获的结果可归纳如下：

> 若需求曲线提高，乃至第二条需求曲线与第一条需求曲线等弹性了，则价格会据边际成本的提高、下降抑或恒定而相应地提高、降低或保持不变。

> 若边际成本恒定，而新的需求不如原有需求（按原有价格来说）富有弹性，则价格必升无疑；而若新的需求较原有需求富于弹性，则价格必降无疑。

---

* 本章中，有的几何简介是复杂化了，不过所得的结果简单，而且无异于常识。对技术不感兴趣的读者可以略而不看几何部分，而看本书 46 页及第 53 页上的结果综述。本章第三节和第四节的下半部分，是唯对这样的读者来说有意义的，这些读者酷爱纯技术问题。——译者注

① 参见本书第 30 页。

此外，显而易见的是，只要边际成本下降，而第二条需求曲线弹性小于第一条达到足以抵补边际成本下降的程度，则价格就会保持不变；而若第二条需求曲线弹性大于第二条，则价格必降无疑。边际成本下降以后，只有第二条需求曲线较第一条富于弹性且达到足以抵消边际成本上升的程度，价格才会提高。

二

因此，显而易见的是，就多种情况来说，价格变化都是两种互为反向的影响力起作用的结果。例如，边际成本下降，而需求却是弹性减小。因此，价格是升是降，断无脱口而出言必有中的可能性。因此，这个问题需详加考虑才行。

两种价格之间的关系，可表述如下。

如图24，设 D_1 和 D_2 为任何商品的两条需求曲线，其中，D_2 是需求量大一些的那条曲线（这一设定适用于此项整个讨论）。

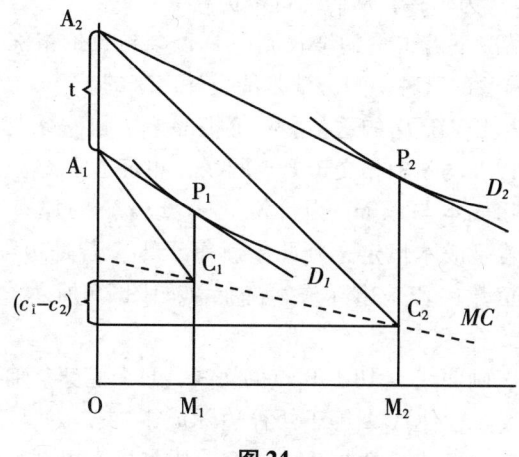

图 24

设 MC 为任何一种商品的边际成本曲线。

设 P_1M_1 为适合于 D_1 的垄断价格，P_2M_2 为适合于 D_2 的垄断价格，再设 M_1C_1 和 M_2C_2 为产量 OM_1 和 OM_2 的边际成本。

设切线 D_1 切于 P_1 点，交 y 轴于 A_1 点；再设切线 D_2 切于 P_2 点，且

交 y 轴于 A_1 点；再设切线 D_2 切于 P_2 点，且交 y 轴于 A_2 点。

于是，我们就能知道①，$P_1M_1 = \frac{1}{2}(OA_1 + M_1C_1)$，

以及 $P_2M_2 = \frac{1}{2}(OA_2 + M_2C_2)$。

所以，$P_2M_2 - P_1M_1 = \frac{1}{2}(OA_2 - OA_1 + M_2C_2 - M_1C_1)$

$= \frac{1}{2}(A_1A_2 + M_2C_2 - M_1C_1)$。

把 M_1C_1 和 M_2C_2 各写成 c_1 和 c_2。

把 A_1A_2 写为 t。

于是，可归因于从 D_1 到 D_2 的需求的提高所致的垄断价格的上升，就等于 $\frac{1}{2}[t-(c_1-c_2)]$，也等于两条切线在 y 轴上的截距之差的一半减两种产量的边际成本之差的一半。

我们现已证实这样一个事实，即需求量的增长会以 t 是大于还是小于 (c_1-c_2) 为转移，从而使价格提高或降低。

就各种情况下需求量的增长到底是否会导致价格涨和落，对这个问题加以检验的某种一般方法是能设计出来的。

通过代表相应于 D_1 的这种垄断价格的 P_1，画一条与 x 轴平行且交 D_2 于 P 点以及与 y 轴相交于 F 点的线，测定适于 D_1（M_1C_1 或 c_1）的产量的边际成本与以 MP 为价格（MC 或 c）的那一产量的边际成本的差：若是成本恒定，则此差就等于零；若是边际成本提高，则此差即为负数；若是边际成本降低（如图 25 所示），则此差为正数。

如图 25，画曲线 D_1 切于 P_1 点的切线，且令它交 y 轴于 A_1 点。选取 y 轴上的 A 点，使 A_1A 等于两种边际成本之差 (c_1-c)。假如成本恒定不变，则 A_1 点就会与 A 点重合；假如成本提高，则 A 点就会位于 A_1 点下面；而若成本下降，则 A 点就会位于 A_1 点上面。

现在，我们可以确立三个论点了。

---

① 参见本书第 40~41 页。

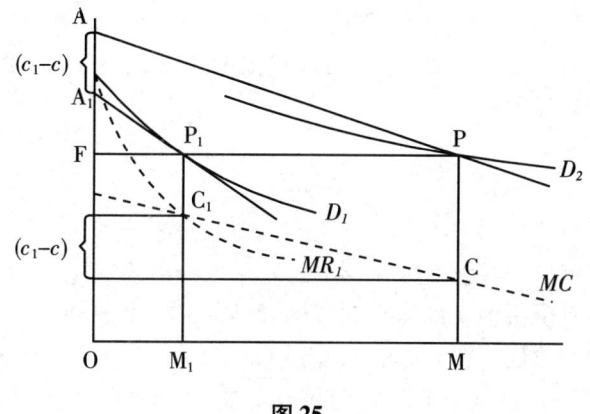

图 25

假如 AP 为切线,与新的需求曲线（D_2）相交于 P 点,那么,MP 就是与 D_2 相称的垄断价格,而且这一价格不因需求量上升而改变。

假如 AP 自下而上与曲线 D_2 相交于 P 点,那么,价格提高;而假如 AP 与曲线 D_2 自上而下相交于 P 点（如图 25 所示）,那么,价格就会下降。

这些论点可证明如下：

$P_1C_1 = A_1F$。①

但是, $PC = P_1C_1 + (c_1 - c)$。

所以, $PC = A_1F + (c_1 - c) = AF$。

所以,对应于 AP 的边际曲线通过 C 点。

所以,对应于 AP 为切于 P 点的切线的任何曲线的边际曲线,都通过 C 点。

由此便可以得出如下结论：假如 AP 为曲线 D_2 切于 P 点的切线,那么,OM 就是对应于曲线 D_2 的产量,而 MP 则是价格,并且是需求量增加时也保持不变的价格。假如 AP 自下而上与曲线 D_2 相交,那么,曲线 D_2 在 P 点的弹性就小于 AP 的弹性,因此,相应于曲线 D_2 的边际收入曲线,就会在 C 点的下面与 PM 相交。因此,相应于曲线

---

① 参见本书第 17～18 页。

D_2 的产量就小于 OM，情况如此，价格必然提高。如 AP 自上而下与曲线 D_2 相交，那么，曲线 D_2 在 P 点上的弹性，必大于 AP 的弹性，而价格则必降无疑。

三

由此可见，考虑到边际成本的变化，价格的变化方向只能取决于按照原有价格的新的需求曲线的弹性。只有考虑到新需求曲线的形状，确切数量的新的价格才能予以确定。

如图 26，AP 自上而下与曲线 D_2 相交，因此，P_2 点会位于 P 点下面。P_2 点的确切位置取决于曲线 D_2 的形状。

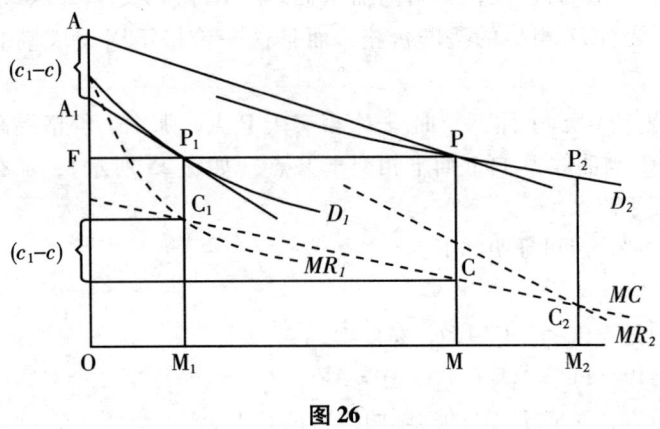

图 26

因为需求量增加而价格提高时，一般而论，新需求曲线呈凹形，而不是具原有价格那种同一斜率的一条直线了，相比之下，前者的价格的涨幅势必就要大一些；而且，一般而言，与需求曲线呈凸形时相比，价格的涨幅会小一些。这种规则的例外是涉及需求变化以及边际成本迅即降低的这样一种情况。① 就需求增长导致低价这种情况来说，价格因是凹形曲线而降低的情况比因是凸形曲线而降低的情况要少，尽管边际成本急剧提高，可价格还是下降，属于不太

---

① 诚邀读者以这些关系进行制图，然后对它们作出说明。

可能的一种例外。因此，总的来说，新需求曲线的凹形情况的影响，不是强化了涨价趋势，就是强化了降价趋势。

四

至此，我们仔细研究了需求扩大对价格的影响，而不是对产量的影响。需求基于原价发生的绝对变化，见上图 26 按线段 P_1P 所计量的所示，而且在价格不变的时候，就会使产量增加。在价格降低的所有情况下，产量必然都增加并超过 P_1P；而在价格上升的所有情况下，产量的增加也都必然小于 P_1P。在价格下降的那些情况下，新的需求曲线（有鉴于按照原有价格呈现的斜率）凹的情况越明显，增产幅度就越大，这是显而易见的。在价格行将提高的那些情况下，其影响就颇有些复杂化了。试考虑一下在 P 点有任何既定斜率的一条需求曲线，一般而言，需求曲线凹的情况越显著，则曲线越往左就越会出现对应的边际收入曲线与 P_1P 线相交（延长而至 y 轴）的情况。由此可见，假如边际成本曲线与边际需求曲线相交于线段 P_1P 的下面，那就可以肯定，产量的增幅相对于一条具有同样斜率的直线而言，一条凹形需求曲线就要小一些，而一条凸形需求曲线则要大一些；而且，一般而论，曲线的凹的情况显著，增产幅度就越小。但是，假如边际成本曲线下降如此迅速（相对于需求曲线），竟至于在高于 P_1P 处将与边际收入曲线相交了，那么，在这种情况下，对于一条凹形曲线来说的产量，可能比对于一条直线来说的产量要高一些，而对于一条凸形曲线来说的产量则要低一些。不过，尽管边际成本锐降，而价格竟然提高，这种情况是不大可能发生的。因此，我们可以说，一般而论，凹形曲线的效应是加大实际产量与按原有价格形成的需求量的增加之间的差距。

在有的情况下，需求量的增加倒是会使产量降低的。假如位置高一些的需求曲线比位置低一些的需求曲线要陡直一些，那么，各边际收入曲线就可能出现相互相交的情况。① 此时，若边际成本曲线

---

① 如需求曲线是凸形曲线或是直线，则各边际收入曲线只能是这样相交，

与边际收入曲线在其交点下相交,那么,对应于位置高一些的那条需求曲线的产量,就会低于对应于位置低一些的那条需求曲线的产量。

五

需求扩大时价格是升、是降抑或恒定,这种种情况尚待揭示。边际成本(由于产量变化)一有任何变化,需求弹性就会发生足以确保价格维持不变的某种变化,这是显而易见的。假如在任何一种情况下,我们都能使新的需求曲线的这种临界弹性——需求曲线在这种临界弹性的情况下价格就会维持不变——处于孤立状态的话,那么,何种条件下价格会升或降就可说明清楚了。假如原有价格的这一新的弹性小于这一临界值,那么,价格就会上升;而假如大于这一临界值,则价格就会下降。因此,我们就是用了这一技巧才使得我们在第二节中用各种边际成本曲线,揭示了能使价格保持不变的需求变化的性质的。

首先,按照这个方法,我们确定了上面阐述的[①]论点,即在边际成本恒定的情况下,价格要保持不变,新的需求曲线就必须与原有需求曲线的弹性相同,并且这也是可行的。假如边际成本恒定,见图25,也就是 $(c_1-c)=0$,且 A 与 A_1 位置重合,那么,我们就必须证明,若 AP_1 是曲线 D_1 的切线且交于 P_1 点,而 AP 是曲线 D_2 的切线且交于 P(P_1P 与 x 轴平行)点,则 P 点上的曲线 D_2 的弹性必然就等于 P_1 点上的曲线 D_2 的弹性。

如图27,令 AP_1 与 x 轴相交于 E_1 点,令 AP 点与 x 轴相交于 E 点。

---

① 即使第二条需求曲线的(无论何种价格情况下)斜率大于第一条,情况也如此;但若高一些的那条需求曲线是凹形曲线,则各边际收入曲线就可能相互相交,即使那条新的曲线(按原价的)斜率小于旧的那条曲线的斜率,情况同样如此。

① 参见本书第46页。

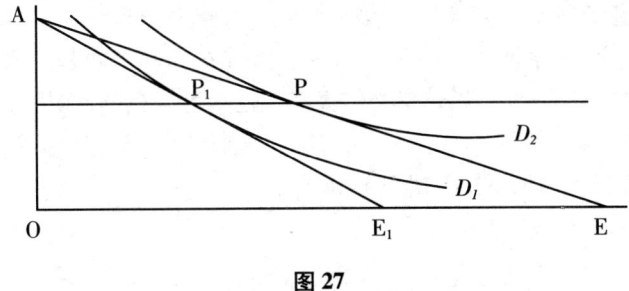

图 27

则 $\dfrac{E_1P_1}{P_1A}$ 即为 P_1 点上的曲线 D_1 的弹性，$\dfrac{EP}{PA}$ 则为 P 点上的曲线 D_2 的弹性。

但 $\dfrac{E_1P_1}{P_1A} = \dfrac{EP}{PA}$。

所以，曲线 D_1 和 D_2 在 P_1 点和 P 点上的弹性同等。

由此可见，在边际成本恒定的情况下，价格要保持不变，（原价格条件下的）需求弹性就必须恒定。而如果需求弹性加大，则降价；需求弹性变小，则涨价。

价格要恒定不变，而边际成本只升不降的话，则需求弹性必须加大，其加大的程度取决于成本提高的速率以及需求的增加量。超过某一点，弹性的加大就不可能足以维持原价。因为新的需求曲线要与边际成本曲线相交于边际成本等于原价之点，除非需求按那个价格变得完全富于弹性了，否则价格必升无疑；而若新的需求曲线与边际成本曲线在高于原价之处相交的话，则不论需求变得多具有弹性，价格都必然只升不降。

边际成本下降时，价格要维持不变，需求弹性必降无疑，而且弹性由此而必须降低的数额，将取决于边际成本曲线以及需求量的增幅的下降速率。

可予以证明的是，若边际成本曲线的减速小于原需求曲线的斜率，而若要维持原价，需求弹性又得减小的话，则新需求曲线（按原价的切线计）的斜率就必须小于原价的斜率。① 边际成本曲线的

---

① 斜率与弹性的关系，参见本书第 30 页注①。

降速由弦的斜率予以计量，该弦把对应于原产量和对应于在新的需求条件下会按原价购买的数量的各点连接在一起。如若按原价的需求曲线的斜率不变，则价格必然提高，这是可以充分证明的。

如图28，令切于P点的曲线D_2与y轴相交于T点，且令斜线TP与A_1P_1平行，则曲线D_1相切于P_1点。

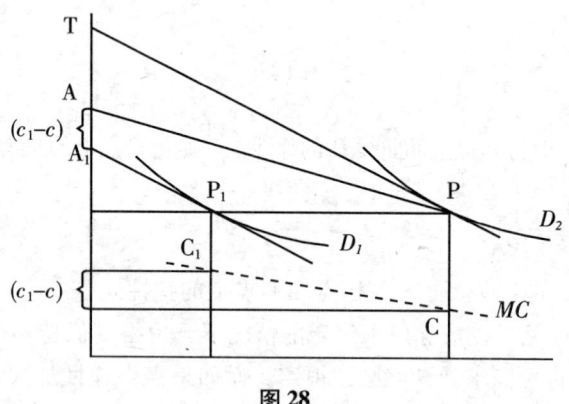

图 28

于是，但凡C_1C的斜率小于两条平行的切线A_1P_1和TP的斜率，(c_1-c)就将小于TA_1，因此，A必位于T之下。同时，AP必自下与曲线D_2相切，价格也必然上升。

据此，我们也可明白，如果边际成本下降率大于原需求曲线的斜率并且要保持价格不变的话，则新需求量的弹性必须减小这么多，乃至新需求曲线（照原价的）的斜率必须大于原需求曲线的斜率。

最后，如果边际成本下降率等于原需求曲线的斜率（故边际成本的曲线的弦与原需求曲线的切线平行），那么，如若需求曲线斜率不变的话，则价格就会保持不变。①

无论就哪一种情况来说，纵令需求弹性并未减小到足以维持原

---

① 需求曲线斜率不变时，价格或升或降，这主要取决于边际成本曲线的斜率是小于还是大于需求曲线斜率的结果。就直线型的曲线而言，它与一种颇有些不同的探究一起为佐特恩博士所用了，但他表述这个结果时所说的是，价格的涨落取决于平均成本的下降率是小于还是大于需求曲线的下降率的一半（《垄断问题》，第19页）。

价的程度，价格也还会下降；反之，即使需求弹性降幅已达到充分有余的程度，价格也会照升不误。

六

至此，我们一直在纯粹规范地讨论需求的种种变化。我们业已获得的结果，只有我们说得清楚需求的何种情况能在现实个案中发现，最终才会有意义。①

对某家企业的产品的需求的增加会有多种原因。第一，买主个数或许增加了。要是市场上有了新的买主，并且每个新买主各自的需求曲线都是完全无弹性的，那么，即使老买主的所作所为依然如故，但无论按何种价格实现的购买量，都会使需求量有增无减，因此，需求曲线的斜率，无论就哪一种价格来说，都是不会改变的。②例如，我们可以设想，不论价格降至何等低的程度，每一位新买主也只还是购买一个单位的商品而已。不过这显然是一种不可能出现的情况。假如新买主各自的需求曲线还是富有有弹性的话，那么，需求曲线的斜率就会减小；而如果新买主各自的需求曲线果真就像老买主的需求曲线那样，那么（正如我们注意到的），需求曲线的斜率减小的幅度会如此之大，以致无论按照哪一种价格，其弹性也还会是一如从前的。无论在何种情况下，只是因为新的买主有了一点点增加，需求曲线的斜率是不会加大的。

第二，需求会因为现有买主群体的财富增加而得以扩大。财富的增加很有可能会使任何一种商品的个别买主的需求都不复如前富有弹性。例如，可归因于财富增加而增加的需求量，很有可能导致

---

① 各种商品需求曲线的性质和需求变化对曲线的形状的影响，形成了一个有极大吸引力但又基本上未加探讨的问题。我们这里所说的也就是点到为止，而且还是带点儿推测性的。
② 佐特恩博士使用了需求曲线，该曲线在他考虑卖方垄断者的市场有一部分为竞争对手夺走这样一种情况时，斜率未发生任何变化，竞争销售者的产量与该垄断者的价格无关（《垄断问题》，第 15~23 页）。

需求曲线的弹性减小，而且有可能竟至于使弹性减小到如此的程度，以至于需求曲线的斜率竟是加大了。现有买主对商品的偏好一强化，就会有产生一如其财富增加那样的效应。

第三，对任何一家企业的产品的需求的增加，都可能因为竞争卖主的消失而形成。这里有两种反向效应：其他处供给来源的消失，往往会使企业现有客户的需求弹性减小；但现已消失了的企业的产品的忠诚客户，在现存的企业之间会是持中立立场的，而这常常会使他们对现存企业的需求变得较前富有弹性。当然，这主要取决于现存数量的竞争者中是第一种效应占优势还是第二种效应占优势。如果只有一家企业留存了，那么，几乎可以肯定地讲，买主对其产品的需求弹性会减小；而若留存的企业很多，则对任何一家企业的产品的需求弹性都有可能会提高。不过，无论如何，从总体上看来，竞争企业的消失不可能使需求弹性减小到足以提高需求曲线斜率的程度。

第四，需求有可能因为某种竞争产品变得较前昂贵而增加。这会使需求弹性减小，而且在某些情况下，它还有可能导致需求曲线斜率的提高。

诸如此类的因素综合在一起，对需求的任何影响都有形成的可能性。因此，要是说需求曲线就不可能发生任何变化，这未免言之过早了。然而，总的说来，似是最有可能发生的是需求的增加会与需求曲线弹性的减小而相伴出现的情况。不过，需求曲线弹性的减小，尚不足以阻止需求曲线斜率的减小。

要是我们姑且可以把既减小需求曲线的弹性又减小需求曲线（按原价）斜率的需求的某种增加当做寻常事的话，那么，我们倒是能说清楚需求增加对价格的种种影响中有一种是很可能会发生的。

首先，边际成本提高或恒定时，需求增加必然导致价格提高，因为我们是假设需求弹性会减小的。就短期情况而论，总的说来，边际成本是不可能降低的。由此可见，在短期内，需求增加很可能会导致产品涨价。

其次，如果边际成本降低，再加上边际成本曲线的斜率又大于需求曲线在其第一位置上的斜率的话，那么（既然我们是假设需求曲线斜率减小的），价格必降无疑。初一看，期待边际成本大于需求曲线斜率的下降率，这似是不切实际的。然而，假如某家企业在与另外的企业在激烈角逐中竞销的话，那么，其产品的需求弹性或许就会很大。因此，我们绝无理由认为为满足边际成本的曲线斜率大于需求曲线斜率的条件计，边际成本下降率就得是极高的。

最后，若边际成本下降，但边际成本曲线的斜率小于需求曲线的斜率，则价格会涨抑或会落就无从说起了。需求弹性不变就会降价；而若需求曲线斜率不变，则会涨价。不过，既然我们是假设曲线的弹性和斜率都是要减小的，那么，价格就可能是非涨即落了。

因此，就长期情况来说，适值所论企业的边际成本有下降可能性时，就需求增加会导致产品涨价还是降价，泛泛而论是于事无补的。各具体个案，还得用我们这里阐述的方法，就其优点详加分析才行。

七

我们就需求变化的效应所作的探讨，可转而用于研究以下两个问题，而这两个问题在当前都相当重要。

首先，这种探讨有助于解释一种现象，而这是一种有时把经济学家们都给难住的现象。我们可以注意到企业产品有时涨价，这是因为生意难做，企业为应对其物品的需求量减小而偶一为之的事情。[①] 这事乍看起来出人意料，但这时若企业家默不作声倒也就罢了，而就其行为作出解释反倒会让人迷惑不解。他们作出的解释通常也就是，产量一下降，每个单位产品承受的营业成本就会比涨价前提高了。但是，不论产量是大还是小，营业成本却是固定的，按企业家们自己所说的那种方式调控价格，那可真是愚不可及。把价格定在利润最大（或亏损最小）上，而不论这一价格碰巧是高于还是低于他们那个产量的平均总成本上，他们也会是只赚不蚀的；而

---

① 例如，很多美国汽车制造商在 1929 年经济衰退一开始就提高价格了。

一味盯住平均总成本,那就只会使他们原本可以避免的亏损或是他们获得的同样利润(这利润与他们原本可以获得的利润相比)减小一些。① 但是,我们就需求变化对价格产生的影响所作的分析,能使我们对他们那种行为得到一种合理的解释。

就我们已经发现的那一切情况而论,企业都是需求增加就降价而需求减少则涨价的。导致需求减少就涨价的因素有两个:若边际成本在下降则会减产(需求减少所致),且致边际成本提高,因而会出现某种涨价的趋势;而若需求一减少,就会致需求弹性减小,那就将会出现某种涨价的趋势。我们认为,从整体情况来看,情况很可能会是,某种商品需求量一增加,就会导致需求弹性减小。当然,也存在相反的效应。归因于贸易的某种周期性趋势的需求减少,就耐用品来说,很可能会是伴之以弹性减小,而弹性的恢复又可推迟至形势好转之时。这是因为,在衰退时期,即使价格降幅已相当大了,但那也只有最紧迫的商品需求才会是有效的需求。因此,涨价可以是针对需求下降时作出的恰当的对策,而不是就生产者来说是某种愚蠢的举动。

我们对需求变动的分析符合我们需要的第二种作用是,阐明有利于处置某些合理化计划下闲置生产能力的论点。英国造船业就实施过这种计划。为简化这个问题的分析,我们就假设生产方法未加改变,但该行业要拆除多余设备、将部分闲置的生产能力全部运转。我们提出该论点是旨在支持合理化计划;按照该计划,要把需求集中于保留的那部分设备上,既然保留的企业会是几乎满负荷地运转的,那么,它们也就承受得起低价。

且让我们按照保留下来的企业的观点来看这个问题。原先归属于这些受谴责的企业中的某企业的客户,现在将向它订货了,因此,其产品的需求曲线有望提高。合理化者提出的论点这样一来

---

① 说来也凑巧,获利最丰厚的价格也就是平均总成本得以抵补的那种价格。这是长期充分均衡条件下会出现的情况(见本书第 80~81 页)。但是,那只是那样一种情况所引起的结果;对于那种结果,按照个别企业的观点来看,是属于外部环境的意外情况所造成的。

就能促使其降低价格。这初一看似是很不合理的，并且如果确实将生产成本分摊到大一些的产量上去，那我们就必然开始怀疑那是不真实的。

但有了前几页的分析，我们也就能够提出比合理化者提出的论点更好一些的论点。我们认为，一般而论，需求的提高在短期内会使价格上涨，但未必始终如此。首先，如能证明我们讨论中的企业的边际直接费用在下降（随着产量增加），① 那么就可以作出某种推测，即一旦需求集中于少数企业，产品的价格就会下降。就每一个特例来说，确定边际成本是否会下降，那非要有有关所论行业的技术的专门知识不可。② 这里，我们无法先验地说这是一种可能的事实或是相反。

其次，即使边际成本恒定，但一旦某些企业被关闭了，那么，特定企业的产量的需求弹性就会变大以及价格就会降低这一说法也还是可予以证实的。竞争如果是完全的话，那么，它就不可能发生；如果竞争不完全，则弹性的变化就取决于这种市场的不完全性。就仅系由于运输成本差别这一点而言，关闭企业的影响将视关闭了哪些企业而定。若是剩下的企业是紧密相连的，因而全行业地理位置集中度是高的，那么，市场的不完全性会因企业数量的减少而减低。但若企业淘汰得较多，因而该行业呈现的地理布局被分散化了，则相反的结果也就产生了，即市场会比以前还要不完全，而且会有这样一种推测，那就是，价格会因需求集中而提高。就市场不完全性是归因于善意这一点而论，确有某种推测（正如我们所知），认为减少企业数量即可导致市场更趋完全。被淘汰了的那些企业的忠诚客户一旦无依无靠了，他们便会在留存下来的企业间作出更严格的选择。所以，剩下的企业中的每一家都会使它们的市场增加了一部分外围的客户，而这部分客户对这些企业的特定产品的需求，比起这些企业的老客户的需求还是富有弹性的。假如果然如此的话，

---

① 竞争不完全时，个别企业的边际成本下降成为唯一可能的事态（参见本书第 80~81 页）。

② 参见本书第 36 页。

那么，价格势必会因需求集中而降低，当然，前提是边际成本迅即提高。

唯采取这种方式，把这种情况下的各种因素一一都给考虑周全了，那么，某种合理化计划是提高还是降低了相关产品的价格，才能被一一揭示出来。

第5章 成本的变化

一

对成本变化于单个生产者价格的影响所作的分析,与有关需求变化所致的影响的分析相比,是既简单一些又复杂一些的。说它简单一些,是因为边际成本的提高总伴随着减产,因此,需求曲线为既定时,价格就会提高。不过据我所知,需求增加既可能提高价格,也可能降低价格。考虑到比起需求变化来,成本的变化可采取多种形式,情况就变得更为复杂了。系技术变化结果的成本的某种变化,很可能改变成本曲线的形状和走向,而可归因于生产要素之一的价格的某种变化,则可能导致技术变化。为简化这个问题的分析,我们假定(按照传统)成本的增加是以尽可能简单的方式发生的,例如,是通过对恒定数额单位的产量课税而发生的。于是,平均成本曲线和边际成本曲线都会因税额而均匀提高,而曲线形状则保持不变。

二

我们先来谈一谈需求曲线为直线时的情况。

如图29,我们令边际收入曲线与原边际成本曲线 MC_1 相交于 C_1 点,且与新边际成本曲线(因税额而提高)MC_2 相交于 C_2 点。

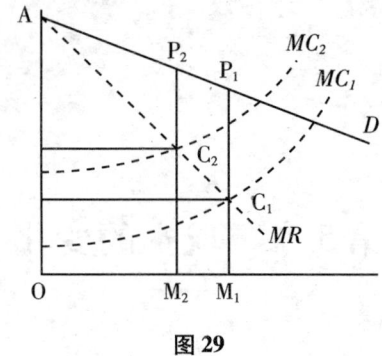

图 29

现在我们知道，原有价格 $M_1P_1 = \frac{1}{2}M_1C_1$（原边际成本）$+ \frac{1}{2}$ OA，即直线需求曲线 y 轴上的截距。① 新的价格 $M_2P_2 = \frac{1}{2}M_2C_2$（新边际成本）$+ \frac{1}{2}$ OA。因此，归因于课税的涨价幅度等于边际成本增加额的一半。

不论产量规模有多大，只要边际成本保持不变，边际成本的增加额就会等于税款额，因此，涨价幅度会达到税款额的一半。

边际成本上升，而上升额小于税款额的一半，且在成本曲线呈现完全无弹性的极端状况下，价格就会保持不变。

而在边际成本下降的情况下，当价格涨幅超过税款额的一半时，其涨幅会是随着增产进而边际成本降速越高（需求曲线既定的情况下）就越大的。边际成本曲线降速，降到足以就其斜率（由连接新产量和原产量的原边际成本曲线上各对应点的弦计量）而言与需求曲线的斜率相等时，价格就会完全按照赋税全额而提高。这可予以证明如下：

如图 30，设 M_2C 为新产量的原边际成本。

于是，C_2C 等于税款额。

画与 x 轴平行且交 M_2C 于 T 点的 C_1T。

---

① 参见本书第 40~41 页。

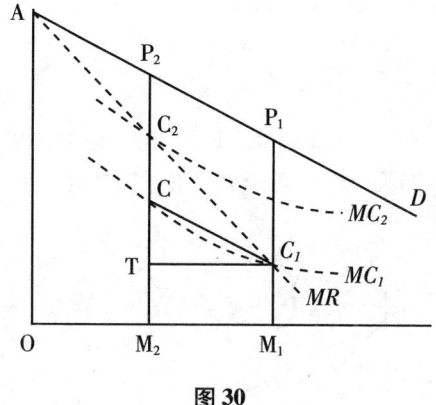

图 30

设 CC_1 与需求曲线平行。

此时,边际收入曲线的斜率为需求曲线的斜率的两倍。①

因此,既然 MC_1 的斜率是设为等于需求曲线的斜率的两倍的,则 CC_1 的斜率也就等于边际收入曲线斜率的 $\frac{1}{2}$。因此,C_2T 等于 C_2C 的两倍,也即 M_2C_2(新的边际成本)比 M_1C_1(原边际成本)大两倍于 C_2C 这么一个数额,后者是税额。但我们刚才指出,价格的涨幅为边际成本提高幅度的 $\frac{1}{2}$,因此,价格涨幅应该等于该税额。

如果边际成本曲线斜率大于需求曲线斜率,那么,价格涨幅就大于税款额。

边际成本曲线斜率不可能大于边际收入曲线斜率。因为,如果是那样的话,那就会无均衡一说。如若边际成本曲线斜率非常接近于这一限制性数值的话,则一小笔税款额就会导致价格猛涨。②

---

① 参看本书第 17~18 页。
② 这是马歇尔(《原理》,第 482 页)提及的情况。马歇尔在提到这种情况时说,如果垄断纯收入总额与产量几乎无关的话,则平均成本稍有提高,即可导致产量暴跌。

三

现在我们必须就需求曲线的凹形情况的影响作出分析。

如图 31，我们设 AP_1 为切于 P_1 点的需求曲线 D 的切线，而 P_1 即为原有价格。

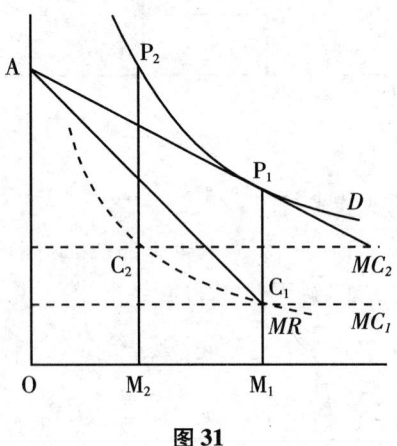

图 31

现在，需求曲线越是呈凹形，① 则距对应的 AC_1 左侧的远处即为边际收入曲线之所在。

由此可见，对于边际成本曲线的任何既定上升来说，需求曲线越是呈凹形，则减产幅度就越大。② 此外，就任何既定的产量而言，总的说来，需求曲线越呈凹形，价格也就越高。③ 因此，两个原因：

---

① 也就是说，需求曲线的"调整凹性"越大。参见本书第 27 页注④。
② 这是依据这样一种假设，也就是新的边际成本曲线在 P_1 点的水平下与边际收入曲线相交，因此，更毋庸置疑的是在 MR 与对应的 AC_1 的交点下相交。如果税款额比 P_1C_1 大得多（边际收入与原产量的价格之差），或者说，如果边际成本下降充分而迅速，则凹形情况的影响或许会减少归因于税收的减产幅度。
③ 因此，即使在由于一条凹形曲线比由于一条直线所致的减产要小一些的情况下，价格涨幅也不可能会小。

需求曲线越是呈凹形，税收的影响就越大；而需求曲线越是呈凸形，税收的影响就越小。

四

我们发现，当需求曲线为一条直线，并且就所有的产量来说，边际成本是恒定的时候，价格的上涨幅度也就等于税收款额的减半。此时，假如需求曲线是凹形曲线，且边际成本是恒定的，则涨价幅度就会大于税款额的一半。我们还可以把边际成本恒定时的价格涨幅等于税收全额这种情况独立出来。在这种情况下，一旦需求曲线的凹形情况呈如此之显著，以至于边际收入曲线的斜率竟等于需求曲线的斜率，则这些斜率就是由对应于新的和原来的产量的各点连接起来的弦来计量的，如图32。

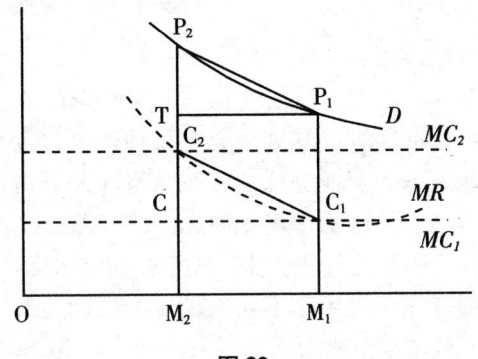

图 32

我们令需求曲线的弦 P_2P_1 与边际收入曲线的弦 C_2C_1 平行。
令从 P_1 点和 C_1 点到 P_2M_2 的垂线相交于 T 点和 C 点。
于是，P_2P_1T 和 C_2C_1C 即为全等三角形。
所以，P_2T（价格的涨幅）等于 C_2C。C_2C 为边际成本的增幅，该增幅等于税款额。

五

我们感到税款额之于涨价的影响，会是需求曲线越是呈凸形则越小的。就极端情况而言，价格甚至一点都不会变。若是需求曲线斜率之变是如此迅速，乃至它都含有一个弯折，那么，边际收入曲线就会出现中断；① 而若原有的和新的边际成本曲线均在需求曲线下面垂直并与边际收入曲线相交，则价格就不会发生变化，如图33。

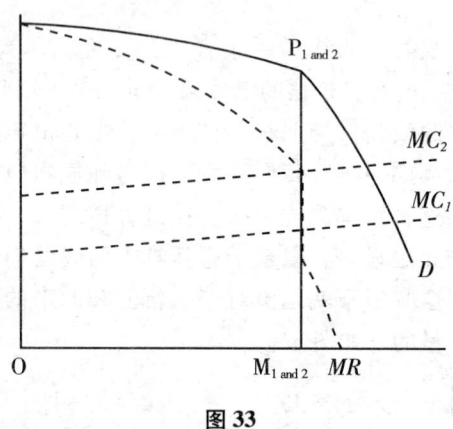

图 33

例如，这种形状的需求曲线可在一家垄断企业遭遇潜在竞争之际发现。一个卖方垄断者对其对手会有某种优势，后者的成本要高一些，但他可能意识到若他涨价，且涨幅超过某个临界水平，他的竞争对手就会开始侵入他的市场。因此，高于此临界价格，他的需求曲线就会突然变得高度富于弹性。甚至在其成本因税额而加大时，他都会感到假如其竞争对手也不受税额支配的话，那他就不值得把价格提高到高于此临界价格的水平。

六

我们业已发现，单位产量的影响，一般而论，是提高价格，而其涨幅小于税款全额。只有边际成本曲线的降速大于需求曲线的降速或是需求曲线充分呈凹形时，价格的涨幅才会等于或大于税款额。若边际成本随着产量的增加而提高，或者是需求曲线呈凸形，则税

---

① 参见本书第24~25页。

款额于价格的影响会是趋向于小的。比方说，在供给完全无弹性或是需求曲线的凸形呈无限状态下，曲线就会有一个弯折，此时价格就根本不会提高。

不过，这些结果只适用于一个狭小的领域。当我们考虑在与其他企业竞销的一家企业时，假如税收是所有竞争企业都得上缴的，那么，这些企业就都会提高价格，因此，每一家企业的需求曲线便都会提高。在这里，基于需求曲线不受征税影响的这一假设得出的结论就不适用了。

我们一直讨论的税收额问题，可以看做是代表由涨工资引起的边际成本的提高。于是，我们可以得出这样的结论：要是涨工资仅仅只影响一家企业，那就是可以适用的；但若工资是普遍提高了，则任何一家企业的需求曲线都可能因为其对手的要价的提高而提高。由此可见，本章所得出的这一结论，唯适用于分开考虑的某家企业；而在假定需求曲线恒定的情况下就成本提高对价格的影响而言，与就假定成本曲线恒定的情况下需求提高的影响相比，其重要性就要小一些。

第三篇
竞争均衡

第6章 供给曲线

一

我们对单个企业的价格和产量所作的分析，至此已宣告结束。我们现在得另行讨论多家企业产品的供给曲线了。产品供给曲线体现一系列与各种价格联系在一起的产量。供给曲线告诉我们的是，如此这般的产量一经形成，接下去就该谈价格问题了。而且假如这种需求条件就是按照这个价格所对应的需求量的话，那么，这就是应有的产量了。我们可以借助接续几次的需求的增加继续作进一步的分析。当需求量增加时，供给价格可能就会提高、保持不变或者下降，但是每个具体的数量都还得有某种相对应的价格，这种价格是与其相对应的产量所必不可少的。假如据以销售这个数量的产品所获的那种价格还是低了点，那么，产量就得降低一点；假如销售这个数量能确保高一些的价格，那么，增产就在所必需了。无论何种情况，需求大一些的总量就得有大一些的产量；而产量一大，生产成本总额也就必然加大。即使产量规模一大，平均成本可能下降，这也还会是正确的。

准长期供给曲线（企业个数固定的供给曲线），只要竞争是完全的，那就不会导致困难。在完全竞争条件下，价格等于边际成本。任何既定价格条件下的产量都等于个别企业的产量之和。这种情况下的边际成本也等于既定价格。① 一般而言，供给曲线这个概念总是与完全竞争这个概念联系在一起的，但若是要研究竞争不完全条件下的情况，则供给曲线的这个传统概念就得另行考虑了。

首先，有这样一个明显的事实，这就是，即使市场是不完全的，但不同的生产者还是可以按照不同的价格销售相同的产品的。② 这就提出了在绘制供给曲线时我们最初遇到的一个难题，即这种供给曲线需是我们一旦作出假设即可予以去掉的，我们是要假定各企业的成本曲线都是一模一样的，而且各需求曲线也都是总需求增加就都会以同样的方式改变位置的。由此可见，尽管竞争不完全，但就整个市场总需求曲线的每一个位置来说，独一无二的某种价格还是起支配作用的。

不过，一个更为基本的困难仍然存在，那就是，如果竞争不完全，那么，各生产者的产品需求曲线就不会是完全富有弹性的。因此，各生产者就会按边际成本等于他的边际收入的价格出售他的产品。边际收入不会等于价格；决定各生产者的产量的是边际收入，而不是价格；而且，无论有多少种价格，它们都是与同一边际收入相一致的。③

边际收入与价格的关系将取决于个别需求曲线的形状，而且因某种产品的总需求的某种增加对产量产生的影响，将取决于这种需求影响个别需求曲线的那种方式。因此，我们可以假定，某产品的总需求无论增加多少，其增加的部分都会在各企业中实现均衡的分配。这样，个别需求曲线都会以同样的方式改变其位置。不过，它们可能有多种赖以改变位置的方式。我们在这里姑且先不谈总需求

---

① 某企业的成本会因行业规模的改变而改变。改变的方式我们将在本书第9章以企业个数的改变所发生的变化为例予以讨论。我们所得出的结论在作出必要的修改后，可能适用于企业个数固定的情况。

② 还有相当大的困难，在即将讨论的市场不完全时的"相同的产品"中，我们即可注意到。

③ 竞争既可因为市场不完全而出现，也可因为企业为数不多而出现。为数不多的几家企业在完全市场的情况下因销售所产生的难题，我们在这里不作讨论。

每有增加对产量都会有什么样的影响，而是就从种种可行的方式中假定有某一种方式，且采用这种方式需求曲线就改变位置了。我们不妨假定，每一条曲线都按垂直方向提高了，进而价格也会提高一个恒定的数额。这个数额是用作对既定需求曲线的各个数额进行支付的。或是就假定，各曲线都朝右改变位置，因而会有一个恒定的量增加到多个个别需求曲线中的一条上，并按各种价格购买不同的量；或者就假定，各曲线的弹性在直线状的曲线上升时保持不变，因而按既定多个个别需求曲线上的每一种价格购买不同的量，这样就等于按照某种不变的比例增加了购买的量。如此等等的此类假设，想作出几个就可以作出几个，而且按照其中的任何一个都可以拟就一条供给曲线，该供给曲线会显示供给对某一产品的总报价的一定提高所作出的反应。某种价格虽然会与各种产量联系在一起，但其结果按照各种不同的假设都会是不同的。由此可知，按照这些假设中的任何一种，虽然都可以拟就一条供给曲线，但按照每一种不同的假设，都会有一条不同的供给曲线。

而且，即使把各曲线都假设为按某种方式改变一定的位置，并按这样的方式绘制一条供给曲线真的可行时，我们也还得认识到，供给的增加是由各生产者的边际收入曲线的上升来决定的。恕我直言，上述情况只是在我们以一种个人的武断的假设条件下，也即产量的增加似是与总需求曲线的上升联系在一起的，进而把需求曲线仅限于边际收入曲线的范围之内的时候，情况才能如此。实际上，产量的这一增加并非总是与总需求曲线直接联系在一起的，而是与个别边际收入曲线联系在一起的。

保持一条供给曲线的形状的可行的其他各种可供选择的假设，同样是令人难以置信的。而一定产量总是与一定价格联系在一起的，并且都要以这些假设为依据。没有选择一种假设或者不选择另一种假设的理由，事实上是，没有某种商品的总需求的一定增加，就不可能有与其中的任何一种假设联系在一起有情况。

此外，需求的一定增加在各企业间均衡分配这一最初的假设，也同样是令人难以置信的。总需求增加时，有的企业可能发现它们那些需求曲线的上升幅度大，而有的则上升幅度小；而有的上升是上升了,但弹性却是减小了;再就是,需求的增加可能全都集中在几个生产者那里。整个市场一同要价就算是碰巧了,可何种产量与那一价格联系在一起的情况,除非我们确知需求是在各市场之间分配的,否则,就会是绝无可能预测得出的。此外,个别企业的成本曲线不都是一样时,这势必又多出了一个变异因素。需求的一定增加会导致产量的不同增加,这种情况要看需求的这一增加,是多半集中于边际成本相对低的企业呢,还是多半集中于边际成本相对高的企业呢。

总而言之,总需求量的某种增加对总供给的影响,会因其对个别生产者的需求的影响的不同而异。总需求的增加会自行显示出个别需求曲线的上升,但总需求的这一增加可能会以无数多的方式改变这些需求曲线的形状;而且,总需求的这一增加对某几条需求曲线的影响,会甚于对另外几条需求曲线的影响。其对产量的影响,在各种不同的情况下会各有差别。总需求的某种增加会因其与个别边际收入曲线的影响的不同,而对产量产生或大或小的影响。如若个别需求曲线碰巧变得不如其上升时富有弹性了,则产量的某种减少甚至有可能会是总需求的某种增加的结果。①

某行业独一无二的某种与产量联系在一起的独一无二的一种价格这一简单概念,要是有使边际收入与价格挂钩的某种独特关系的话,那就只得任由保留了。其基本关系存在于边际收入与产量之间,而不是存在于价格与产量之间。

二

完全竞争这一传统假设,就对价格的简化而言,是极为方便的一种假设,但是在现实世界,我们没有理由指望这种假设会使人们信以为真。首先,它取决于有这么多生产者,因此,其中的任何一个生产者的产量的某种变化,对整个产量来说,都只会是产生某种微不足道的影响。其次,它还取决于有一种完全的市场。第一个条

---

① 参见本书第 51 页。

件也许会经常接近于得到满足，但完全市场的存在，在这现实世界中可能是极其罕见的。

假如某个生产者的需求曲线是完全富有弹性的，那么，他仅凭最低限度的降价就能吸引无数顾客；但同时也正是由于最低限度的降价，就会使他的生意丧失殆尽。由此可见，完全市场这一概念是基于这样一种假设，即构成市场的顾客，是都会以某种同样的方式对各个不同的卖主的要价作出反应的。在现实市场，顾客考虑所及，除相互竞争的生产者据以旨在推销他的产品而对他的要价外，还有另外很多方面。除惰性或无知（这些都会阻止他迅即由一个卖主转向另一个卖主）以外，他还有很多在多家卖主中择一而从的正当理由，而这些理由，对不同的人是会有不同的影响的。

首先，顾客必须把运费考虑在内。这一点，有鉴于在零售市场客户购物时是不愿长途跋涉的，而在批发市场，为从一个生产者而不是从另一个生产者那里获得物品，他所必须支付的运费差额都是必须要显现出来的。各企业所在的位置的相对距离，对不同的客户是有差别的。① 其次，不同的顾客会受某些著名品牌提供的质量保证不同而受到影响。再次，顾客会不同程度地受不同生产者所提供的便捷服务方面的差别——快捷服务、售货员的良好举止、贷款期的长短以及对他们个人需求的满足程度——的影响。在有的情况下（从分析的角度看最令人窘迫的），顾客会受实际价格的影响，因为顾客有时会把高价等同于他所购物品为名牌的标记；而且会拒购廉价代用品，因为就由于它那廉价这一点就足够使他怀疑它是质次的了。最后，顾客会大受广告的影响，广告以它那经深思熟虑的技巧对他的思想产生了影响，使他宁要某个生产者的产品而不要另一个

---

① 马歇尔（《原理》，第325页）把市场定义为这样一种区域，在这种区域，考虑到运输成本有别，因而适用于相同的产品。但在这里，这个定义又不适用。因为如果说一个卖主与另一个卖主之间的运输成本有别，因而所致的市场不完全，则就有与惰性或"善意"等个别需求曲线不如从前完全富于弹性的某种影响。参看斯拉法，《经济学杂志》，1926年，第543页。

生产者的产品,并且它是以某种更讨人喜欢的方式使他一看到它就买下它了。

由此可见,除纯系卖主价格有别以外,顾客买这家的物品而不买另一家的,这会有多种原因。再说,既然处于竞争之中的生产者,他们都是特别注意利用顾客所作的选择对它们的影响的,因此,竞争的存在本身(就该词本来的意义上说)就保证不了市场会是完全的。在质量、在提供方便、在广告以及价格与竞争的激烈程度等等方面,彼此无不处于竞争之中的生产者,有鉴于受上述各方面的影响,就都会不得不千方百计地竞相招揽生意。这固然会打破市场铁板一块的局面,可还是无法保证某家企业的忠诚顾客就不会背信弃义,投身另一家按低得多的价格出售物品的企业。①

三

在草拟供给曲线时还有一组难题,它是由时间的流逝所引起的。在任何一个时刻,某个行业的企业未必都处于均衡状态(从长期或

---

① 以给顾客提供方便、提高商品质量、大做广告或任何不唯简单降价而已的另外某种形式的竞争的存在,从理论分析的角度看,是令人尴尬的。这有两个原因:首先,这种情况大大加大了确定我们所指的商品究竟是怎样一种产品的难度。按平常来看,即使处理起来是益发明显困难了,然而,我们还是能够确定我们所称的一辆汽车或是一听可可茶究竟何所指的。可按照某个顾客的观点来看,事实依旧还是,琼斯所售的一听可可茶与布朗所售的一听可可茶,未必就毫无二致;而要是这两听可可茶的确是不完全一样的,那布朗的可可茶与琼斯的可可茶的需求曲线就无法给予加总,以期获取可可茶本身的需求曲线。其次,令人费解的难处之所以存在,概源于各种形式的竞争,除降价一举而外,无非也就仅涉及生产成本的某种变化而已。企业的产品需求曲线一定程度上取决于为招揽顾客而付出的成本。如果把此项支出看做是完全有别于生产成本的话,那就不至于那么难以对付了。但它实际上常取产品质量变化的形式,基本上总是与生产费用结合在一起。在现实世界,各企业的需求曲线与成本曲线并非各不相关这一事实,对经济分析提出了一个很难对付的问题。在这里,我们也无意解决这个问题(参看本书第8~9页)。

准长期的观点看），有的或许处于增长之中，有的或许衰退了，然而，整个行业或许都可能处于均衡状态。因此，不必假设各企业都有着均衡状态，或许就能拟就一个行业的供给曲线。如此进行的尝试，是把我们未曾想过的很多难以克服的困难都给引入了。于是，经济学家现在是对这些困难的关注程度，超过对市场不完全的关注程度了。拟用于克服这些困难的各种手段中，人们最熟悉的就要数马歇尔的代表性企业了。① 既然这些手段并不是拟就用于处理不完全竞争条件下的供给曲线这一概念所涉及的基本困难的，因此，我们就必须把它们用于代表讨论一种假想的世界的手段。在这个世界，市场是完全的，但企业要有时间以达到它们的均衡规模。看来，这不是一种非常令人满意的解决问题的方法，采用这种方法，或许就讲不清楚在完全的市场中企业能成长多快或萎缩多快了。阻碍企业成长的多种影响都与使市场不完全的那些影响紧密联系在一起的，情况或许竟是，在完全的市场中，对企业的成长而言，根本就不存在障碍物。一种更为富有成果的解决方法，似是首先解决最抽象的问题，在这个问题中，既不存在时间问题，也不存在市场不完全的问题；接着就讨论市场是不完全的，但企业则总是被想象为处于个别均衡状态；再就是引入时间要素，以及研究企业正处于成长（或是萎缩）阶段而达到个别均衡状态。最后，与无知、惰性和"人的要素"联系在一起的因素，通常也得纳入这个方案。

---

① 庇古教授假设过一种想象的均衡企业，它或许有别于同行业中任何实际的企业（《福利经济学》，第788页），但这并不见得就提供不了一个解决这个问题的方法。因为如果现实中的企业不处于均衡状态，那么，它们的成本就会与这个假想的企业的成本无关。肖夫先生就提出过一种三度成本曲线的分类法，见"报酬递增与代理性企业讨论会"，《经济学杂志》，1930年3月，第111页。

第7章 竞争均衡

一

至此为止，我们所谈始终仅限于一定个数企业的市场状况，我们还得研究垄断利润对生产既定产品的企业个数的反作用。企业个数的某种变化，会改变任何一家企业的需求曲线，而且还可能改变其成本。新企业的加入，通常被认为是受某种行业的利润水平的制约的。正常利润系指处于这样一种水平时的利润，即按此利润水平，新的企业就不存在进入该行业的趋势，老企业则不存在退出该行业的趋势。现有企业所获得的高额利润，是视若诱发新企业开始生产产品的；而极低利润，则是由于导致新投资停止而看成是导致行业内企业个数递减的。①

对某个行业的扩张这种说法，失之臆断。商品需求量增加，是由于有了某种获得高额利润的投资的新的可能性直接把新的企业家

---

① 正好足以维持某种行业现有生产设备的利润水平与足以导致该行业得以扩张的利润水平，两者的差别可能相当大。假如需求的某种增加提高了该行业的这两种极限规模的利润，则该行业内经营的企业个数就不会再有增加。就各行各业来说，例如，就铁路或是钢铁工业来说，可能根本不存在大到足以吸引新企业加入的利润水平，此类行业的起始投资额必然很大。情况如此，就必须采用准长期分析的方法了。影响报酬需求增加、新企业进入或是影响报酬需求减小、原有企业退出的条件这个问题，是一个有趣且基本上尚未探讨的领域。

引入了该行业，而不是由于他们一看到原有企业的高额利润就垂涎欲滴而间接把他们引入了该行业。超额利润是新企业发现进入该行业有利可图这种形势的征兆而不是原因。但把超额利润看成构成原因的因素，极有助于简化正式论述；而且如果认识到它的人为性的话，不妨就用超额利润这个工具吧。

这里，我们仅限于讨论超额利润所致的某个行业实现扩张的这种情况，同时还得假定，有鉴于类似的过程，利润低于正常利润时行各业势必会衰落。正常利润水平，需要就特定行业作出界定；而进入该行业有无困难，可从利润水平看出，就像成为医生或成为文职雇员有无困难，反映于医生和文职雇员的收入。容易进入的行业，例如小型零售业的正常利润水平，相对于非有巨额起始投资的或具有特高效率或设施的那些行业，很可能低，正像出色的人行横道清扫工人的收入相对于出色的医生的收入是低的。①

没有在进入可能性的行业，例如，在一个所授许可证为数固定的地区的酒店一类行业，利润不设上限，尽管利润水平非有下限不可，但这个利润水平，也就足以维持现有从业企业个数而已。② 有关此类个案的这种分析，可用上一章讨论过的那种方式进行。

当不存在企业个数改变的趋势时，就说明某企业所处的行业是处于*完全均衡*的状态。在均衡状态下，企业所获得的利润就是正常的了。③

为发现利润是否正常，要用的分析工具中必须有企业的平均成本曲线。平均成本必须包括平均单位产量下的企业正常利润，因此，平均成本曲线（即使不存在生产规模经济）也肯定下降。体现正常利润的那个固定数额，随着企业规模的扩大，分摊到更多的单位产量上去了。此外，经营规模扩大的结果是很可能产生技术经济效益。

各企业的需求曲线都假设为与其成本无关。既然在各实际个案

---

① 还有，这一分析中忽略的复杂情况会因下列情况而发生改变，这就是，总需求水平的某种变化可能会改变决定进入该行业的难度。
② 生产专利品或使用专利方法的企业，也属于这个类别。
③ 不同企业的效率不同所致的复杂情况，参见本书第9章。

中，广告和其他市场营销等成本势必影响企业的需求曲线，那么，这就是一种不切实际的假设了。①

价格等于平均成本，则利润正常。因此，企业总收入确确实实等于包括正常利润在内的总成本。完全均衡要有双重条件，即边际收入等于边际成本，以及平均收入（或平均价格）等于平均成本。

完全均衡的这双重条件，只有企业需求曲线为其平均成本曲线的切线时才能实现。因为要是需求曲线始终位于平均成本曲线的下面，那么就无以生产达到正常利润的产量；而若需求曲线始终位于平均成本曲线上面的话，那就会有一系列的非正常利润下的产量得以生产出来。企业会选择最有利可图的利润产量，这时利润就会超过正常水平。唯需求曲线为平均成本曲线的切线时，利润才会充分正常。每当企业需求曲线位于其平均成本曲线上面时，就会有非正常利润把新企业引入该行业，它们的竞争就又会降低企业需求曲线，直至它再次与平均成本曲线相切。

就需求曲线和平均成本曲线都是正切曲线的产量来说，边际收入曲线必然是与边际成本曲线相交的。②

在下图34、35中，假设 AC、MC 分别是各企业的平均成本曲线和边际成本曲线，AR 是需求曲线或者平均收入曲线，MR 是边际收

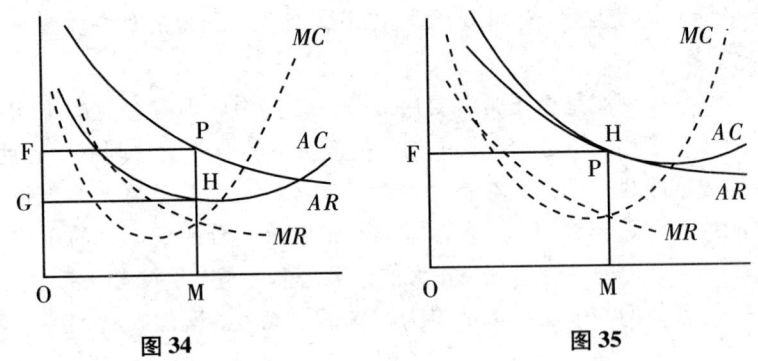

图 34　　　　　　　　　图 35

---

① 假设企业平均成本曲线与需求条件无关，这个条件是不切实际的。见本书第 8 页注②。
② 参看本书第 20 页。

入曲线，OM 是企业单独处于均衡状态时的产量，MH 是产量 OM 的平均成本，MP 为价格。在图 34 中，企业是在获取超额利润。然而，虽然说该企业是处于均衡状态了，但其所属的行业则不是。超额利润由面积 FPHG 表示。在图 35 中，企业是在获取正常利润。图中的 H 和 P 相重合（平均成本等于价格），面积 FPHG 消失。均衡的双条件在需求曲线是平均成本曲线的正切曲线时得以实现。

二

现在，如果竞争是完全的，那么，边际收入就等于价格。但要实现完全均衡，价格就得等于平均成本。因此，完全均衡，只有在完全竞争的条件下，在边际成本等于平均成本时，才能达到。边际成本和平均成本，在平均成本曲线的最低点上是相等的。[①] 由此可见，在完全竞争条件下，平均成本曲线必有一个最低点。也就是说，必有某种规模的产量—超过这个产量，企业的平均成本就开始提高。

依据纯粹几何论证推断与一家企业的成本性质有关的某种事实，这似是难以置信的。但是，在我们深思熟虑之后，那种似是而非的矛盾说法不复存在了。罗宾逊先生[②]就曾指出，一家企业在达到某个产量后，其平均成本还会提高，确有这种情况。假如企业规模扩大时，平均成本继续下降，而且达到从来未曾达到的某个最低点，则边际成本总会低于平均成本；边际成本既可能提高（就一系列产量来说），也可能下降；若边际成本提高，则企业有可能达到均衡，而致价格等于边际成本，但价格会低于平均成本，利润会小于正常利润，整个行业不处于均衡状态；而若边际成本下降，则企业会继续扩大，企业扩大（或因与其他企业合并而规模扩大）的结果就会使企业个数减少，直至竞争不再完全。由此可见，在完全竞争条件下，边际成本必然与平均成本同等而且处于均衡状态之下，平均成本必然处于最低水平。而这，就因为要是条件得不到满足，竞争就不

---

① 参看本书第 16 页图 1。
② 《竞争行业的结构》，第 3 章。

完全。

完全竞争条件下的均衡，如下图 36 和 37 所示。

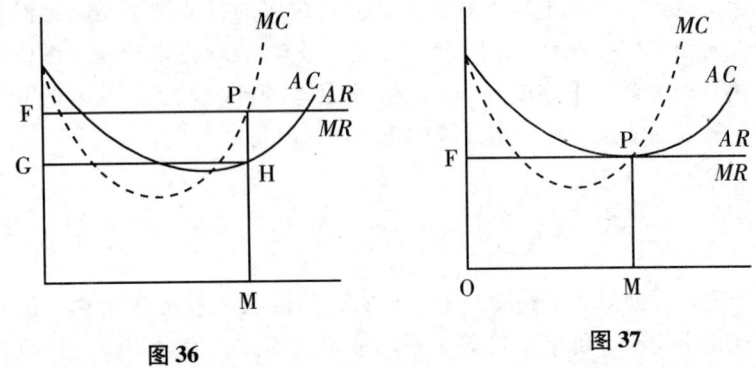

图 36　　　　　　　　图 37

这里，MP 为产量适值 OM 时的价格，MH 为其平均成本。图 37，说明某行业处于完全均衡状态之下；图 36，则说明某行业不是处于均衡状态之下，而企业却处于获得超额利润（FPHG）之际。

三

处于完全竞争状态下的某行业，与处于充分均衡状态下的某企业，都会有平均成本达致最低水平的产量。因此，各企业都会处于*最适度规模*水平上。有时我们还可假定，企业的最适度规模当属这样一种规模，即按照这种规模，企业家会处于最有利的地位，因此企业家就有希望其企业具有最适度规模的动机。[1] 产量高于最适度产量，这无损于企业家的利益。实际上，正是在利润处于异常高水平（由于新企业未能在高到足以使其利润保持正常水平的程度上进入该行业）时，企业才能达到大于最适度规模的那种规模。企业家绝无回归利润会降至正常水平的那种状况的欲望，而处于最适度规模，他的平均成本就会处于最低点，且这又不影响他的行为。按效率最大的方式，能生产出多高产量就生产出多高产量，这当然正合

---

[1] 例如，施奈德，德文，第 19 卷，第 55 页；希克斯，《工资理论》，第 37 页。

企业家之意，因此，贯穿于这整个分析的始末的是，我们始终假定企业家总以这样一种方式对待他的产量，其所达产量无论有多大规模都未尝不可，然而成本则都必须是最低的。不过，从各种可能规模的产量中择一平均成本为最低的产量，这并不对他有利，选择（按现存需求条件）对他而言最低收入等于边际成本的那种产量，才对他有利。

竞争要是不完全，则企业的产量的那种需求曲线就会下降（图35），双重均衡状况唯于某种规模产量而言才可望实现，这种产量是在平均成本适值下降时达成的。因此，利润如果是正常的，则企业的规模就会是小于最适度规模的。达到形成均衡的条件时，企业再扩大规模就会无利可图了，因此，企业家没有理由对获得最适度产量怀有奢望。因为产量一超过均衡产量，边际成本就会大于边际收入。唯完全竞争条件占优势时，企业才有望实现最适度规模；而且在现实世界，还无由指望它们果真会处于最适规模，因为在现实世界里，竞争是不完全的。

四

现在，我们可以初步绘制处于充分均衡状态下的某行业的供给曲线了，在这个行业，价格等于企业的平均成本。

为使一家企业对产量的影响以及企业总数多寡的变化对成本的影响离析出来，我们必须作出某几项简化的假设。

为消除与时间有联系的问题，我们可以首先假定企业的效率和成本不会随着时间的推移而改变，而只随着产量规模的改变而有变化。再就是，每一家企业，在它们总能实现边际收入等于边际成本的产量这个意义上来讲，它们总是处于均衡状态的。

为离析出需求曲线的改变对供给价格产生的影响，就必须假设企业成本曲线不因所属行业规模的扩大而变化。

最后，为消除前一章讨论过的那种种难题以及简化问题起见，我们不妨假定各企业就其成本而言以及就其产品的需求条件而言，它们都是相同的。①

　　现在，就从企业所属行业处于均衡这种状况开始，我们假定产品的总需求是加大的。于是，各需求曲线都会是上升的；而且，既然把所有企业都假设为就需求条件而论都是一样的，则各需求曲线也就都会按同一方式上升。于是，各企业都会增产。产品价格固然可能有升、有降或恒定，但无论在何种情况下，各企业都会获得超额利润，即超过正常利润的利润，而这，包括于平均成本之内（参看图34）。此时，受该行业吸引，新企业会纷至沓来，而且它们就被假定与原有企业具有一样的成本从事商品生产。其结果是，商品总产量会进一步提高，而原有企业的成本曲线会降低。当个别需求曲线再次与平均成本曲线相切时，一种新的长期均衡状态就得以确立了。

　　在这种新的均衡状态下，商品价格会比过去高了还是低了呢？答案显然取决于需求曲线复归某种均衡状态时改变位置的方式。如果需求曲线并不改变斜率，那它就会原原本本地复归如前一样的新状况，而企业就会按照与总产量的增加成比例的个数增加。② 既然企业的产量依旧如前，产品的平均成本，还有价格，也就都不会改变。如若处于新状况后，需求曲线弹性减小了，则该曲线就会借助它原位置左侧它与平均成本曲线的切点达成均衡。处于这种新状况下的每一个企业的产量，都会小于处于原状况时的产量。因此，企业个数就会以高于与产量增加成正比例的比例增加。既然企业产量减少了，平均成本也就会提高，商品价格因而也就上涨了。

　　反之，如果处于新状况后，需求曲线较前富于弹性了，则商品价格就会下降。

---

① 当然，这并不需要各企业按买主的观点去完全一样看；而若果真如此，市场就会完全了。但是，我们会把对任何一家企业而言的具有不同层次偏好的顾客都假设为是作了对称分组，因此各企业的需求曲线也就都相似了。
② 这属于完全竞争条件下出现的特例，但也可能发生于不完全竞争条件下。

在下图 38、39、40 中，我们假设 AC 都是企业的平均成本曲线，AR_1 和 AR_2 分别为原需求曲线和新需求曲线，OM_1 是企业处于原状况时的产量，M_1P_1 是产品价格，OM_2 是处于新状况下的产量，M_2P_2 是产品价格，则就会出现下列结果：

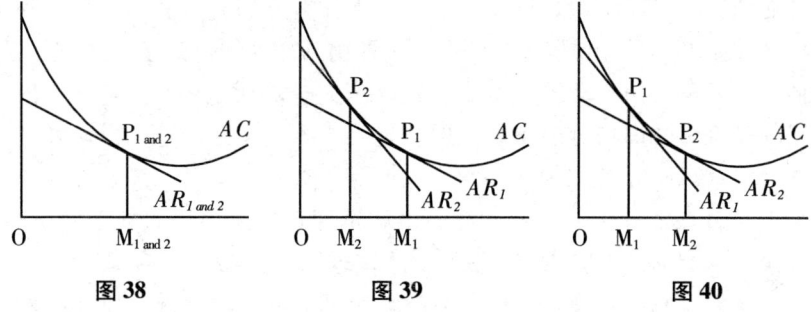

图 38　　　　　图 39　　　　　图 40

在图 38 中，M_2P_2 等于 M_1P_1；在图 39 中，M_2P_2 大于 M_1P_1；在图 40 中，M_2P_2 则小于 M_1P_1。

由此分析可以得出这样一个结论，那就是，在假定的条件下，商品总需求的增加不是使价格提高就是使价格降低，甚或使价格维持不变。①

五

不是那么言必有据的看法也得加以考虑。我们必须研究一下何种需求变化会降低价格、何种需求变化会使价格提高、何种需求变化会使价格维持原状。对这个问题如果无所不谈，则未免会离题太远。因此这里的每一类变化，我们也就仅举一例而已，以期达到余

---

① 庇古教授曾以分析的形式发表过有关这些结果的证明和归纳，载于《经济学杂志》，1933 年 3 月（第 108~112 页）。肖夫先生（出处同上，第 115~117 页）就我的分析提出某些批评意见，似是表明他不同意这样一个论点，即如果竞争不完全，则企业必然按充分均衡条件下下降的平均成本条件生产。但这一明显的不同见解，源自肖夫先生对成本的解释与我的解释的差别。

皆悉然的目的。

　　首先，我们来分析价格维持不变这种情况。这是需求的增加可归因于市场增加了新的顾客群体而可能发生的情况。随着新企业相继创办，这些需求原由那些老企业暂时予以满足的新增买主，在选择企业上，可以认为是喜新厌旧的一类；情况如此，老企业的需求曲线于是回归原先位置，新的需求旋即由新企业予以满足了。例如，假设市场就是由于运输成本有差别才不完全的话，那么，新增的需求就是整个儿由城郊外围新建的住宅区产生的了。一开始，城郊居民会是从市中心各类企业采购一应所需的商品，但是，待到郊区有企业纷至沓来设店办厂时，他们也就迅即转向这些新企业购物了。于是，人们的需求曲线的弹性便依然如故。

　　接着，我们来分析需求增加导致价格上涨这种情况。要是有新的企业加入进来把最为三心二意的那些顾客从老企业那里拉走，而仅留下那些对老企业依依不舍的顾客的话，则不论需求最初那种增加属于什么性质，涨价都是会发生的。于是，个别需求曲线会是不复如前富于弹性了。例如，或许就有迷恋于某企业的市场外围的顾客，他们从来未曾得到过更好的服务（例如，老企业的那种布局或许就不方便，或者即使我们淡化商品是同质的这种假设，可老企业的各种产品对于各有独特偏好的买主来说，也还会是不令人满意的）。因此，他们对老企业是不偏不倚的。但是，总需求的这种增加将导致新企业的竞相涌现，而这些企业正好可以满足他们的各种需求。这样，原有市场的这些外围顾客现在就消失了，那些新的企业有一批对它们的产品有强烈偏好的买主。于是，个人需求曲线的弹性又不复如前大了。

　　最后，我们来分析降价的情况。如果需求既增加，而且是由人口密度匀速提高所致，且增加量在整个市场又是均匀分布的，或是比方说，又有新企业在老企业（不是有鉴于地理因素，就是由于不等程度地对各种顾客有吸引力而言的某些产品的特殊质量）之间建立起来了，则降价自必发生。因此，从买主的观点看，任何一家企业与另一家企业之间存在的种种差别都会消失，且各企业的顾客都会变得匀质起来，因此需求弹性随即提高了。

我们假定这最后一类的需求变化最为频繁，这有几个理由。因此就可以认为，总需求的增加或许就能导致降价，而不是导致涨价。不过值得指出的是，这一类需求的接续增加最终会使市场不完全性得以根本消除，从而确立起与企业的均衡规模一样的适度规模；但在把市场的这种不完全性看成是与企业的行为无关这一方面，我们已经对流行于现实世界的条件作了高度简化的描述；在现实世界，企业感到市场果真完美无缺，竟至于达到超乎预想的地步，则企业就可以求助于广告和其他各种手段，这些手段能确保顾客——忠诚于它们的企业。假如有很多企业都相继效法了，则市场就会再度各行其是，而企业的均衡规模也将随之减小。

第8章 租金插叙

一

在着手第二部分供给曲线分析，以及在讨论某一行业的产量的某种变化对该行业各组成企业的成本的影响之前，我们得暂先讨论性质不明显的一种特殊成本。

*租金*这一概念的实质，亦即某种剩余这个意思，而这种剩余是某种生产要素的一个独特部分所得到的，它高于导致这种生产要素发挥作用所必不可少的那种起码收入。租金这个概念，无论形诸文字，用于口头言传，还是推究历史渊源，都与"天赋白送"这个概念紧密联系在一起。这些天赋白送（最基本的特征是其起源不归因于人工）的东西，它们的最有价值的部分是空间，因此，是属于正是由于这个原因，这些天赋白送的东西通常就被称为"土地"的，而土地，则可以理解为由纯粹空间以外的所有其他"白送"的东西构成。因此，在日常用语中，意指用于租用土地的支付款项的租金这一称谓，经济学家就用作那样一种剩余收入的名称，这种收入是由天赋白送所获得的。经济学家所说的那种意义上的*土地*的全部收入，也就等于他们所说的那种意义上的*租金*，因为它是在无论何种情况下都存在的，而且也是从不必为其存在而付款的天赋白送的定义中推导出来的。

但是，租金这个概念又常与土地这个概念交织在一起，而且还达到了难分难解的程度。属于另外三大范畴，即劳动、工商企业家和资本等生产要素,也可以获得租金。发现自己出生来到这个世界的一个人,也必须竭尽所能并获取应得的恰好的报酬。劝诱他继续从事任何既定强度工作所必需的最低限度的报酬,也就是实际收入,而这实际收入,是能使他的心理效率维持于足够水平的。对于一个企业家来说的必要的最低数,是这样一种收入水平,即按照这个水平,就足以使他免于复又陷入雇员的层级。很多人显然都是获得高于这一必要最低数的实际收入的。何种水平的收入为劝诱一个人所必需的收入这个问题,是另一个问题,对此我们不在这里加以探讨。① 此外,资本也常获得高于必要最低的剩余。很多人还得作好准备进行储蓄并出借一定金额的钱,但或许所得的利息比实际上应得的要少,因而还得按负利率储蓄和出借。由此可见,各要素都会获得租金。

如果换种角度看问题,同一论点也可予以阐明。某种要素如果是处于完全富有弹性的供给情况下的话,那它便无法获得租金。这一点是显而易见的。处于完全富有弹性的供给之中的一个虚构例子,就可以构筑如下情况:假设只要能有5%的利息,人们就会准备储蓄并出借;再假设低利率根本无法劝诱他们出借,于是,利率就永无可能背离5%;而若利率提高至高于5%了,那么,这样的储蓄的涌入,就将被增添给贷款市场,以至于利率再次必降无疑;而若利率降至低于5%,就不会有新贷款即将到来,资本存量则将逐渐枯竭,直至再一次达到5%的利率水平。于是,货币资本就会处于完全富有弹性的供给之下,而每一种要素资本就会接受其必要的最低收入。但是,此例的极不真实性,使在现实市场上,就连资本也不是处于完全弹性供给之下这一点更明白易懂了。需要注意的是,属于另外各大范畴的要素都不可能处于完全富有弹性的供给之下,因此,任何一类要素显然常常都可能收获租金。

但这一切都与本章的讨论无多联系。本书并不详论所有产品的产量问题,它仅限于研究单个产品的产量。就以生产某种产品的某

---

① 这整个讨论都过于简化了。详论见罗伯逊,"经济刺激",载于《经济学逸闻》。

个工业部门的观点看,某种生产要素的小到不能再小的支付款项,不是导致该要素存在的那种支付款项,而是导致它在某个特定行业而不是在另一个行业发挥作用的那种支付款项。①

因此,从某个行业的角度看,某种要素任何一个单位的成本,都决定于该单位要素在另外某个行业所能获得的报酬。一个工人、一个企业家或是一英亩土地,一旦在这样一种使用中所获得的报酬高于他种要素使用时所获得的(考虑到后面要谈的各种流动阻碍)报酬,则便都会由他种用途转作这一种用途。由此可见,我们研究某种要素对任何一种行业的供给时,我们是并不关心该要素的总供给的,而是关心它获得的报酬水平;报酬水平是诱使该要素若干单位从他种用途转入该行业所必不可少的一个条件。保持既定单位某种要素所必需的那种价格,我们可以把它叫作*转移收益*或*内部调拨价格*。因为低于这种价格,人们所作的支付的减小,就会导致这一支付转移至他处;而且,一种要素的任何一个单位,假如在使用它的行业中其所获的收益也就仅足以阻止它转作他用的话,那么这一单位便可说成是*处于转让的界限*,或称*边际单位*;② 即使所获支付较实际所获小一些而留在该行业的任一个单位,也都可称为*边际内单位*。

即使某种要素总供给完全缺乏弹性,但这种要素对任何一个行业的供给,也都还完全有可能是具有完全弹性的。

下面一个虚构的例子会使这一点更加明白清楚起来。假设土地的肥沃程度等各方面都一样,但相对于对它的需求来说,则是数量有限的。于是,土地市场就会对所有土地的所有用途都实施统一的费率,这样,土地的供给也就绝对无弹性了。人们所付价格丝毫无增,遂会需要增加供给。假定一种商品需求增加,而该商品制造商支付稍高于另外的土地使用者的出价,那就可以想获多高的租金就能获得多高的租金。

---

① 见亨德森:《供给与需求》,第94页;肖夫:"变化着的成本和边际纯生产额",载于《经济学杂志》,1928年6月,第259页。
② 见亨德森:《供给与需求》,第94页。

此例中的租金总水平体现了我们按照分别予以考虑的各种观点所认同的土地的转移收入。土地这个要素，对所论各种用途来说，其供给都是完全富有弹性的；而从各行各业的观点看，则无租金可获。

二

　　尽管要素总供给与上例风马牛不相及，但显而易见的是，可能就有这样的要素，它们的用途所获得的收益，高到恰好足以诱使它们在其中发挥作用的水平。这种情况发生时，其作为要素单位的实际收入，与其作为从该行业观点看是最简单的转移收入的差别，就基本上会消失。① 以下例子对此会作进一步说明。

　　试想一想，适于建造滨海饭店的某海滨，唯一可供选择的另一种用途是牧羊。假设建滨海饭店用去 1 英亩的土地可获得 20 英镑的收入，而牧羊则是获得 2 英镑的收入。于是，1 英亩土地的转移价格即为 2 英镑，租金则是 18 英镑。接着，再设饭店膳宿业需求程度低一些，未来饭店业主所付 1 英亩土地的价格仅为 10 英镑。这时，没有哪个土地所有者会宁让土地供牧羊人使用（除非受审美观点的影响）。而如果饭店专用土地总量如前一样，但 1 英亩土地转移价格仅为 2 英镑，那么此时，租金唯 8 英镑而已了。再设牧羊业的某种革命使放牧地的收益提高至 12 英镑了，那么此时，土地所有者就宁让农场主使用土地了。按牧羊业的观点看，此时土地的内部调拨价格相当于 10 英镑，租金则是 2 英镑了。

　　由此可见，每一块土地都可以是有多层级可能的利用方式的。在一个无摩擦的世界里，每一块土地都会专供最有利可图的那种用途。但随着需求和生产方式的改变，那种多层级土地使用方式也会改变，土地投入使用的地理位置也会随着改变。假定一种要素的某种用途比另一种用途更能获利，这会是大错特错的。（伦敦）斯特兰

---

① 此概念系肖夫先生据亨德森先生的著作演变而成，参见肖夫："变化着的成本和边际纯生产额"，载于《经济学杂志》，1928 年 6 月。

德区专供建宾馆、饭店用会比用来牧羊更有利，但威尔特郡的白垩质丘原地用来牧羊却比建宾馆和饭店更能获利。此外，作一定用途的最先不复赚钱的某种要素，借助于其生产的某种产品，需求减少时未必会比其他要素的获利程度低。某行业的某些要素的边际单位，有在他处获利的最好机会，并且或许也正好是其所在行业中属于最好的。假如斯特兰德区专供放牧用，那很可能就会养出比白垩质丘原地带还要肥的羊来。

需求减少时最早退出某特定用途领域的某生产要素，是效率价格最高的，但效率价格不是因为该要素质优，而是因为非常昂贵，或是因为按从该行业的观点看该要素质次，但在他处则是可以要求高价的。企业家这种要素是说明这种情况的最好例子。在有的不要求特殊天赋的行业，独具全面能力的企业家会是少量的，因为能在获利最丰厚的职业中择一而从且站住脚的，正是他们这些人。

属于古典意义上的"边际"土地，除了现有用途外是别无他用的。而就这种土地来说，转让价格等于零。而就属于劳动和企业家这个类别的要素来说，却有一个起码的收益水平，低于这个水平，提供这种要素的人就连生存也无法保障了。也就是说，要素既已毫无用处，那么转让收入也就为零了。①

---

① 认识到行业中转让收入与租金的区别与下列区别毫无关系这一点很重要；下列区别，是指人们所下的工夫和承受的亏损以及*实物成本*等生产费用，与只不过体现为社会内部交换而已的那些生产费用之间的区别。按照社会的观点，土地是无偿提供的，整个地租无非也就是某种剩余，其毫无实物成本可言。而从某种具体行业的观点看，转拨款项则与任何其他成本要素一样，的的确确就是供给价格的一个组成部分。至于按照某个具体竞争的生产者的观点看，整个地租便都是生产成本了。这些区别使我们能了解马歇尔论述这个问题时颇有些混淆的地方。在他的论述中，谈的主要是实物成本这个问题；据他的看法，行业中的租金与转让收入两者之间的区别是无足轻重的。亨德森先生把转拨款项看做是实物成本，以此来保全正统派的观点，结果适得其反，反使之益发杂乱无章了。

这就是肖夫先生描述的错综复杂的图案。① 各种生产要素的每一个单位，都会在其收入最大之处适得其所；当其作为某种用途所得的收入降低时，人们就会把它给撤回，转而投入赢利可能性次大的某种用途；而若其实际收入与其投入赢利可能性次大的那种用途的收入这两者之间的差别相当大的话，那么，投入这种用途，各生产要素的每一个单位就都能获得租金了。假如每一个单位的生产要素与其相邻单位的生产要素，无论就其在使用它们的行业中的效率而论，还是就其投入他种用途的效率而论都是相同的话，那就不会产生租金。

三

但一幅错综复杂的图案，本身只是一个问题，它不是一种有用的工具。只要我们总是把这个问题看做是一幅犬牙交错的图案，那么我们就会发现，有待我们解决的这些问题都是极难解决的。但把那些问题分门别类地归纳为易处理的各个方面，并且把某种生产要素的供给曲线应用于某个行业，这样就方便了。不过我们还得认识到，使用我们选择的这个术语对实际情况不会有多大影响；而且，要是用这种术语——一种要素的供给曲线——证明如此靠不住，以致不能用它解决我们问题的话，那么，我们就总能借助于那幅错综复杂的图案，把我们的时间花费在使之组合在一起上。

生产要素供给曲线的绘制分两步走。首先，汇总各不相同的实际生产单位，经分门别类，而后组成提供便利的一个一个小组，且称每一个小组为独一无二的一种生产要素。这些生产单位自然地属于四个范畴，亦即土地、劳动、资本和企业。② 把分属于不同范畴的

---

① 《经济学杂志》1930年3月，第99页："对我来说，无论如何，现实世界提出的经济问题，看似都是……分门别类的，且都适得其所的大量异质的个人和活动的问题……是一个拼板玩具，而非流体动力学的一个问题。"
② 见本书第7页。这四个范畴，传统上称为要素。但把各生产单位仅分成四个要素这种做法，严格说来，属于作为一个总量的产量的分析；而就某个行业的问题来说，细分就属必不可少。

两个单位并置于同一小组是不合适的。1英亩土地、59个人、价值200镑的资本,尚不能构成一个很方便的要素组合;其中的各要素必须由四个范畴中的一个范畴的单位构成;而且只要有可能,其中的任何一个单位就会与它最为相似的其他单位列为同一个要素组合。① 可以完全互相代替的任何两个单位,都必须包括于同一要素在内。在很多情况下,这些要素可以毫无麻烦地自行确定它们的界限。例如,我们可以发现有一大批非熟练工人,在其能力上也就只有微小差别。然而,其中素质最优者和小组外素质最差者,以及无能者与小组外最能干者的差别,我们也能发现。要素的性质上的这种差别,使要素的区分相当简单,但也会有很多令人怀疑的情况,因此,我们万不可过于谨小慎微地把不相似的人或不相似的英亩,放入各不相同的要素内。而若我们就单位之间相似程度持过于严格的观点看问题,则就会有如此多的个别小因素,以至于任何生产过程都需有其中的大多数,并且其中的大多数就都难以消除。

生产要素的各小组必须大到足以使任何一个过程中所用的要素的个数,都减少到呈现合理比例的程度。但我们务必遵循这样一条规则,即一种要素构成的生产单位个数,是仅限于一个范畴的生产单位个数的;而且,既然每一个过程都务必需有属于上述四个范畴中的每一个范畴——土地、劳动、资本和企业——的一定的单位数,那么,无论如何,要素的种数势必都会是多到很不方便的程度的。② 因此,我们务必尽可能毫不迟疑地加大单位组成的小组的个数,使可以相互替代的生产单位链条上不再有非常明显的空缺,并且使每一个要素都大且内含这样一个数量单位,即每一个要素都在多个不同行业加以利用,那就会是明智之举。

---

① 有的情况下,一个人,比方说,在其所在企业提供某种劳动,还有某工商企业家提供劳动的某个小企业的企业主,均属于几个范畴的要素,这些人的服务必须予以细分和配置于个别要素内。
② 本书第七篇的分析,系据这样一种假设进行,即只有两种或三种要素参与商品生产。而如果就连这样几个要素都予以分析了,那么问题就复杂化了。

绘制一种要素的供给曲线的第二步，是选择一个计量该曲线的单位。怎么确定这个单位，附录有颇详细的说明。临时性的解决办法，兹概述如下：某种要素的两个组成部分——该要素属于劳动这个范畴情况下的人数，以及该要素属于土地这个范畴情况下的英亩数，如此等等——要是这个人数和这个英亩数等等，均可相互置换，且都不会改变实物产量的话，那么，它们就都将被看做是构成等数的*效率单位*的。这种效率单位必须就是我们为之绘制要素供给曲线的那个行业而论的。还有同样一些实际生产单位，可作为个数各不相同的效率单位，它们体现于各不相同的行业的供给曲线上。假如我们有幸收集到了一种构成按从该行业——我们这就为它绘制供给曲线——的观点看在效率上相互酷似的单位的话，那么，该要素的那种自然单位（一个人或一英亩）就会与那个效率单位相一致了。

若组成该行业的各企业构成一种完全竞争条件下的一个一个要素市场的话，① 那么，每一种要素的每一个效率单位就都必须是相同的。假如有一个单位的要素相对于其效率而言价更廉，那么使用这个单位而不使用价高的一个单位就更有利，且其价格会因为竞争的使用者竞相提价而终至与其他要素单位达到同一水平。由此可知，该行业无论处于何种规模，每一个单位的要素的效率收入，都会等于该行业的规模边际收入。企业家的收入是以利润的形式获得的，而不是由一个聘用机构全部付清的。但正如我们在下一章中就会明白的，就其他任何一种要素组成的单位来说，与此毫无区别的原理也适用于企业家。某种要素构成的既定单位实际上所获得的收入与其转账价格之差，等于按照该行业的观点看的租金。

现在，假如某种要素按这些原理绘制成的供给曲线对某一行业而言是富有弹性的话，那么，我们即可知道该行业的生产要素所组成的各个单位中，没有一个单位，按该行业的观点看，是获得了租金的。而若供给曲线是上升的，那我们就可知道有存在租金的可能性。但该行业租金的基本性质，只有弄懂肖夫先生那幅错综复杂的

---

① 本书前半部通篇是如此保留这种假设的；删除它，就把我们引入到了本书第二篇中的买方独家垄断市场结构了。

图案才会明白。因此，为弄清楚租金这个问题，那幅错综复杂的图案，我们务必需要念念不忘。

四

我们的第二项任务是发现在何种情况下某行业的某种要素的供给曲线有可能是上升的。对于某行业的不完全富有弹性供给中的一种要素而言，从该行业的观点看，可以称为是一种*稀缺要素*。

我们首先分析这样一种情况，即某种要素是由这样一些单位构成的，这些单位无论就使用它们的行业来说，还是就它们可能有的另外用途来说，都是极其相似的。于是，假如存在该要素与他种要素之间的某种明显自然差异的话，那就很可能会出现一些行业都竞相使用该匀质要素的情况。既然这些行业都扩大规模，那么其他行业可得到的数量就会趋减。但若规模扩大的行业只是使用了该要素的微不足道的一点其他用途的话，那么可供他种行业使用的数量的减少就不会对该要素的价格产生明显的影响，它对于该规模扩大了的行业的供给，就会是完全富有弹性的。但如果该行业吸收了该要素相当大的一个比例的话，那么，这种要素对于规模扩大了的其他行业的价值，就会随着该行业的规模的扩大而提高，而该要素组成的各单位所获得的收入也就会增加。这种要素对该行业的价格，会随着该行业的规模的扩大而水涨船高。但是该要素组成的所有生产单位，从各相关行业的观点看，都会是相同的。因此，各个单位的转账收入也就都会是相同的，且都会等于其各自的价格。这样，在相关行业中，哪一个行业都不会获得租金。由此可见，该要素对某一行业的一种上升的供给曲线，从该行业的观点看，虽然是租金存在的一个必要条件，但却并不是一个充分的条件。

当然，为了便于分类起见，任何一个生产者群体，我们都可以把他们看成是一个独立的行业的生产者群体。假如我们仅对使用我们刚才讨论着的那类要素的某个行业感兴趣的话，那么，该要素，正如我们所指出的，从该行业的观点看，并不获得租金。然而，按大一些的一个行业的观点看，它又可能会获得租金。在某个城镇，凡适于开设零售店的各处地基,都可以归并为一类要素,这类要素的四周是以可相互替代的各生产单位的联号上的一个缺口为界的,因此,不包括在这个要素内的地基,没有一处会是适于供其他任一家商店用的;而包括在这个要素内的所有地基,则都相互没有什么大到可以看得出来的差别来的。因此,假如我们就决定只把食品杂货店看做是独一无二的一种行业的话,那么,这个要素是挣不到食品杂货行业的租金的。但是,如果我们把所有零售店都看成是独一无二的一种行业,那么,这个要素就能在该行业挣得租金,因为未用于商店的那些地基,在另外某些行业加以使用时,其获利的程度就低一些。

假如没有一个天然缺口使这个要素与其他所有要素互异,那么就很有可能会出现这样一种情况,那就是,使用这个要素的任何一个行业的某些程度上的规模的扩大,都会由于某些要素生产单位从其他很多行业中转移过来而得以实现;而且,即使原行业规模相当大,这种进一步的规模扩大也不会受阻,任何既定生产单位的内部调拨价格,也不会受制于该行业的规模扩大,这样,该行业的要素供给就会完全富有弹性。

五

其次,就谈这样一个要素,从我们在为之绘制供给曲线的这个行业的观点看,该要素是匀质的,因此,在该行业,所有自然单位的效率都是相同的;但按其他各种用途的观点看,则又是异质的。在这个例子以及接着的例子中,我们都假设任何一个自然单位的要素的转移成本都不受行业规模的制约。也就是说,我们这是要假设随着该行业规模的不断扩大,它就得使用其他各行各业的生产要素单位,而该行业规模的扩大,对它所使用的那些生产单位,只能产生微不足道的影响。

就以此例而论,该行业随着业务规模的扩大,某种要素自然就会被吸引过来;而按该行业的观点看,这种要素与其他生产要素完全相同。但此后获得转移的这些要素的边际单位,其转移价格就会越来越高,因为这些边际单位的要素投入到其他行业中,其使用效率会越来越高,利润也会越来越丰厚。因此,这些边际单位要素的供给曲线就会上升,从而带来行业利润。例如,随着某镇上食品杂货店一家又一家地开门营业,人们占用的地基的使用效率虽然未必就比他种用途的高,可他种用途的效率还是越来越相形见绌,因此它们的转移成本就越来越高了。转移成本比边际地基低的那些地基,于是就有租金了。就此讨论的这种情况来说,自然单位就相当于效率单位。与某行业提供的某要素的供给价格这个概念最相一致的,正是这种情况,它使我们手工绘制要素供给曲线得以一蹴而就。

接下来我们讨论按该行业的观点看是一种异质的要素,并绘制这种要素的供给曲线。假如某行业据以向其他行业获取各种要素的其他生产方法,与本行业规模扩大时是相似的,并且那些行业的各种不同自然单位的生产要素的相对效率与本行业规模扩大时也是相同的,那么,某些行业的自然单位的要素的转移收入就会与其生产要素的效率处于同一比率,而按效率单位计的供给曲线也就会是完全富有弹性的。例如,随着某行业经营规模的越来越大,食品杂货商投入使用的那些地基,其效率就可能越来越低。但是,假如各处地基的相对效率在各行各业都是相同的话,那么,它们的转移成本就会随着食品杂货行业的规模的扩大变得越来越小,这些地基一如食品杂货行业中的地基一样,会投入各种各样的其他用途中去。食品杂货行业只会使用地理位置较偏远的地基,当然,获得这些地基的价格也会越来越低。该行业这一要素的供给完全富有弹性,而构成该要素的单位则得不到租金。按该行业的观点看,这种要素的异质性,并不是该要素的供给曲线上升的充分条件,在该行业是应该有租金的。

不过,在食品杂货行业看来,地基这一要素固然属于异质要素,可另外各行各业却是视之为同质要素的。然而,按效率单位计量的供给曲线会上升,该要素会获得租金。例如,各家食品杂货商都会随着其开设的商店日多一日,而会给各地基支付相同的价格,而各地基的获利能力,则可能日小一日。

最后,试考虑这样一种情况,即无论是按我们在为之绘制供给曲线的某一行业的观点，还是按其他行业的观点，地基这个生产要素看上去都是异质的。不过，某一行业各自然单位要素的相对效率，与由以获取生产要素的各行业各自然单位要素的相对效率，也的确存在某种差别。因此，某行业就有一种要素和租金的上升的供给曲线。

六

我们对种种稀缺要素的探究，已在三类情况上有所收获。并且，这三类情况都即刻可以用同一要素予以简化。首先，此类要素的单位转移成本是随着使用量一扩大即可提高的。其次，随着某行业规模的扩大，该行业或许旋即不得不使用的是在满足其特殊需要上适应性越来越小的单位要素，而且各单位要素的转移收益又可能不复有补偿性收入差额。第三，或许有按该行业的观点看与已用的那些要素一样高效率的要素，但这些要素如果投入他处使用获利更大，可无奈只得投入食品杂货行业。随着这种要素的需求量增大，该行业会不得不把所在同一地方的某种比较好的要素单位拿走；该行业会对这种要素相继越来越获利的竞争方式一比高下，而该行业所使用的各单位要素的斜率没有补偿性收入差额。

还有一点尚待考虑：即使各单位要素的相对效率在这些要素由以获取的那些行业，与在扩展中的这个行业，是完全相同的，可它们相对于其效率的成本，则由于另外一个原因，随着使用量的增加是会提高的。某些人或许就偏爱这一行业，因此即使他们在别处工作收入还会丰厚一些，可他们还是准备加入该行业工作。因此，他们加入该行业的转移成本，由于是出于自愿的，就会低一些；而待到这样的人的供给枯竭之时，他们的转移成本就会提高，因为那就不得不把那些对他们没有吸引力的甚或（除能从中获得大一些的收入者以外）是根本令人讨厌的职业作为新的职业。这可能不是源自对某一行业的"净利益"，以及对某行业的卫生、安全感、社会地位等看法，而是源自个人爱好。此外，无知或者转行业的困难，甚或就是不愿这样做，都可能阻碍和影响各要素单位对从不同行业中获得收入。①

七

导致某种行业形成租金的这些影响，不同程度地适用于四大范畴的生产要素。工商企业家的供给当然是异质的，但是他们会使某个行业的企业富有效率的素质，在另外很多行业也会具有同等的价值。由于同样的原因，各种素质不同的工人的相对效率，在很多职业中，也常常会是相同的。对于土地这个要素来说，有很多使用方式是要求土壤质优、地理位置优越的或是两者兼得的，因而不同地块的土地的相对价值，在一个小的行业中，是不同于其他大的行业中的相对价值的。就资本这个要素来说，对种种利用所要求的质量都是相似的。货币资本是完全匀质的，这种资本可以转变为某行业所需的任何一种形式。②

按归因于偏好的差别的重要性来说，各种生产要素的顺次必须予以倒转。异质性影响最强的土地受偏好的影响最弱。有的土地所有者，宁可从国家信托基金机构中收取低一些的价格费用，也不要从建筑公司那里收取高一些的价格费用。但一般而论，我们应当期待，一片土地（若无抵触）总会在其收入最高的那个行业中投入使用。人的要素，即劳动和工商企业家，显然要比土地还要更受偏好差别支配，而且他们还会因对上司的不信任而很容易从一个行业流动至另一个行业。从效率的观点看是均质的资本，也可能易受偏好或无知所致的差别的支配。各行各业都会有某些原因（尤其是利

---

① 对稀缺要素的前一阐述，主要援引于肖夫先生的"报酬递增与代表性企业研讨会"的论文（《经济学杂志》，1930年3月）和其在剑桥大学的教案，他尚未全文发表而允我引用，在此深表谢意。他对这个问题的说明，因略去了复杂性而大为简化了；这种复杂性，一方面源自时间，另一方面源自行业内要素市场的不完全性。此外，肖夫先生拒用一个行业要素供给曲线这个概念（同上，第100页），而在本讨论中，我们保留了，见本章第八节。

② 见本书第6~7页。

润），因有这种原因，资本可能会被轻易地吸收；而一旦这些供给枯竭，各行各业也就不得不以高一些的报酬从投资者那里吸引资本，而这些投资者，对一些行业并无特殊偏好，对其可能性也不了解。

由此可见，上述要素中的任何一种生产要素，都可能是稀缺要素。此类问题不能用先验的方法加以回答，但我们的分析已经说明，绝无这样一种假设，即按照某个行业的观点看的租金，会比按照社会作为一个整体的观点看的租金，还要局限于土地这个要素。

八

本书的宗旨始终是力戒理论上的轻率争论。但新近围绕"报酬规律"的论战，① 则非常重要，不可置若罔闻，这会有助于读者了解本章提出的体系，它与肖夫先生为一方、斯拉法先生为另一方提出的体系有不同的论点。

这个体系是依据肖夫先生的体系建立的，但这个体系与肖夫先生的体系的差别，无非是由于省略了时间上的任何参照而使该体系大为简化了。就肖夫先生的体系来说，他拒用了要素的供给曲线这一概念。要说这两者的差别，既非分析有别，也非有关事实存有争议，无非是乐观的程度有别。显而易见，个别生产单位（人和英亩数）的实际性质，会使个别生产单位退出某一个行业而进入另一个行业，其实际收入和个别生产单位所获得的实际租金绝不会受我们给一种生产要素下定义的方式所影响。肖夫先生的"拼板玩具"是对现实世界作出的一种令人信服的解释。不过，肖夫先生的制图比例过大，不符合我们当前的目的。缩小该制图的比例，我们有望借以看一看我们这个大陆的轮廓，尽管我们未必见得能看得见每一个海湾、海岸和海角。肖夫先生必须一仍旧贯、专心致志地深思全国地形测量。绘制生产要素供给曲线的手段，也就是地图比例尺的缩

---

① 见《经济学杂志》，1930 年 3 月，第 79 页，列有一连串的相关文章。但就这个领域而言，最重要的要数斯拉法先生 1926 年的一篇以及"专题论丛"中的肖夫先生的一篇。

小,该比例尺以其精确度换取其有用性,它并不会引起与肖夫先生的观点的任何根本歧见。

与斯拉法先生的分歧属于另外一类。在斯拉法先生的世界里,无论就其所在的行业的效率来说,还是就相邻行业的效率来说,任何一个单位的某种要素,与其相邻要素都非常相似,这是通例。因此,各行各业完全富有弹性的要素供给是惯常的事。但在这个属于匀质生产要素的海洋中,但见这里是异质的飘浮物,其中有成堆的异质的东西,诸如特别适于根菜作物种植的含煤土地或含煤土壤。在这大量的生产要素中,每一种在其自身内部都是匀质的,但与另外所有生产单位相比,则又都是异质和各不相同的。在所有可能的各类生产要素的供给条件中,斯拉法先生就据此仅承认只有两类生产要素包括在肖夫先生的那个"拼板玩具"中。

正因为与这一大堆要素有关,斯拉法先生才提出了他那著名的二难推理。其中有的要素是某一行业净数买入了的,而且并未引起什么麻烦。但有的要素,正如我们所知,是由几个行业都使用的。姑且就假设有某种适于根菜类作物种值的有限面积的土地,萝卜、芜菁、甘蓝和甜菜等等都需要这种土地,而如果这种土地用于种植他种作物,效率是极低的。此时,我们就假设种植萝卜所需的土地在此类土地的有限供给中所占的比例很小,因此,扩大萝卜耕种面积是不致会引起其价格的可察觉的提高的。但若其使用比例高,那么,一旦萝卜种植规模扩大,土地价格就必然会提高。他种根菜类作物种植的产量降低,芜菁、甘蓝和甜菜的价格就会上升。此时,在需有某种专业化程度很高的生产要素生产出来的那些产品上,在它们能被予以投入这一点上,可能性就会很大(尽管这绝不意味着必然)。就萝卜、芜菁和甘蓝而言,肯定如此。如果芜菁、甘蓝和甜菜价格的确提高了,那么其代用品,即萝卜的需求曲线,就会上升。因此,萝卜的需求曲线就会违背需求曲线的第一条原则。但需求曲线并非不受自己产品的供给曲线的支配。这就是斯拉法先生的二难推理。假如我们对某行业感兴趣的话,而该行业又是小到只用得起该大量专业化要素中极小比例的一部分,那么,该要素就不会是稀缺的了。而若就该要素而论,该行业很大,乃至足以使该要素成为稀缺要素，那我们的工具就会在我们的手中失灵了。

斯拉法先生二难推理中的第二个二难的选择对象所引起的需求曲线的自相矛盾，初一看，或许并不是很大。不过，这一点并不适用于一切其他情况；即使适用的话，它也有局限性。假定我们知道其他行业的供给状况，那么，就有可能改变我们所论的这个行业的产量的某种变化的结果；再假设，我们知道他种商品价格变化所致的需求曲线的改变，那么，我们就可以重新绘制该行业各个规模的需求曲线。这样，假如我们对该问题的状况有了足够的了解，那么斯拉法先生二难推理招致的那个自相矛盾的需求曲线"伤口"，即可予以"包扎"并能"愈合"了。①

但是，无论属于怎样的一种情况，肖夫先生与斯拉法先生都产生了歧见，这显然源于他们对世界的看法。② 肖夫先生所持的更为复杂的看法与现实世界的相似性，比起斯拉法先生的来似是无可争辩的。但是，对这样的问题，没有理由采用某种从原因或者从假定中推出结果的办法来予以辩论。该问题的答案必须来自对实际生产要素所作的某种统计。毫无疑问，斯拉法先生是愿意等待统计学家给

---

① 也就是说，一个添加的未知情况在引入一个问题时，是可望凭借增加一个方程式和（为几何表达）增加一个度即可予以解决的。
② 庇古教授设想的世界，与两者似是都不相同。他的生产要素本身总是完全同质的，但对于具体的各行各业，则又常常是稀缺的。假如他的构想修改一下，为要素更频繁的合并留出余地，并且假如对他的窘境忽略不计，那么它们即可纳入斯拉法先生的世界。庇古教授的例证中，有的表明很多同质要素（至少对一个粗心读者而言）这个概念，例如，土地在某个行业中，比方说在小麦种植业中吸纳如此之多，以致随着小麦种植面积的扩大，土地价格就上涨了（参看《福利经济学》，第 805 页）。但是，这样一个概念是错误的。任何一种行业的扩大（除非我们关注价值）必由相对需求变化而引起。假如小麦需求大，其他产品需求小，那么其他产品的产量就必小无疑。因此，就有土地因其他行业退耕而归小麦种植业所用了；而且既然这一土地与其余的一切一样，那么也就绝不保证麦价定涨了。但没有理由把他的粗心读者的错误归于庇古教授。再说他的结论也并不就取决于对世界的特殊印象，这一印象是他在得出结论时碰巧注意到的。

出定论的,因为他并不想为有关现实世界的某种观点辩护。他的目的与此目的完全不同,他是想要证实利用价值竞争分析的经济学家,是有支持供给价格涨落的这样一种强烈的无意识倾向的。而其所以如此,就因为要是供给价格总是恒定不变的话,那他的分析就毫无意义可言了。斯拉法先生亲自发起的价值垄断分析,在这个问题上,绝无私心。要是统计学家对斯拉法先生作出保证他是对的,以及差不多每一个行业都在恒定成本条件下运转的话,那么垄断分析的办法就会简化多了。但是,这种分析的正确性丝毫无损且不说,魅力还会有增无减。

第9章 完全竞争条件下的供给曲线

一

现在，我们必须把行业规模的扩大对一个企业的成本造成的影响纳入我们的分析之中。要绘制供给曲线，势必就要对各企业的需求曲线的变动作出某种假设，而且就可能的每一种假设来说，都会有相应的一种不同的供给曲线。① 对需求曲线可以作出的最简单的假设，也就是这种曲线都是水平线，它们总是上下摆动而不改斜率的。总而言之，要作出的最简单的假设，也就是竞争是完全的。把行业这一层次的某种变化对成本的影响加以单独化，讨论完全竞争行业那种情况也就方便易行了。正如我们在第7章中所指出的，利润要正常，企业就得具有最适度的规模。

首先，我们就谈这样一种情况，即某行业规模大且并不存在节约，而且包括工商企业家在内，所有生产要素对行业的供给都具有完全的弹性。在完全竞争条件下生产的某种商品的需求量增加所致的影响，此时就显而易见了。各企业在这一点上都是相同的。需求增加，则价格上涨，而各企业也就竞相增产，乃至旋即达到边际成本等于新价这一阶段了。此时，价格高于平均成本，剩余利润遂成，新的企业纷至沓来，竞相进入该行业，这时价格终于趋降。由此假设可知，所有的生产要素都处于完全竞争这种状况下，以致新老企

---

① 见本书第74页。

业伯仲难分,产量大了的新平均成本,与产量小时的老平均成本,含义相同。在具正常利润的均衡条件下,全行业价格也就等于平均成本,且等于各家企业的平均成本和边际成本。而就各卖主来说,边际收入等于边际成本,这两类成本又都等于价格。而且,既然全行业都增产了,且平均成本并不因此而改变,那么,供给价格也就是处于恒定水平了。①

二

但是,正如我们在上一章中曾经指出的,从某行业的角度看,生产要素可能会是稀缺的。于是,行业规模一旦扩大,稀缺要素的价格就会趋涨。

在这些条件下,供给价格都是由什么因素决定的呢?为求阐述简明起见,我们这就假定只存在一种稀缺要素。但这里所取的论点同样适用于有几种稀缺要素的情况。正如我们业已指出的,从某行业的角度看,租金是等于一定范围内各单位生产要素效率的转移收入,与正好处于转移一定范围内的各单位收入之差。已知各生产要素的供给曲线,租金额也就由该范围内的位置决定。因此,在这种情况下,租金就不是一个构成原因的要素了,而要求获得那种商品的供给价格,我们就得研究一下在不存在租金这个要素的情况下,生产成本到底有多大。也就是说,我们必须研究*处于该范围内的成本*,以期求出该商品的供给价格和该行业的租金额。

试考虑一下这样一家企业,其所使用的仅限于若干边际单位的那几种生产要素。这些单位是,如果它们的收入稍有降低,那么该行业就不会继续加以使用。例如,若该稀缺要素是土地,那么,我们就得考虑一下这样一家企业,该企业是从该行业的角度看处于转移范围内的一家企业。这样一家企业的成本不会存在租金这个要素,而且其单位产量的成本会是等于该行业的*处于该边界的成本*的。现

---

① 这是第 7 章所述的那种特例,在那种特殊情况下,企业个数与增产幅度是成正比的关系。

在，这样一家企业的成本必须等于该商品的价格。这是因为，假如其价格等于这一成本，那么使用按单位计更为昂贵的要素，就会有利润可获了，该企业所使用的各要素单位，就不会是边际单位了；而若该价格低于此成本，则各生产要素的转移收入就不足以弥补，因此，这些单位的要素也就会处于该范围之外了。

我们还得考虑*集约边际成本*。*集约边际成本*指的是借助于任何既定部分的稀缺要素，采取以增加其他要素的数量的方式，实现产量的一个单位的增加①的那种成本。例如，这里所说的稀缺要素若是土地的话，那么，我们就必须考虑在任何一个地点提高产量的那种成本。那种成本也不包含租金这一要素，而且那个成本还必须等于那种商品的价格。这是因为，假如那种价格大于那一成本，并且借助于既定部分的稀缺要素，增加产量直至那集约边际成本提高而至等于那种商品的价格的话，那就会是赢利的。而且，假如价格是低于这一成本的，那么，降低该稀缺要素的耕作集约度，使用既定部分的稀缺要素，减少其他要素使用量，而直至集约边际成本降至等于价格，那也还会是有赢利的。

由此可见，边际收益成本和集约边际成本，必定都等于价格，因此两者都必然等于某种商品的供给价格。随着该商品需求量的增加，这所有要素便都日益更多地投入该行业了。任何一种稀缺要素投入和使用一多起来，其边际单位的价格就提高了，该要素所有单位的价格（包括租金）就必等于一个边际单位的价格且保持不变。因此，增加相对于价格提高的那些要素的价格，而不提高（对该行业的供给完全富有弹性）那些要素的使用量，是会赢利的。也就是说，产量一提高，稀缺要素的使用集约化程度就会随之提高，直至高到各要素相互替代的技术可能性所能确定的程度，因此，集约的边际成本也就提高了。这样，边际收益成本和集约边际成本就都提高了，而且都始终等于那种商品的价格。供给价格决定于这两种边

---

① 产量的单位增加所致的成本增量，必须设想为一个产量的小小增量所致的成本增量除以产量增量，这个用语要以这个意义在接下去的几页中加以使用。

际收益,而且边际收益成本与集约边际成本又始终相等。

因此,该商品的供给弹性就受两个因素支配了。这种弹性当取决于该稀缺要素的供给弹性(即一个边际单位的稀缺要素使用量愈多,成本随之提高的幅度也就愈大的那个比率)和替代弹性,① 后者计量各要素相互替代的那种技术可能性,亦即使用过程中,稀缺要素由于成本提高而力求实现节约的可能性。②

三

处于该范围内的成本和集约边际成本与独家企业的成本存在什么关系呢?我们先谈这样一种情况,即对所在行业的企业家供给完全富有弹性,而另外某种要素,比方说土地的供给,则是稀缺的。于是,每一家企业都会具有其平均成本为最低的这样一种规模,因为稀缺要素,即土地的租金,当然得包括于该企业的成本之中,而该企业的边际成本和平均成本都等于价格。随着该行业规模的扩大,土地成本会发生改变,各企业的最适度规模(处于这种规模上的平均成本最低)也可能发生变化;而如果还是处于均衡之中的话,那么,各企业必然始终具有最适度的规模。随着土地成本的提高,正如我们曾经指出的,各单位土地所推动的另外各种要素的使用量也都得增加。因此,随着土地成本的提高,每一家企业所用的土地就都会递减的了。

---

① 定义见本书第 234 页。
② 设 E 为商品供给弹性,E_t 为稀缺要素的供给弹性,n 为替代弹性,k 为稀缺要素成本与总成本的比率。

其余所有要素都处于完全富有弹性的供给状况之下:

$$E = -\frac{(1-k)\ s - E_t}{k},$$

或 $(-E) = \dfrac{(1-k)\ s + (-E_t)}{k}$。

这里,$(-E)$ 为商品供给弹性,$(-E_t)$ 为稀缺要素供给弹性。我对这个答案作出这样的阐述,兹对卡恩先生表示感谢。

接着我们谈工商企业家为稀缺要素，而其他各种要素均处于完全富有弹性的供给状况之中的情况。既然如此，处于该边际范围内的成本，也就等于某位处于转移范围内的企业家控制的一家企业的成本，而且该成本就会既等于这样一种企业的边际成本，又会等于这样一种企业的平均成本。此时，那最小单位的稀缺要素也就是仅此一人而已的一位企业家了。因此，为求出集约边际成本，我们就必须注意使用任何一位企业家所生产的产量得以提高所致的成本，这样，集约边际成本就会等于一家边际范围内的企业的边际成本。由此可见，当工商企业家成为稀缺要素时，价格就等于处于边际上的成本这一论点，也就相当于价格等于一家边际企业的边际成本再加平均成本这一论点了。至于集约边际成本等于价格这一论点，无非也就是下列尽人皆知的说法的另一种表达形式而已，那就是，各家企业的边际成本都等于价格。

就所有企业而论，边际成本都必等于价格，但唯边际企业例外，它是平均成本等于价格。而就任何边际范围内的企业来说，总收入与包括企业家的转移收益在内的总成本的差额，是总是等于企业家所获得的租金的。由此可见，各企业的企业家的报酬，都等于所属企业的边际成本与平均成本之差，然后乘以产量。假如不把这报酬包括于企业的成本中，唯把各企业家的转移收益包括于企业的成本内的话，那我们就得说，处于最适度规模的，也就唯边际企业来而已了。因为只有就边际企业来说，如此界说的平均成本才会是极低的。按照这一定义，一切边际范围内的企业，规模都是比最适度规模要大的。但是，果真使用这一定义，那又会使人产生误解的，而这有两个原因。首先，使用该定义的结果，会给企业家的报酬与其他要素的报酬导入一种随心所欲的区别。如果我们这是从某个企业的角度看待这个问题，那么，这一区别显然是会作出一种自然的区别的。然而，我们是在研究供给曲线，因此我们就是要从全行业的角度看这一问题，而且认为该行业的工商企业家就是一种生产要素，并且是确确实实地与其他一切要素统一资格地称为生产要素的。

其次，边界内的企业规模大于最适度规模这一说还传达出这么一层意思，也就是，在某种程度上，这种企业规模如此大，并非正合人意，还是小一些为好。但当然，其中所传达的这种意思是荒谬的。工商企业家是稀缺要素时，边际范围内的企业的规模会比据此定义就称为其最适度的规模大一些这一事实，只不过表明，效率成本相对低的企业家的差别优势正在得到充分利用，因此，他们所形成的产量的边际成本，并不比索价高一些的企业家所形成的产量的边际成本要低一些。而这显然并无什么令人不快之处。随着行业产量的提高，边际范围内的企业因而也就增产这一事实，无非也就是说，随着这一边界范围的扩大，企业相对效率提高，效率（相对于其转移成本）低的那些企业家相继进入该行业了。这种边际范围内的企业规模的扩大，就是这样一种事实的反应，那就是，工商企业家作为稀缺要素，随着其成本的提高，现在使用集约度提高了。而这显然没有这种情况居然发生是不受欢迎的这样一层意思。

因此看来，还是不仅把企业家的报酬，而且还把其他各种要素的报酬都给纳入一定边际范围内的企业的成本为好。每一家企业，包括报酬在内的平均成本，处于均衡状情况时，规模就会是最小的，因而在这个意义上而言，每一家企业就都会具有最适度的规模了。

这种结果，见下图 41 和 42 所示。

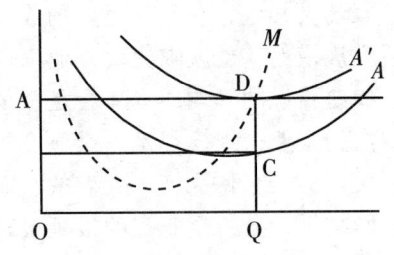

图41　边际范围内的企业

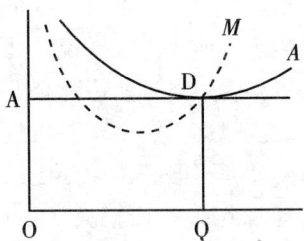

图42　边际企业

图 41 所示是一家边际范围内的企业，图 42 所示为一家边际企业。

就各例而论，A 代表企业产量的成本，其中不包括企业家的报酬，M 则为企业的边际成本。

DQ 是商品价格，A' 为企业的平均成本，内含企业家的报酬，

ADCP 为企业家报酬总额。

报酬既已包括于平均成本之内，则总成本遂有一次性的一个金额，此金额与企业的产量无关（考虑到商品的价格），于是，边际成本曲线在其最低点既与 A' 又与 A 相交。

商品价格既等于边际成本，又等于不含报酬在内的平均成本。

最后，我们必须考虑存在几种稀缺要素的情况。超过转移收益的报酬，将为边际范围内各稀缺要素的所获。处于边际上的商品的成本，就将等于仅使用各边际单位要素的某企业的成本。当然，没有必要假定产品中有任何具体的一部分是按各要素的观点看来属于按边际生产的。一位边际内的企业家可能就开发利用边际土地，但这对结果没有什么影响。假如我们要区别归属各生产要素的报酬总额中的一部分的话，那么我们就必须弄清楚，首先，假如每一片土地都由一位边际企业家管理，那会产生多大剩余，并且此剩余的全部是否都会是地租（假如没有第三种稀缺要素的话）。其次，我们必须弄清楚，假如每个企业家都开发利用边际土地，那又会产生多大剩余，并且此剩余是否是全属于工商企业家的报酬。如此等等。不过，这些分配上的问题不是我们现在要讨论的问题，我们的目的只是在于构筑供给曲线，供给曲线是各种要素支付总额的净结果。

从各生产要素的角度看，集约边际成本，亦即等于使产量增加一个单位所致的那个成本，而该产量则是借助于某个要素既定的任何一部分，再加上增加另外各个要素的数量而形成的。对于各个要素来说，集约边际成本必等于价格，这是显而易见的。当然，说各生产要素都处于完全富有弹性的供给状况之下，这样说固然正确，但说各生产要素不处于完全富有弹性的供给状况之下，这同样也是正确的。

在各种情况下，商品供给价格都等于它们处于边际上的成本，并等于它们的集约边际成本；而报酬构成价格则是与借助于各边际内单位要素生产某一单位产品的成本的差额；供给价格等于包括报酬在内的平均成本。

四

至此为止，我们一直没有提及对供给曲线产生的那种影响，这一影响，肖夫先生是教导我们说要叫做"行业规模经济"的。① 某种行业规模扩大时，它的成本就会以多种方式降低，而构成该行业的各种企业就会从某个附属行业购买它们添置所需设备的某些生产要素，而该附属行业则是在供给价格降低的条件下进行生产的。因此，随着核心行业提高设备的利用率，设备的价格自然就降低了。但情况也许会如此，也即随着该行业规模的扩大，它的组织结构也会跟着发生变化，比如，各企业对范围窄一些的生产过程实施专门化了，或者有的生产要素（比方说，熟练劳动）一经大量投入使用，对该行业的要求相应就提高了，如此等等。② 完全竞争这一假设一经贯彻于其逻辑结论，可能实现的规模经济的范围竟是很窄的。③ 不过，按设想，规模经济还是会产生的，因此，为结束我们对供给曲线的分析，就得把规模经济纳入本章的讨论中，这是不必对它作任何改变即可加以讨论的。行业规模经济的效应当属降低各企业的平均成本之意，且可能改变各企业的最适度规模。该行业中的无论何种层级的企业都会处于最适度规模（亦即处于均衡状态）的状态，且价格都会等于各企业的边际成本和最低平均成本。不过，各企业的成本会因该行业的规模而异。因此，也就有稀缺要素随着全行业规模的扩展而提高至一个最适度规模的企业的平均成本的，而行业规模经济则趋向于降低最适度规模之企业的平均成本。总而言之，随着某行业的扩展，一家最适度规模企业的平均成本是非升即降的；

---

① "专题论丛"，见《经济学杂志》，1930年3月，第104页。
② 参看附录。也有可能在某些情况下，某种要素使用得一多，随即就减少使用量了（见附录，第319页）。这样的"行业规模不经济"。不过，我们不在这里就有关供给曲线进行说明，且留待以后的论述中加以讨论。
③ 参看附录第312页。

其产品价格必须等于在此范围内的成本,且等于按照各要素观点看来的集约边际成本这个论点,是不受规模经济存在之影响的。

五

　　这种因果关系链可以按照这种方式予以归纳:处于均衡状态下,价格等于企业的边际成本和平均成本;商品需求增加,价格提高,因此企业的边际收入增加,乃至它们的产量规模不断扩大,直至边际成本再次等于价格。但此时,利润不正常了,新企业加入该行业,产量实现了进一步的增加,但价格复又降低,待到价格再次等于企业的平均成本和边际成本时,均衡又复得以实现。但行业规模的扩大或许就改变企业的成本了。生产要素,包括新企业所体现的工商企业家的数量的增加,遂致按任何一种要素的单位效率计,[①] 价格都会提高,而此类生产要素,就该行业来说,是并非处于完全弹性供给状况之下的;行业规模扩大所致的节约,也许已使企业的成本降低,或者已使企业各生产设备的效率提高,或者致成本(据稀缺要素价格变化而概括)比以前低的企业所在的行业实现重组。这两类相反的影响或许就确立了这样一种状况,即拥有最适度规模的某企业的平均成本不是比以前高了就是比以前低了,供给价格则可能不是提高了就是降低了。

　　因此,像有的学者似是认为的那样,说供给价格何时上升、何时下降赖以确定的那种机制之间有某种难以理解的区别,是全无根据的。[②] 本质的区别不在供给价格是上涨还是下降,而是在是否完全竞争,以及是否对时间因素进行了分析。这个问题的研究现已深入

---

① 在附录的术语中,这不是效率单位,而是"校正后的自然单位",见第303页。

② 马歇尔的阐述是复杂化了,原因在于:一是对市场不完全的重要性这一概念未作精确的阐述;二是过于承认时间的重要性。见《原理》,第805页。"生产界限"一词,就其与生产成本随着产品渐增而递减而论,没有什么重要性。

一步了。果真要弄清楚就性质来说每一家企业都必须扮演卖方独家垄断者的角色的含义的话，那么，现已得到证实的是，完全市场条件下供给价格的确定这个问题，无非也就是竞争条件下价格的确定这个一般问题的一个特例而已。由此可见，完全竞争与不完全竞争的区别，也就是程度上的某种差别罢了。与时间的影响有关的问题尚待解决，不过我们将它们留到后面加以讨论。

六

考虑到第 7 章中所举的那个完全竞争的特例，我们把就产品总需求的某种变化对某企业的需求曲线的影响所作的分析，与就行业规模的某种变化对企业成本曲线的影响所作的分析结合起来，就可以按照本书坚持始终的那种抽象的程度分析各类供给曲线了。不过，这里我们还得讲一下这两类变化的相互作用。

市场不完全时，企业非一体化过程（据我们所知，这有可能导致行业规模经济处于完全竞争状况下）是会大为减速的，而且在完全竞争状况下会是赢利的那种专业化，一旦竞争不完全，就不复赢利了。① 因此，这里蕴藏着行业规模经济的潜能，导致个别需求曲线变化的商品总需求的某种增加，或许具有这样一种效应，即通过使此前不赢利的某种行业变得赢利起来，从而使这些行业规模经济的潜能得以释放出来。总而言之，市场不完全条件比起市场完全条件，商品总需求增大所致的企业平均成本曲线降低的可能性，要大得多。

---

① 参见附录第 310～311 页。

第四篇
卖方独家垄断产量与竞争产量比较

第10章 四类成本曲线插叙*

一

我们的方法或许可以用来解决的另一项任务是,就竞争产量和垄断产量作出比较,也就是说,拿多家独立生产商构成的一个行业的产量,与需求条件相同但受独家管理机构控制的同行业产量进行对比。我们业已讨论了竞争的供给曲线。而且我们知道了竞争的产量,是指需求价格与供给价格相同的那种产量。但是,控制垄断产量和成本曲线,显然会是颇有些不同于确定竞争产量的供给曲线的,而我们如若不对这个问题详加分析,则垄断与竞争产量也就无从比较了。因此,本章就专谈成本曲线这个问题。①

二

我们业已知道完全竞争条件下的产品的供给曲线,是包括报酬

---

* 本书取这四种成本曲线,仅供本书紧接着的三章作比较用而已,其后各章,无需再用。宁舍这一漫议乃至第四篇全部的读者,不会因此大有所失。但四种成本曲线这个体系与本书未加论述的相关问题,还是有用的。——译者注

① 这里开始的对四种曲线的这一分析,多亏肖夫先生从中出谋划策,然而,对它们的这一阐述,我责无旁贷,因为这里的阐述,与他的已经是大相径庭。肖夫先生见于《经济学杂志》(1928年6月)论述的"变化着的成本与边际净产品"一文,含有有关成本曲线的最早的系统阐述。

在内的平均成本曲线。这个论点，无非也就是某种同义反复，因为它就是从所在行业的报酬中推算出的。包括报酬在内的总成本，也就是处于均衡状况下该行业的总收入而已，而包括报酬在内的平均成本，则必然等于价格。不过，这个平均成本曲线，可不是从该行业总成本中推导出的唯一曲线，还另有四种成本曲线。

我们可从包括报酬在内的总成本中推导出包括报酬在内的边际成本，也就是行业的总成本在产量增加一个单位时的那个增加量。①包括报酬在内的边际成本曲线，可以称为 α。包括报酬在内的平均成本曲线，称为 β；而 β 这条曲线，必须与某产品的供给曲线重合，这是因为供给价格等于包括报酬在内的平均成本。

由不包括报酬在内的总成本可以推导出不包括报酬在内的边际成本和平均成本，因此，产量增加一个单位时，不包括报酬在内的边际成本就等于该行业除报酬以外的成本的增加额，而不包括报酬在内的平均成本就等于报酬以外的总成本除以产量所得的商。不包括报酬在内的边际成本曲线，可称为 γ；不包括报酬在内的平均成本曲线，则称为 δ。

于是，曲线 α 与曲线 β 是互为边际的曲线，曲线 γ 与曲线 δ 是互为边际曲线的曲线，每一对曲线都受上述第 2 章中讨论的边际曲线和平均曲线的影响。

这四条曲线之间的关系，因任何要素的任何既定单位的转移价格的不同，因而与该行业所使用的该要素的数量无关或不同。我们先来看无关的情况。

假如我们进一步假定不存在行业规模经济，那么不仅各单位的转移成本，就连各个单位的效率，也都与所使用的要素的数量无关，这样，不包括报酬在内的边际成本就等于增加了的各单位要素的成本；这增加了的各单位要素是增加一个单位的产量所必不可少的；而所使用的每一个增加了的要素的数量都是由各边际单位组成的；但所招致的那增加了的成本，不包括报酬这个要素，不过这增加了的成本就是处于边际上的成本，它们两者是同一回事。例如，表明

---

① 参看本书第 107 页注。

不包括报酬在内的边际成本的 γ 曲线,就与(按照我们所作的假设)某商品的供给曲线是重合的。而且正如我们注意到的,显示包括报酬在内的平均成本曲线 β 曲线,也与供给曲线是重合的。因此,就我们的两个假设来说,γ 曲线和 β 曲线都是重合的。

一个带数据的例子或许有助于我们弄清楚这些关系(如下表所示)。①

(1) 产量单位	(2) 不含报酬的总成本	(3) 不含报酬的平均成本(2)÷(1) δ	(4) 取自(2)的不含报酬的边际成本 γ ($=\beta$)
9	900	100	—
10	1020	102	120
11	1144	104	124
12	1272	106	128

与 δ 曲线互为边际曲线的 γ 曲线是经考虑归因于增加一个单位的成本后而引出的(如下表所示)。例如,产量由 9 个单位增至 10 个单位,总成本(不含报酬)就会从 900 增至 1 020。因此,10 个单位的边际成本(不算报酬)就为 120。根据我们现在所作的假设,γ 曲线与商品的供给曲线是重合的,因此,上表第四列中得出的各种规模产量条件下的价格就会是:产量是 10 个单位,价格就是 120;产量是 11 个单位,价格就会是 124;如此等等(如下表所示)。因此,我们一仍旧贯,就假定每一规模下的产量都按其相应的价格尽数出售。

(1)	(5) 含报酬的总成本 (4)×(1)	(6) 含报酬的平均成本 (5)÷(1) = (4) β ($=\gamma$)	(7) 含报酬的边际成本 由(5)得出 α
10	1 200	120	—
11	1 364	124	164
12	1 536	128	172

---

① 该例子虽荒谬,但还是有用的。见第本书 14 页注。

曲线 α 与曲线 β 是互为边际的曲线，这两条曲线之间的距离，是代表生产前一产品的产量所引致的成本的增加，这一增加是由产品产量增加一个单位所引起的，也就是说，这个距离表明生产 n 个单位产品时的 n 个单位产品的成本与生产（$n+1$）个单位时的 n 个单位成本的差。① 由此可见，产量为 11 个单位时，α 与 β 的差等于 40 个单位。这是因为，产量从 10 个单位增至 11 个单位时，平均成本增加了 4 个单位，因此，这 10 个单位的总成本就增加到了 40 个单位。α 是包括报酬在内的边际成本，γ-γ 是不包括报酬在内的边际成本，因此，归因于产量增加 1 个单位的报酬的增量，就由一个 -γ 予以表明。但这里，这个 γ 与 β 重合。因此，-β 就表明报酬增量。换句话说，按照 γ 与 β 相重合的那两个假设，产量增加一个单位时，既定单位产量的成本是等于报酬增量的。因此，产量为 10 个单位且就按那相应的价格（120）尽数销售时，总收入就等于 1 200（列五），不含报酬的总成本就等于 1 020（列二），这时，报酬等于 180。与此相似，当产量为 11 个单位时，报酬就等于 220 个单位。因此，产量由 10 个单位增至 11 个单位时，报酬就增加为 40 个单位；产量为 11 个单位时，α 与 β 之差就等于 11 个单位。

β 与 δ 之差异等于某产品单位产量的平均报酬。因此，产量等于 10 个单位时，报酬总额就等于 180 个单位，β 与 δ 之差就等于 18 个单位。由此可见，报酬总额不是可以看成总收入减不含报酬的总成本的，鉴于 β 与 γ 的重合，可以看成是边际负平均成本（两者均不含报酬）乘以产量。②

---

① 假设平均成本为 A，M 为边际成本，O 为产量，则
$$M = \frac{d(AO)}{dO} = A + O\frac{dA}{dO},$$
所以，$M - A = O\dfrac{dA}{dO}$。

此为产量增加 1 个单位时原产量成本的增加数 O。

此关系见《福利经济学》第 803 页，它以颇有些费解的形式给求出了。

② 在下页图 42A 中，DQ 为产量 OQ 的供给价格。报酬既可如马歇尔所表述

报酬的边际增量显然并非商品供给价格的一部分。要是价格高于生产者的边际成本的话，那么产量总会有增无减，而这种产量就会等于全行业处于边际上的成本。但产量的每一次增加都会使所有生产者所支付的报酬提高上去。生产者都仅受自己所用的稀缺要素的一定范围内的单位报酬提高的影响，也就是受其报酬增加中所占的份额的影响。但既然（按竞争是完全的这一假设）对于任何生产者来说其报酬所占的那一比例是小的，那么，任何生产者在报酬增量中其所占的份额也就是微不足道的。全行业的报酬增量对个别生产者不会有什么影响，因此，这一增量并不会成为供给价格的一部分。等于供给价格的是不含报酬的边际成本，因此，全行业包括报酬在内的边际成本，就高于供给价格了。

三

至此，我们是一直照不存在行业规模经济这样一种假设进行讨论的。现在，我们必须放弃这一假设，而保留有关该要素各单位转移成本与该行业所使用的这些要素的数量无关的那一假设。

在报酬递增和递减附录中，认为源自所在行业规模扩大而形成的那种经济，都可用简单的外部经济的那几个相同的术语予以描述，这种外部经济，是在某生产设备生产某一产品时，比方说，生产一种机器时，在有更多投入使用的情况下（实系在根本未变的情况下），其变得比以前廉价了。因此，我们这就依据现状，仅讨论属于这一简单类的行业规模经济。首先，我们要假设不存在稀缺要素。

的那样，以三角形面积 ADC 予以证实，也可以用长方形面积 ADEB 予以证实。这里，DE（$\beta-\delta$）等于单位产量。

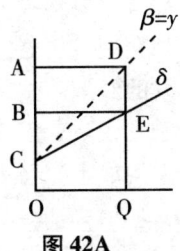

图 42A

接着我们就假定成本递减当归因于，比方说，行业扩大规模时购入了较之前更价廉的机器，结果就使机器制造商有了较前有更大一些的市场，因而这些机器制造商就按照供给价格下降的条件生产机器设备。

商品供给价格将等于全行业的平均成本，而且会等于各企业的平均成本和边际成本；一旦全行业产量扩大，这一价格就会降低。按照既无稀缺要素因而也不付报酬这一假设，β 曲线就会与 δ 曲线重合，这两条曲线都是说明平均成本的；γ 曲线会与 α 曲线重合，这两者都是说明边际成本的。

既然 δ 或 β 曲线在降低，则其边际曲线 γ 或 α 必位于其下。

γ 与 δ 之间的空间距离，就是计量生产 n 个单位产品产量时的成本与生产（$n+1$）个单位产品产量时的成本差额。也就是说，这一成本差额等于产量增加一个单位所诱发的平均成本的变化，乘以原产量所得的结果。这一差额可以说成是归因于产量的单位增加的*诱发的经济*。例如，该行业的产量从 100 增至 101，将导致平均成本降低 1，这个结果应归因于第 101 个单位的产量的那个诱发经济，它等于 100。

其次，我们必须考虑既有所在行业规模经济又有稀缺生产要素这种情况。随着产量的提高，边际单位稀缺生产要素的成本必然也会提高，因此，包括该要素各单位的报酬在内的成本也会提高。但，与此同时，产量的每一次增加，又都会扩大该行业的规模，从而减少其他成本要素。为了说明这种情况，我们需要虚构一个例子。例如，假设种植干草用的土地是一种稀缺要素，但干草种植产量每增加 1 吨，就会使该产品的价格减少 0.1 先令。① 如果全部生产者每年都有必要购买 1 000 台新的割草机的话，那么，每增加 1 吨干草，就都会使该机器上的总开支减少 100 先令。也就是说，这就会有受诱发的经济产生，按 100 先令这个比率计，平均每吨干草达到 5 英镑。于是，7 英镑当属 1 吨干草的均衡价格，而生产者的包括报酬在内的平均成本，当为 7 英镑。但对于该行业作为一个整体来说，其边际

---

① 高得有些荒唐的诱发规模经济比例，是为简明起见提及的。

成本，不算报酬，则为 7 英镑减总产量每增加 1 吨干草所致的成本的降低额。由此可见，对该行业来说，不包括报酬在内的边际成本，就等于 2 英镑了。这个虚构的例子说明了下列事实，即一旦存在规模经济，全行业不含报酬在内的边际成本，与增加产量所致的要素使用量增加的成本，就不再会相等了。增加要素使用量所致的成本，亦即处于边际上的成本，必然等于供给价格。但此时，该行业不含报酬在内的边际成本，是低于供给价格的，其低幅等于受诱发的规模经济的数额。但一个生产者的产量的每一次提高，都会产生这样一种效应，即诱发其他生产者都获得利益的规模经济的那种效应。生产者个人的行为会受他自己在这些诱发的规模经济中所占的份额的影响。不过，既然我们这是在讨论完全竞争中的一种行业，那么我们也就必须假定，受任何生产者控制的总产量中的那一份额，都会是极小的。某生产者在那诱发的规模经济中所占的份额，是可以忽略不计的，这种规模经济不会影响他的行为；必然等于供给价格的是于个人而言的那部分边际成本，而于全行业而言的不含报酬在内的边际成本，在存在这种规模经济时，会小于供给价格。β 曲线仍然与供给价格曲线重合，但 γ 曲线此时位于 β 曲线下方了。α 为 β 的边际曲线，γ 则为 δ 的边际曲线，这两对曲线并不因有任何边际关系、平均关系而联结在一起；但如果没有稀缺要素，α 曲线就与 γ 曲线重合，β 曲线就与 δ 曲线重合。γ 曲线与 α 曲线之间的空间距离，用于计量诱发而成的规模经济；而 γ 曲线与 α 曲线之间的空间距离，则归因于产量增加一个单位所致的报酬的增量。

四

四种生产要素这一体系，现在可给予列表说明了：

(1) α，包括报酬在内的边际成本；

β，包括报酬在内的平均成本，且与商品供给曲线重合；

γ，不包括报酬在内的边际成本；

δ，不包括报酬在内的平均成本。

按照某种要素的任何一个单位的转移成本均与该要素使用量无关的这一假设，这些曲线可概述如下：

(2) 不存在行业规模经济时：

γ 曲线与 β 曲线重合；

α 曲线分别与 γ 曲线和 β 曲线互为边际曲线；

γ 曲线和 β 曲线分别与 δ 曲线互为边际曲线。

(3) 如果不存在稀缺要素，则：

α 曲线与 γ 曲线重合；

α 曲线和 γ 曲线分别与 β 曲线和 δ 曲线互为边际曲线。

(4) 无稀缺要素、无行业规模经济时：

γ 曲线与 β 曲线重合；

β 曲线与 γ 曲线重合；

β 曲线与 δ 曲线重合；

所以，四条曲线都重合。

(5) 既有稀缺要素又存在规模经济时：

四条曲线都是分离的。

α 曲线与 β 曲线互为边际曲线；

γ 曲线与 δ 曲线互为边际曲线。

(6) $\alpha = \gamma$ 报酬的边际增量；

$\beta - \delta =$ 单位产量的平均报酬；

$\beta - \gamma =$ 诱生规模经济。

(7) 无规模经济而有稀缺要素时，供给曲线必上升。β（$=\gamma$）必上升，而且，β（$=\delta$）必位于 β 之上，δ 位于 β 之下，且必上升。

有规模经济而无稀缺要素时，供给曲线必降。β（$=\delta$）必降，且 α（$=\gamma$）位于 β 之下。

既无规模经济又无稀缺要素时，供给价格恒定，四条曲线都重合，且都为水平线。

(8) 既有规模经济又有稀缺要素时，供给价格不是上升或下降，就是恒定。报酬增量（$\alpha = \gamma$）大于诱生经济时，供给价格上升，β 上升，α 位于 β 之上。

反之，$(\alpha-\gamma)$ 则小于 $(\beta-\gamma)$，β 降且 α 位于 β 之下。

若租金增量 $(\alpha-\gamma)$ 正好等于诱生规模经济 $(\beta\gamma)$，供给曲线恒定，则 α 和 β 在一条水平线上重合。① 不论供给价格是升、是降抑或恒定，γ 都位于 β 之下达并到诱生规模经济所确定的程度。

五

至此，我们是一直假定某种要素任何一个单位的转移成本都与该要素的使用量无关的。可一旦该假设给消除了，那么这四类成本曲线之间的关系就得另行研究了。若各要素都是匀质的，且各单位的转移成本都相同，那就不会存在租金了。但是，要素的成本是其使用量增加以后就会提高的，这是因为这种要素在其他各行各业中的收益都是随着其吸收越来越多的要素而增加的。既然不存在报酬，那么 β 和 δ 即重合、α 和 γ 重合，而不论有无大幅度节约的情况。β 是升、是降，取决于各种稀缺要素的成本的提高是超过还是小于那个节约的幅度。α（$=\gamma$）与 β（$=\delta$）之间的空间距离，将计量产量达到 n 单位时的成本与产量等于 $(n+1)$ 单位时的成本的差额。如果没有节约，则这个差额就会等于那几种稀缺要素增加了的成本，而导致这项成本增加的原因，在于投入了足以使产量增加一个单位的这样一个数量；而如果没有稀缺要素，成本就会等于（正如我们上面计算后得知的）那引起的节约；但若既存在节约又存在稀缺要

---

① 这类由于不存在规模经济和稀缺要素而恒定的供给价格，与由于稀缺要素所致成本提高因而只有 β 和 α 曲线重合的那种恒定供给价格的差别，相当于按照斯拉法先生恒定的成本与马歇尔的恒定成本增加的差别。参看《经济学杂志》1926 年第 541 页注。

素，则这几个数量就一个也无从计量。①

如果这些稀缺要素不是匀质的，那么就会存在报酬，并且其成本就会随着其使用量的增加而提高。原因有二：一是一个边际单位相对于其价格而言，要素的使用量增加，其效率必然是降低的；二是各边际内单位转移成本会提高。β 仍然会显示是处于边际上的成本，然而此时，如若没有大幅度的节约，则 γ（不含报酬在内的边际成本）就不再必然与 β 重合了。不再存在节约时，β 会提高，γ 会位于 β 与 α 之间；$\gamma - \beta$ 会显示出成本而不是报酬发生变化，这种变化起因于产量在增到加第 $(n+1)$ 个单位时引起的情况变化。也就是说，在使用的数量增加到足以使产量增加一个单位时，它会计量使用中各要素转移成本发生的那种变化。如果也有大幅度节约，那么，γ 位于 β 上或下就都有可能；而且，要是业已使用中的那些要素的转移成本完完全全被那诱发的节约所抵消了的话，那么，γ 就会与 β 重合。

---

① 这里，我们是在研究庇古教授深思熟虑的那一类递增成本，这几点建议在解释《福利经济学》的附录三上，对缺乏数学背景的读者来说是会有帮助的。当就，附录的结论与四条曲线无关，但庇古教授自己似是预见到了 α 和 γ 总是重合的。

第11章 卖方独家垄断产量与竞争产量比较

一

四条成本曲线各代表如下：
α，包括报酬在内的边际成本曲线；
β，包括报酬在内的平均成本曲线；
γ，不包括报酬在内的边际成本曲线；
δ，不包括报酬在内的平均成本曲线。

情况如此，卖方垄断条件下形成的产量与竞争条件下形成的产量，我们即可予以比较。我们拟以某种完全竞争的行业作为我们比较的基础。在任何一种现实情况下，竞争得以完全的条件不可能是一应俱全的。我们要是拿卖方垄断的条件与现实世界的竞争条件作一比较——我们要是，比方说，对合理化于某个竞争行业感兴趣的话——实际上我们会以卖方垄断条件与不完全竞争条件作一对比的。然而，一旦我们把绝对完全竞争当做出发点了，则我们就得就竞争的产量何所指提出一个简单明确的概念，而后即以其最简单的形式加以比较。

为就某个行业的竞争产量与卖方垄断产量作出一种令人信服的比较，我们就必须作出几个非常严格的假设。首先，我们必须就我们考虑之中所指的那种产品确立一个明确的想法。其次，要是我们想就迄今为止由竞争的企业生产的某种卖方垄断的产品的产量和价格加以讨论的话，那我们就得假设，无论该产品的需求曲线，还是任何既定产量的生产成本，都不因这一变化而改变。但由于这一假设在任何现实情况下都不可能得到满足，因此，我们在研究某种实际情况时，也就只得考虑需求和生产效率的种种变化。按照需求和生产效率是保持不变的这一假设，卖方垄断产量与竞争产量两者之间的关系，即可迅即给予揭示了。

二

如果没有稀缺生产要素，如果没有显著的规模经济，那么，四条成本曲线就会随即重合于一条水平线了。卖方垄断者使其边际成本等于边际收入；情况如此，于是，平均成本即等于价格，卖方垄断者的边际成本等于他和该竞争行业的平均成本。根据上述第2章阐述的那几种几何关系，① 由此我们即可断言，如果需求曲线为一直线，则卖方垄断产量就会等于竞争产量的 50%；而如果需求曲线为一凹曲线，则会低于 50%；而如果需求曲线为一凸曲线，则高于 50%。

图 43 显示的是需求曲线为凸曲线时出现的那种情况。

设 OM 为卖方垄断产量，OQ 为竞争产量。

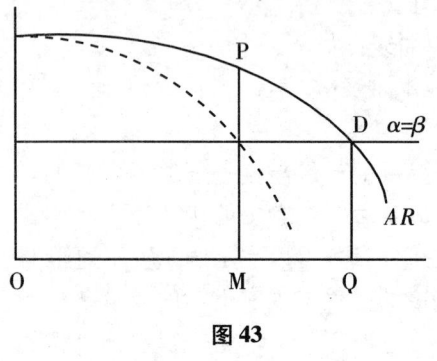

图 43

于是，OM 高于 OQ 的 50%。

但是，如果将存在递增成本和递减成本的情况引入比较，则我们要研究的问题即告复杂化了。有说是卖方垄断者一开始生产，就务使产量高达边际成本等于边际收入之点的。此说普遍适用，它也同样适用于恒定成本、递减成本和递增成本。但现在我们发现，边际成本可不是信口开河就说得清的一个简单概念。α、β 和 γ 等曲

---

① 参看本书第 17~18 页。

第 11 章 卖方独家垄断产量与竞争产量比较

线,分别都是显示某种不同含义的边际成本的。其中,哪一条是显示某个卖方独家垄断者会加以考虑的边际成本?这个问题要有定论,我们就得分析这位卖方独家垄断者是否就得给他所使用的各种生产要素支付报酬。在有的情况下,正如我们旋即会明白的,他不可能这样做。假如任何一种稀缺生产要素,这位专卖者都是报酬全额支付的话,那么,按照实施独家控制这一假设,那就绝不需要改变生产方法,该卖方垄断者各种规模的产量的平均成本,就会与竞争条件下的平均成本毫无二致。也就是说,它们都等于各种规模产量下的那种竞争的供给价格,而这些卖方垄断者的边际成本曲线则会是那种竞争供给曲线的边际曲线。这里提及的这种竞争供给曲线是 β 曲线(包括报酬在内的边际成本曲线),而它的边际曲线则是 α 曲线(包括报酬在内的边际成本曲线)。需求曲线和供给曲线均为直线时,卖方垄断产量就会等于竞争产量的 50%,且不论供给曲线是升还是降。

如图 44 和 45,让我们假设 D 为竞争均衡点。

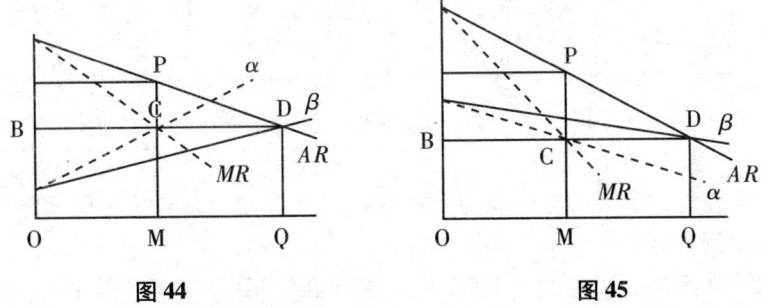

图 44   图 45

画垂直于 y 轴的线段 DB 与 y 轴相交于 B 点,且与边际收入曲线相交于 C 点,于是,BC = CD。①

α 曲线也与边际收入曲线相交于 C 点,② 于是,卖方垄断产量(OM)也就等于竞争产量(OQ)的 50%。③

---

① 参看第 17 页。
② 参看第 18 页。
③ 此结果已耳熟能详,参看庇古的《福利经济学》第 807 页。

无论是需求曲线的斜率还是供给曲线的斜率,这样说都对。当然,如果是成本递减条件下的那种供给曲线,那就不可能了,它全长都应是一条直线,因为那意味着在达到某种产量后,边际成本遂成负数了。不过,为比较计,我们姑且就假设就该幅度的产量是一条直线,也无荒谬之处。

假如供给曲线为凹曲线,需求曲线为直线,那么,不论供给曲线是升是降,垄断产量都会比竞争产量高 50%。

如图 46,供给曲线上升时,α 曲线会在 C 的右侧与 BD 相交;而供给曲线下降时,如图 47,α 曲线则会在 C 的左侧与 BD 相交。因此,既然 BC = CD,则垄断产量(OM)必等于竞争产量(OQ)的 50%。

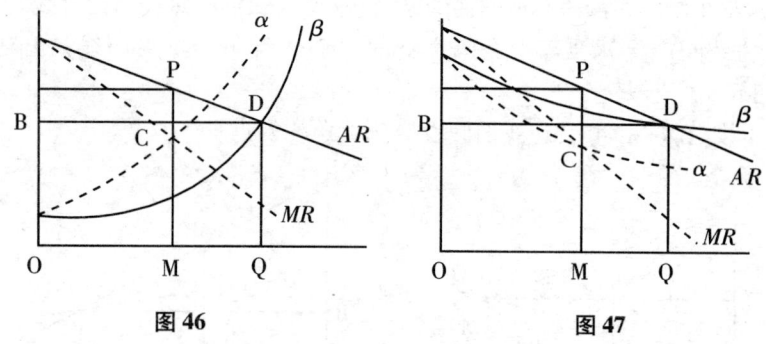

图 46　　　　　　　　图 47

反之,如果供给曲线为凸曲线,而需求曲线是直线,则卖方垄断产量就会小于竞争产量的 50%。

如图 48,供给曲线上升时,α 曲线会与 BD 相交于 C 的左侧;而如果供给曲线下降,如图 49,α 曲线则会在 C 的右侧与 BD 相交。因此,无论在何种情况下,α 曲线都会在 C 的上面与 MR 相交,而卖方垄断产量(OM)则会小于竞争产量(OQ)的 50%。

与此相似,我们可以注意到,供给曲线如是一条直线(不论成本是升、是降还是恒定)时,那么,就一条凹需求曲线而论,垄断产量就会低于竞争产量的 50%,且高于凸需求曲线情况下的产量的 50%。

第 11 章 卖方独家垄断产量与竞争产量比较　131

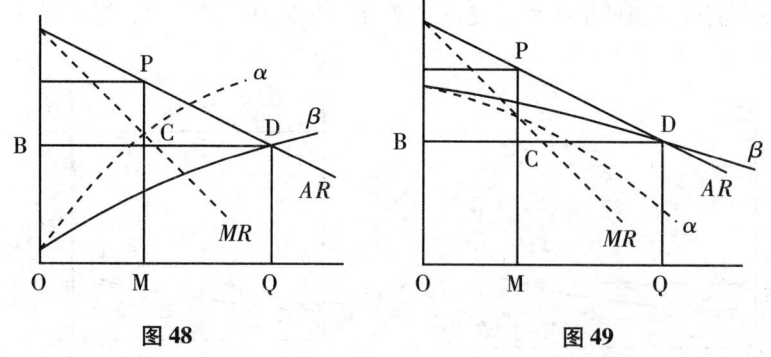

图 48　　　　　　　　图 49

由此可见，我们认为，供给曲线的凹性再加需求曲线的凸性，会导致卖方垄断产量对竞争产量的高比率；而供给曲线的凸性再加需求曲线的凸性，则会导致低比率。

需求曲线为凹曲线、供给曲线为凸曲线时，卖方垄断产量必低于竞争产量的 50%。如果需求曲线为凸曲线、供给曲线是凹曲线时，则卖方垄断产量必高于竞争产量的 50%。情况如此，随着产量有增无减，价格就会按递增比率下降，而成本就会按递增比率上升。因此，这是一种实际上很可能发生的情况。①

需求曲线和供给曲线均为凹曲线或二者均为凸曲线时，卖方垄断产量可能会是竞争产量的 50%，或者会是竞争产量的 50% 以上，或者会是竞争产量的不足 50%。

无论如何，卖方垄断产量不可能高于竞争产量，这是显而易见的。卖方垄断产量要高于竞争产量，则需求曲线就必须位于供给曲线之下（这种情况代表卖方垄断者的平均成本），以期凡高于竞争产量者，这高出的部分，无论是小还是大，都得亏本出售；② 或者充其量，垄断产量也就可能仅等于竞争产量而已。这种情况，只有不是需求曲线的弹性就是供给曲线的弹性充分大了后，如就图 50 和图 51

---

① 垄断化使成本曲线保持不变的任何情况，是从来不可能发生的。
② 参看本书第 20 页，该页上有说明指出，为使多条平均曲线相交，边际收入曲线就得位于边际成本曲线之下，因此，边际收入曲线就得自上而下与边际成本曲线相交于小一些的一个产量之处。

中的例子所说明的那样，突然又变得完全无弹性时，才可能出现。

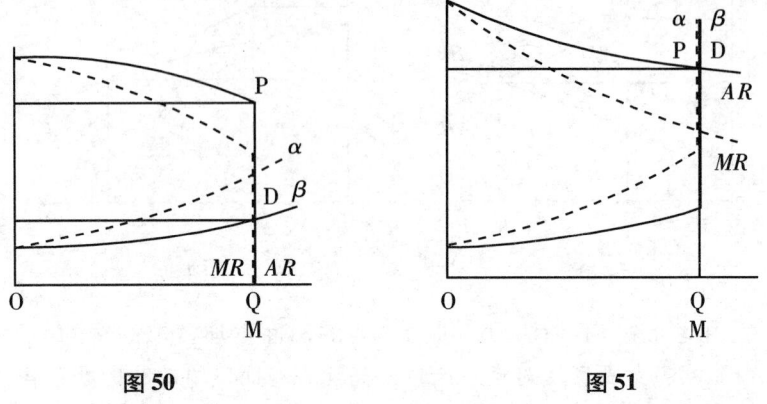

图50　　　　　　　图51

所有这些情况，或许都可以看成是需求曲线的凸性和供给曲线的凹性的限制性情况，这种凸性和凹性，都是趋向于导致卖方垄断产量对竞争产量居于高比率的。卖方垄断产量也会等于竞争产量，但条件是需求曲线位于供给曲线之下，而交点则绝不是那两条曲线的相交之处。此时，就只会有一个产量能不亏损地生产出来，①并且在垄断条件下和在竞争条件下能生产出来的，也就只有这个产量而已。

例如，这或许可以看成是卖方垄断产量必然接近于竞争产量这样一种局面，因为需求曲线位于供给曲线之下的情况，除非产量所涉范围小，否则凡超出该范围的产量也就只能亏本出售，如图52。

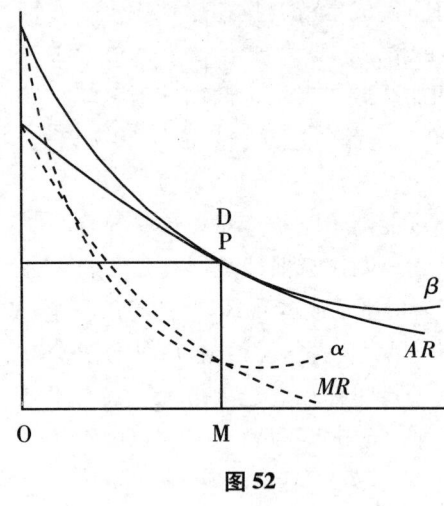

图52

---

① 这种情况，只有某种竞争行业偶尔会发生，就像我们上面指出的（第81页），某一个行业中的每一个企业都获取正常利润，这是一种惯常情况。

三

至此，我们是一直假设卖方垄断者就所使用的稀缺生产要素是支付全额报酬的。但是，情况或许未必总是如此。假如这稀缺生产要素是土地的话，那么在计算时，卖方垄断者就常会把地租排除在外，唯独考虑转移成本而已，而这，就因为他的土地是自有土地。此外，要是卖方垄断者是租用土地的，而且他租用的土地还是归多家单个地主所有的，那他就不可能为之支付全额报酬了，因为他可以私下分别与每一户地主达成默契。卖方垄断者是把对土地的全部需求牢牢控制于其最有利可图的使用方式上的。这土地要是不归他用，那么在他处也就只能获取还要低的酬偿。因此，这位卖方垄断者会给每一户地主都报以那土地的转让收益，也就是说，投入次优使用时所能获得的报偿。要是地主回绝这位卖方垄断者提出的他那片土地的转让价，那么这个卖方垄断者就会退而求其次，觉得还不如就把这土地转给另外的生产者，这些人必然属于另外某些行业，对于这些行业来说，该卖方垄断者的土地的适用性就不是那么大了；反之，对该卖方垄断者会是有利可图的，是给任何一处都支付他所在行业所挣的，而不是弃而不用的。由此可见，每一片土地都有收益上的一个上限和一个下限。对全额报酬处于转移边际上的土地来说，这两种限界是重合的。看来，每片土地的收益也会有一个上限和一个下限，它们分别位于全额报酬与其转让收益之间的某处。对于处于转让边际上的土地来说，这两个极限是重合的。卖方垄断者会支付的每片土地的实际价格有多高，这要看相对于各户地主会讨价还价的技巧，以及他们都有些怎样的高招。① 为确立作为强硬卖主的声誉，该卖方垄断者会是宁可牺牲所有者的任何地点的土地的使用机会的，他绝对会因一种高于其土地转让收入的价格而引人注目。在另外的情况下，他会不得已而支付部分报酬，但全额报酬，总的

---

① 参看庇古的《福利经济学》第 280 页，这当中有有关销售中完全价格歧视情况的论述。

看来，他未必照付了。

如果稀缺要素是劳动，卖方垄断者要逃避支付报酬，那就不那么容易了。惯常的做法是，从行业的角度看，具有一定等级的斜率的一切劳动都得按照同一费率付酬，与每一位工人分别协商，当然是麻烦而又复杂化了。① 不过，就非熟练劳动而论，这样做又是可行的；而就领薪工人的高级劳动来说，既然通常是与每一位工人分别达成协议，那么这种情况就颇似土地，卖方垄断者常能获得每一位工人的服务，并且报酬绝不超过其转让收益。

如果稀缺生产要素是工商企业家，而且垄断者是由原先相互竞争的企业组成的一种卡特尔，那么，极大化这些企业所获得的剩余，就会是这种垄断组织的目标，工商企业家的报酬，显然不视为生产费用的一部分，而是视为垄断利润的一部分。由此可见，卖方垄断者不付报酬有多种情况。

为发现卖方垄断者不付报酬时的垄断产量，那我们就得假设各生产单位的转移成本与行业规模无关。② 我们首先讨论不存在行业规模经济的那种情况。

在卖方垄断者成功免交任何所用稀缺生产要素全额报酬的每一种情况下，他的边际成本等于对行业来说的不含报酬在内的边际成本，且由 γ 曲线予以表示。现在，正如我们注意到的，③ 一旦不存在行业规模经济，γ 和 β 曲线就重合，因为此时，各竞争行业的平均成本等于不含报酬的边际成本。因此，卖方垄断者的边际成本就由 β 曲线表示。如果卖方垄断者任何要素都付部分报酬而不付全额报酬的话，或是如果有的稀缺要素他付全额报酬，而有的不付报酬，那他的边际成本就会大于竞争行业的平均成本，但小于含报酬的边际成本，其边际成本曲线就位于 β 与 α 之间的某处。因此，一旦卖方

---

① 就生产效率不同而日工资相同的例子，参看本书后面的第 271 页。
② 最后一章第四节所示的四种成本曲线之间的关系就可获得了。为简明起见，假设在本章中其余部分保持不变，但在取消时，可用最后一章第五节的结果进行比较。
③ 见本书第 119 页。

垄断者对任何稀缺要素所付的报酬都不足全额的话，那么，与他付全额报酬相比，垄断产量就会占竞争产量一个大一些的比重。例如，如果需求曲线和供给曲线都是直线，那么，他的产量就会大于竞争产量的一半。如果他根本不付报酬，那么，其边际成本就由 β 曲线表示，这样就可以进一步表明，只要需求曲线是直线，那就不论供给曲线呈何种形状，他的产量就总是占竞争产量的一半以上。例如，如图53，既然需求曲线是一条直线，那么，BC = CD，但是，β 曲线必须在 C 曲线之下与 MR 相交，因此，OM 会比 OQ 大50%。

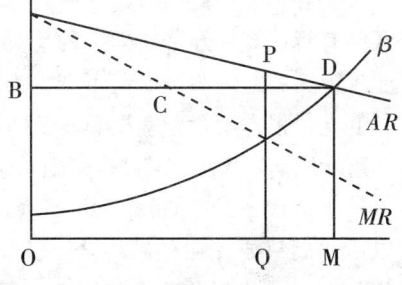

图 53

我们注意到，就卖方垄断者支付全额报酬（因此，其边际成本曲线是竞争供给曲线的边际曲线）这种情况来说，垄断产量对竞争产量之比，就直线供给曲线和需求曲线而言，是与其斜率无关的。在我们现在考虑这种情况时，可以注意到，此比率会是趋向于处于竞争点之上的，即需求弹性愈大，供给弹性愈小，比率就愈大。①

但即令卖方垄断者不付报酬，他的产量也不会高于竞争产量。在竞争均衡点，显示垄断者边际成本的供给曲线自下与需求曲线相交，因此，就高于边际产量的任何产量来说，价格（更不容置疑地，还有边际收入）必小于边际成本。就这种有限情况来说，垄断产量

---

① 对卖方垄断者不付报酬这种情况所作的分析相当重要，因为它可用于体现短期供给的情况。就短期来说，行业的资本投资、参与资本投资的企业家人数以及生产组织，都可看成既定。于是，竞争的供给曲线也就等于边际直接成本曲线，而且这也是垄断者的边际成本曲线。因此，短期条件下限制产量的研究必须借助于上述分析，在这种研究中，卖方垄断者的边际成本曲线与竞争供给曲线重合。垄断产量将等于边际直接成本等于边际收入达到时的产量，而高于直接成本总额的剩余，处于最大值；竞争产量等于边际直接成本等于价格之处达到的产量，其间的比率将取决于需求和供给的弹性。

有可能等于竞争产量,条件是供给就充分到足够门类的价格来说是完全无弹性可言的。

四

现在,我们必须考虑既有卖方垄断者不付全额报酬的稀缺生产要素又有行业规模经济这样一种情况,而把各生产单位的转移成本与行业规模无关这一假设保留不变。为简化起见,我们必须假设卖方垄断者的支付根本不含要素报酬。于是,边际成本就由 γ 曲线(不包括报酬的边际成本)表示,垄断产量则以曲线 γ 与边际收入曲线的交点决定。

当曲线 γ 位于曲线 β 之下达到取决于各点诱发经济数量的程度以后,而只要存在稀缺生产要素,这两条曲线就不替代平均成本与边际成本的相互关系(如图 54 所示)。

既然卖方垄断者的边际成本曲线(γ)现在是既位于供给曲线(β)之下,又位于供给曲线的边际曲线(α)之下,那就显而易见,假如需求量在竞争之点上是富于弹性的,那么,垄断产量就有可能高于竞争产量(如图 55 所示)。竞争之点上的需求弹性愈大,诱发经济的数量也就愈大。①

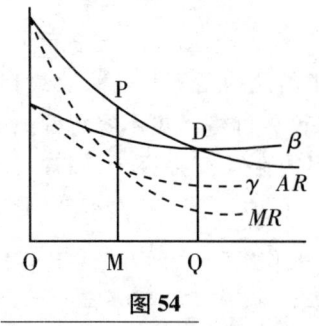

图 54

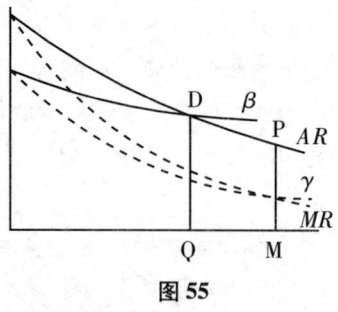

图 55

---

① 诱发而致的经济数量达到如此程度,乃至要是没有稀缺生产要素(因而竞争行业也就不存在稀缺生产要素报酬)的话,那么,垄断产量的供给弹性就会等于需求弹性。要是诱发而致的经济数量大于此,垄断产量就会高于竞争产量;反之,则无论实际供给弹性有多大,都无济于事。在存在一定数量的诱发而致的经济的情况下(由 γ 和 β 曲线之间的垂直距离所示),供给弹性愈小,垄断产量就愈接近于竞争产量。

五

　　现在已经予以证实，在卖方垄断者支付稀缺生产要素的全额报酬时，即使存在行业规模经济，垄断产量也绝不会高于竞争产量。而且，一旦有垄断者不支付报酬，但却没有规模经济条件下的垄断产量，那就绝不会高于竞争产量了。不过，要是既有规模经济又有卖方垄断者不付全额报酬的稀缺生产要素，那么，垄断产量就有可能高于竞争产量了。无论哪一个条件，就其自身来说是充分的，然而两者结合在一起，则可能导致这样一种局面，即垄断产量高于竞争产量。这个结论也许会让人觉得奇怪，但一经反思，这一结论就会是与常识相一致的。一旦具有规模经济，而卖方垄断者又是支付了生产要素报酬的，那么，他的平均成本就会等于供给价格，因而对于任何大于竞争产量的产量来说，价格就都会低于卖方垄断者的平均成本。但是，假如垄断者不支付报酬，并且又不存在规模经济，那么，卖方垄断者的边际成本就会等于供给价格。因此，就任何相对于竞争产量的产量而论，价格以及还有理由更充分的边际收入，就都会比卖方垄断者的边际成本低。但是，一旦既有规模经济又有不付报酬的稀缺生产要素，则卖方垄断者的边际成本和平均成本，就都会低于竞争的供给价格，到那个时候，卖方垄断者的产量才可能高于竞争者的产量。

　　由此可见，只有某种稀缺要素而又不支付全额报酬，同时又有行业规模经济时，垄断产量才有可能大于竞争产量。在其余一切的情况下，正如我们前面所指出的，垄断产量都可能（按照极端的情况假设）等于竞争产量，而绝不可能高于竞争产量。

第12章 论比较

一

上一章就卖方垄断产量与竞争产量所作的比较,使澄清常见的一种混淆有可能做到了。人们常说,卖方垄断者是:产品的需求弹性愈大,成本递减率愈高,他对产量的限制就愈少;或是需求弹性愈小,成本递增愈速,他限制产量的力度就愈大。① 这些论点表面看来貌似有理,因为对卖方垄断者来说,显然是产品需求弹性愈小,限制产量所得的利益愈大,减产所致的成本降幅就愈大的。但是,如果我们这是在考虑需求曲线和供给曲线均为直线这种情况的话,那么,卖方垄断者这种做法是谬误的这一事实就迅即变得清楚了。正如我们所知,在那种情况下,限制产量的程度,不论需求弹性大小,成本升降率高低,都会是一样的。这里的荒谬之处在于,以为限制产量就能一举而获得最大利润,进而把限产一举推向极致了。例如,有这样两种情况,一种情况是需求弹性比另一种的大,于是就认为限产之后,在需求更富有弹性之处就会导致垄断纯收入小一

---

① 参看马歇尔:《工业与贸易》,第404页;《原理》,200~204页。上述几节中,哪一节也不见有明确阐明这些错误的论点,不过,每一节都似是间接表明其作者是考虑到这些论点的,而且这些论点留给读者(例如,攻读经济学的大学本科生)的印象,已由在教科书中所陈述的那些谬论清楚体现了。

些，进而就认为限制程度就会比垄断纯收入大一些之处低一些。这是一种错误的推论。凭独占某种商品而能实现利润，这当然极其重要，因为如果其余一切情况都相同，那就可凭卖方垄断所致的利润愈大，导致卖方垄断的可能性也就愈大。但是，一旦垄断形成了，就不会因为限产在一种情况下比在另一种情况下获得利润高一些，因而就照此情况提高限产的程度。这里所设想的那个卖方垄断者，是要选择能使他获得最大纯收入的那样一个规模的产量，而且无论在什么情况下，他都要把产量限制在能使他获得高于其他任何产量水平的纯收入这样一个规模；但是，没有理由假定，他碰巧达到的那个最高纯收入据以实现的产量，会属于纯收入最大的那些情况中的最小一个产量。

前一章所作的那种比较，业已说明卖方垄断者限制产量所达到的程度，无法以任何一种简单的方式与需求弹性和供给弹性联系起来。例如，假定卖方垄断者所用的任何一种稀缺生产要素他都要支付全额报酬，因而他的边际成本曲线与竞争供给曲线互为边际曲线，再假定需求曲线和供给曲线都是直线的话，那么，垄断产量与竞争产量的比率就总会是等于50%，而不论需求曲线和供给曲线的斜率会是怎样。要是供给曲线是一条直线，而需求曲线为凹曲线，那么，成本下降愈快，或是成本上升愈慢，则垄断产量占竞争产量的比例就会愈小；[①] 唯需求曲线为凸曲线时，结果才会是，成本减速愈快，垄断产量愈高。与此相仿，需求曲线若为直线，而供给曲线是凸曲线，那么，垄断产量占竞争产量的比例，就会是需求弹性愈大而愈小的；唯供给曲线是凹曲线时，这才会是需求弹性愈大，而垄断产量就愈高的。

由此可见，认为垄断产量与竞争产量的关系唯取决于需求和供给弹性的那种看法固然有错，然而，偶然在某些特殊情况下，那种一般的谬误，在某种程度上，倒是合乎正确原则的。

[①] 这里没有配以有关这一类的以及紧接着的那些论点的图，读者不会觉得自绘图表会有什么难处。

二

在出现这些谬见之处，可以发现有关这种比较的令人信服的归纳。我们已经注意到了，在有了一定的竞争产量后，垄断产量会趋向于因有需求曲线的凸性而降低，而且又因有供给曲线的凹性而增加。也就是说，如果随着产量降低，曲线的斜率是朝对卖方垄断者有利的方向改变的话，那么，在备受鼓励之余，他就会进一步减产。由此可见，需求曲线是凹曲线时，接续的每一次减产，都会导致价格的涨幅一次比一次大，从而绝对提高了，而这常会加大限产幅度。供给曲线的凸性朝同一方向产生影响。因为在有凸供给曲线的情况下，产量相继降低的每一次减产，在成本下降的条件下，都会导致平均成本的绝对提高幅度越来越小；而在成本提高的条件下，则是减幅越来越大。

反之，假如需求曲线是凸曲线，因而产量相继降低的每一次减产都导致价格的涨幅越来越小的话，或者假如供给曲线为凹曲线，因而产量相继降低的每一次减产都导致成本下降条件下的成本提高幅度越来越大的话，或是成本上升条件下成本下降的幅度越来越小的话，那么，减产的数量就会是越来越小的。需求曲线和供给曲线均为直线时，产量的每一次减少，都会导致价格的同一涨幅，并导致成本的涨落幅度同等，而且减产幅度还不以各曲线的斜率为转移。

三

上述几个论点，唯以卖方垄断者的平均成本与就各种规模的产量而论的竞争供给价格一样，因此，卖方垄断者的边际成本曲线，也就是以供给曲线的边际曲线这样一种假设为依据，才会令人信服。这些论点，对有某种稀缺生产要素而该卖方垄断者又不付全额报酬的情况来说，也会是正确的。我们认为，一旦不付报酬，就往往会是处于竞争点上的需求弹性愈大，垄断产量占竞争产量的比例就会愈高。假如不存在行业规模经济的话，那么，在需求弹性无限的这种情况下，垄断产量就会趋向等于竞争产量。需求弹性愈大、垄断产量愈高这样一种令人失望的概括，就这样一种垄断者不支付报酬的情况下，偶然证明是正确的。但是，供给弹性愈小则垄断产量愈少这样一种相应的说法，则会是违背真理的。如果不付报酬，再加上又没有行业规模经济，则卖方垄断者的边际成本曲线就会与竞争供给曲线重合，而且（就既定竞争产量说）就会是供给弹性愈小而垄断产量愈大。就供给完全无弹性这种情况来说，垄断产量等于竞争产量。①

---

① 就既存在不付稀缺生产要素报酬又有行业诱致规模经济既定比例这种情况来说，如果供给弹性小，则垄断产量就会接近竞争产量一些。垄断产量小于竞争产量时，供给弹性愈小，垄断产量就会愈大；垄断产量大于竞争产量时，则供给弹性愈小，垄断产量也就愈小。垄断产量等于竞争产量时，垄断产量就不以供给弹性为转移（在各种情况下，诱致经济的比率都设为既定）。参看本书第 136 页注。

第13章 卖方垄断价格管理

一

强制性实施某种合法的最高价格对卖方垄断者的影响,可以用我们的技术手段予以阐明。

强制性实施某种最高限价,需求(按照卖方垄断者的观点)就完全富有弹性,弹性高到就按这个价格产量即可销售一空的程度。产量再高一些,需求曲线和边际收入曲线的路径就恢复如前了,如图56所示。

设 AR 和 MR 各为原先的平均曲线和边际曲线。

若设 OB（= QD）为不二价格,OQ 为按该价格必有的需求量,QT 为对应于产量 OQ 的边际收入,那么,新的平均收入曲线就会由 BD 所定,且在 D 点的右侧与 AR 重合；新的边际收入曲线则由 BDT 所定,且在 T 点的右侧与 MR 重合。① *

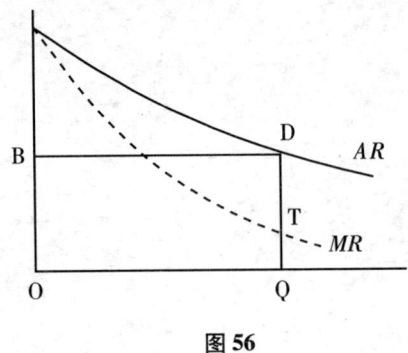

图 56

---

① 下面的结果人们多已了解(见庇古:《福利经济学》,第21章第11节,以及附录三中的第23节),但我们会发现,采用边际分析方法,这里的研究,与我们不得已固守直线曲线相比,就可以深入一步。

* 对纯技术问题不感兴趣的读者,本章不那么重要。——译者注

卖方垄断者只要尽可能扩大产量,控制价格这个目的就能实现。产量递增、平均成本递降时,采用需求曲线与卖方垄断者的平均成本曲线的交点所定的那个价格,就能解决问题。所定价格再低一些,卖方垄断者就无以抵补平均成本,多大规模的产量也就都无济于事了。而取涨价一策,按此价格,固然多高的产量都能销售一空,然而此价必须高于垄断价才能奏效,但是如果限产,就无影响可说了,因为卖方垄断者会是宁按卖方垄断价销售的。由此可见,最低有效价格而又可行的,也就是平均成本等于需求价格的那种价格,而且这就是会产生最高产量的那种价格。

如处于竞争条件下的需求与供给状况,与处于垄断条件下的完全相同,则从卖方垄断者的角度看问题,可获最大产量的一厢情愿的那种不二价,也就会是具有竞争力的价格。这个论点同样适用于孤立考虑之下的与竞争完全无关的那种卖方垄断的情况。不过,在这里的讨论中,我们就以"竞争的产量"这一术语意指平均成本等于需求价格的那种产量,以及用"竞争价格"意指产量会销售一空的那种价格,那就会更方便易行。

成本下降的条件下实施某种不二价的情况,可说明如下,如图57。①

β 和 α 分别为平均成本曲线和边际成本曲线,AR 和 MR 分别为原先的平均收入曲线和边际收入曲线,QD 为不二价。

于是,及至产量为 OQ 时,新的平均收入就会是

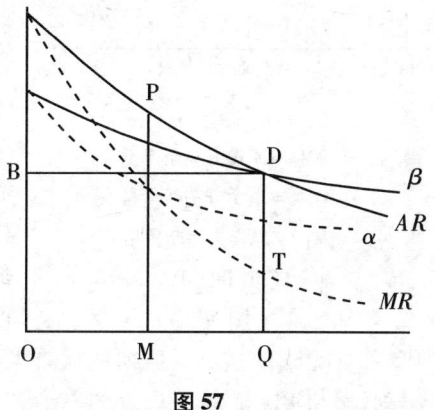

图 57

BD,新的边际收入曲线则为 BDT;超过此产量,新的平均收入曲线和边际收入曲线就会分别与原先的重合。

---

① 最大产量在强行实施竞争价格时没有必要,但为与紧接着的讨论一致起见而包括于内时,卖方垄断者可获最大产量的这个论点就可作为证明。

OM 是无控制的卖方垄断产量，MP 是无控制的卖方垄断价格。

OQ 必须是在 DQ 为不二价时的产量，因为 α（边际成本曲线）必与那新的边际收入曲线相交于 D 与 T 之间。

这有下列事实，即在 D（平均成本曲线）的斜率 β 小于 AR（需求曲线）的斜率时，产量 OQ 的边际成本必大于边际收入 TQ。[①]

在成本下降的条件下，卖方垄断者可以制定竞争产量，办法是，把竞争价格定在最高位。但在成本递增的条件下，这种办法就失效了。假如竞争价格固定不变，那么，卖方垄断者就会设法使产量低于竞争产量（假定他为稀缺生产要素支付报酬了），这是因为，他就是要使产量规模仅达到边际成本等于价格的程度。例如，新的垄断产量会是等于边际成本在等于不二价时的那种产量，也就是（如图58）α（边际成本曲线）与直线 BD 相交之处的产量。如果 α 与 BD 在 C 点的右侧相交，那么，新的垄断产量就会大于原先的垄断产量；如果 α 与 BD 在 C 点的左侧相交，则新的产量就会小于原产量。由此可见，假如需求曲线和成本曲线均为直线（因此，α 与 BD 相交于 C 点），那么，新的垄断产量就会等于原产量（而且会等于竞争产量的50%）。如图58 所示，假如需求曲线和成本曲线都是凹曲线，那么，α 就必然与 BD 相交于 C 点的右侧，因此，新的产量就会高于原产量。不过，新的产量尽管高于原产量，但仍然会低于竞争产量。假如需求曲线和成本曲线都是凸曲线，或是如果成本曲线是凹曲线，而需求曲线是呈凸形的，那么，α 就会与 BD 相交于 C 点的左侧，新

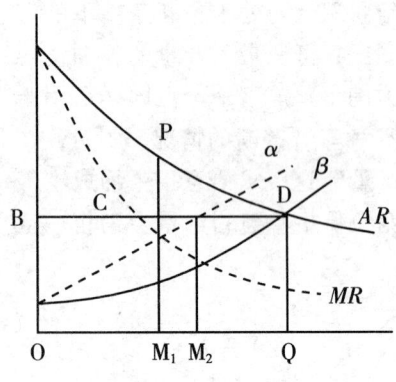

OB = QD = 不二价
OM₁ = 原卖方垄断产量
OM₂ = 新卖方垄断产量
M₁P = 原卖方垄断价格
MR 与 BD 相交于 C 点

图 58

[①] 见本书第 21 页。

的产量就会低于原产量。尽管垄断价格会因受最高价格制约而降低，可产量已经是降低了。①

由此可见，假如成本在提高时强使卖方垄断者面临竞争价格的话，那么，产量就会低于竞争产量；而且，既然按照竞争价格需求会大于供给，那么除非管理当局凭借对消费者实施定量配给，否则不二价就维持不下去。

在成本提高的条件下，何种价格能确保最大产量，是个尚待研究的问题。如果这种不二价低于边际成本曲线与需求曲线相交之处的价格，那么卖方垄断者就会设法达到边际成本等于价格的那种产量；而如果不二价高于边际成本曲线与需求曲线相交之处的那种价格，那么，卖方垄断者就会设法达到能按不二价全部销出产品的那种产量，除非不二价高于垄断价，否则，情况就不至于变得无法处理。

由此可见，随着不二价降到了低于垄断价的水平，产量就会一直提高，直至达到的产量是边际成本等于需求价格之时的那种产量；超过这个规模的产量，价格再降低，就会导致产量降低；而如果再进一步超过某种程度，产量就会（按上述条件）降至低于原垄断产量的水平。此时，原会引起最大产量的不二价，就成为边际成本据以等于需求价格的那种价格了。

在这些成本递增的情况下，卖方垄断者是假设为会支付稀缺生产要素的报酬的；如若不是，那么，他的边际成本也就等于竞争的供给价格。因此，（就像成本递减那种情况一样）如果强行实施竞争价格，视为可能实现的最大产量就能实现了。不过，卖方垄断者还

---

① 总的说来，这些条件（在这些条件下，新的产量低于原先的产量）与新的产量要高一些的那些条件相比，符合的可能性就要小一些。庇古教授在说到价格如果固定于垄断价格与竞争结果两者之间，进而产量或许会高于垄断产量的时，似是考虑到了这一点。而若垄断产量在强行实施竞争价格时降低的话，那么，高于此的一定幅度内的价格也会降低。不过，会发生这种情况的条件或许就罕见了（《福利经济学》，第807页）。

是会把稀缺生产要素的报酬留作垄断利润的。

二

会使卖方垄断者即使按照成本递增（卖方垄断者支付租金时）的条件也生产出竞争产量的那样一种情况，尽管不切实际，然而却是巧妙的计划，① 可以安排如下：把竞争价格确定为最高价格，然后计算这种竞争产量的边际成本和平均成本。支付给卖方垄断者作为单位产量补贴的一个总额，会使他的平均成本曲线和边际成本曲线都匀称地降低到一个数额，并使他的竞争产量的边际成本等于平均竞争成本。与此同时，卖方垄断者的需求则等于为补贴总额一次性总付的税，以作为听由他生产任何产量的条件。采用这种方法，就能使卖方垄断者生产出竞争产量，并且能获竞争利润。

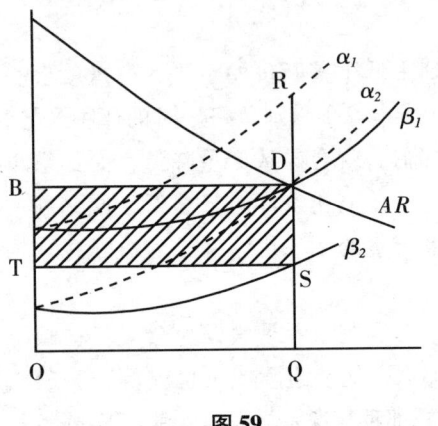

图59

如图 59，β_1 和 α_1 各为平均成本曲线和边际成本曲线。

DQ = 不二价。

DR = 单位补贴 = SD。

β_2 和 α_2 各为获补贴后的平均成本曲线和边际成本曲线。

BDST = 补贴和税费总额。

假如在不存在不二价的情况下，补贴等于竞争产量的边际成本与边际收入之差，则同一结果就会产生。当然，这种方法也可用于成本递增的情况。卖方垄断者与管理当局之间无需任何金钱的易手，当局也就是宣布一下卖方垄断者需完成的一次总缴税金，但退税（等于单位补贴额）则容按单位产量计。于是，卖方垄断者会认为完成这样一个数量

---

① 据认为这一方法是罗宾逊先生在一项答题中最早提出的。

的产品恰好使他所获得的退税总额完全勾销了税金,他是有利可图的。

如果需求曲线和供给曲线都相当长时期地保持不变而且足够清楚,那么,这种计划会是切实可行的,但未见得有用于实际情况的很大余地。

第14章 对比较的异议

一

对我们前几章就卖方垄断产量与完全竞争产量所进行的比较，有各种异议。首先，就很常见的一类卖方垄断来说，这样的比较是毫无意义的。在以铁路以及煤气和电力的配送等为人所共知的某些行业，就连按实际使用的最小的设备能力算也有极大的产量，因此，如果市场规模不是大到足以有能力使一家电厂满负荷运转，那就绝无竞争的可能性可言。如若两家企业碰巧都隶属于同样一个行业，那么，它们两家就不会是相互竞争的关系，它们，哪一家都弥补不了成本，持久力弱一些的那一家企业就会消失，或者两家就会形成某种联合。一家企业的平均成本随着产量提高而下降的话，那就根本不存在长期竞争均衡的可能性。

就此类垄断来说，绝无与竞争产量相比较一说，因为按照此例中的情况，竞争是无从谈起的。不过，正如上一章中的情况所示，"竞争的产量"一说还是可以赋予平均成本（包括正常利润在内）等于需求价格这样一种产量的这么一个纯粹形式上的意义的。① *

---

① 庇古教授似是就按这个意义使用的，见《福利经济学》，第310页。
* 本章第五节含有某些复杂性；而除第27章第五节外，随后的论述都不必要。——译者注

二

假设市场大到足以支撑很多企业，因而也就可以讨论某种竞争产量的话，那么，就比较而言，竞争行业的成本曲线必然是不会因为卖方垄断企业的形成而改变的。① 为此，人们提出下列几点作为反对的理由就是自然的了：这种情况是罕见的；卖方垄断企业的广告费支出会少一些；该行业内各企业在处于独家控制之下时会———给派定专业化任务；在市场营销大规模进行时销售成本会低一些；市场的一部分与另一部分之间的交叉货运可以避免；如此等等。总而言之，假定该行业处于垄断情况之下，则其效率会提高，而商品的成本曲线会降低，这就是自然的了。

不过，这种异议是站不住脚的。我们已经以完全竞争的产量，而不是以不完全市场条件下形成的产量与垄断产量作了比较。在完全市场条件下，竞争性广告会是多余的。假如一个垄断企业的价格稍降就会确保销售量无限大增的话，那么，花钱做广告就是愚蠢之举。可发生的唯一一类广告当是旨在提高所涉商品的总销售量的，而且假如这种广告是由为了该竞争行业的利益的某家法人团体做的，那么对卖方垄断企业者来说就会是有利的。

假如各家工厂的生产成本都会因为实施专业化而有所降低，那么，在某种完全市场，这种专业化也会发生。例如，假如有10家轧钢厂，而且每一家都保有一套辊轧机，能制造出10种规格的钢轨，但没有一家是生产能力得到充分利用的。这样，一家卖方垄断企业就可以只给各厂派定生产一种规格的钢轨的任务，从而节省因经常改变、维持剩余钢轨所致的费用。但在一种完全市场，任何一家在某种钢轨规格上实施专门化的工厂，都能较另外各厂廉价地生产出那种规格的钢轨，并占领该规格的整个钢轨市场，且迫使其余各厂

---

① 就比较而言，卖方垄断和竞争条件下的需求曲线都还必须是一样的。但是，决定垄断产量的需求曲线可能受预期的未来销售量的影响，而决定竞争产量的需求曲线则不会以同一方式受影响（见本书第10页）。

都在其他规格的钢轨上实施专门化。此过程可一直延续到各厂都仅生产一种规格的钢轨为止，且同一结果会如在垄断条件下一样产生。在一种完全市场条件下，此类横向非一体化会联合一直延续至不再会有专业化经济为止。

类似地，如若存在特定制造工序上的专业化经济的话，那么，纵向非一体化联合就会在完全竞争条件下发生。一家专业公司，诸如棉纺业中的漂白工厂，或者莫里斯式的轧钢厂，就会集中于一道工序，向另外的生产者提供某种特殊服务，而其供给价格会比自给自足时还要低。①

假如一家大型销售机构经办全行业产品销售事宜比起各家企业各销售科各行其是效率要高一些，那么，在完全竞争条件下，成系列的独立批发商就会应运而生，因而就会有一个规模适度的销售机构经销很多生产企业的产品。如若存在运输成本的浪费问题，而原因就在于有一家远距离的企业在该市场进行一部分销售的话，那么，该部分市场由近一些的一家企业提供服务就可以价廉一些，且完全竞争可以确保这种浪费不会产生，而每一位买主也都可以由该企业对他提供服务且惠之以最低廉价格。总而言之，完全竞争会产生卖方垄断条件下所能厉行的一切节约。②

于此规则的唯一例外在于，有的企业掌握能使其生产成本低于其他企业的商业秘密时，竞争条件下是不会存在共享秘诀的情况的；可是在垄断条件下，任何一个行业中的任何企业所熟知的最好方法都会应用于全行业产品的生产。例如，一旦某企业非要了解这些方法不可，那就有理由预想到卖方垄断成本是低于竞争成本的了。

就新的生产方法的采用率而论，有两种截然相反的影响：一方面，垄断企业或许会认为值得进行研究以发现新的方法，且运用那些已知的方法于整个产出。卖方垄断企业这样做的动机要比任何一

---

① 完全市场的横向和纵向分解，见报酬递增和报酬递减附录中的详论。
② 马歇尔（《原理》，第484页）似曾而且是同时地讨论过，唯有竞争是完全的这一假设才有理的情况，以及对垄断与竞争的产量进行了比较，还有垄断企业的唯竞争不完全才会引致的成本降低问题。

家企业的动机都强烈,一个集权的公司进行研究比散布各处的专业公司下工夫取得的结果的可能性都要大。反之,当一项发明已经完成时,一家竞争的企业就可能觉得这一新的发明成果值得加以利用,因为现有工厂的陈旧落后设备所致的亏损多半会落到其他企业身上,而垄断企业则可能会直至老设备陈旧过时时才采用这种新的发明成果。因此,总的来说,先验地说卖方垄断的存在是可能加速抑或推迟这种新发明成果的应用的,尚属不可能之列。

在讨论合理化之时,常有论点提出认为,某行业受独家控制可取,这不只是按希望提高利润(减少亏损)的企业家的观点看是如此,而且就是根据全社会的观点看也是可取的。理由在于独家控制会消除竞争造成的浪费且降低生产成本。但是,竞争导致的浪费实际上是市场不完全所致的浪费,完全竞争会消除浪费且消除垄断。合理化并非根治竞争更多的对策,而是根治竞争过少的对策。

垄断也许是一种易行且可靠适用的对策。实际上,卖方垄断是凭借比不完全竞争还要有效的办法促成那种生产组织形成并确保其经济效益的。但我们在这里关注的唯一观点是,卖方垄断不能促成行业的组织优化,而在完全竞争条件下就能实现这种优化(传播秘诀除外)。而且就我们的比较目的而论,竞争条件下的成本曲线必须视之为是说明以现有知识就能产生最高效的行业组织的。从务实的观点看,不完全竞争条件下的产量与垄断条件下的产量的这种比较远不如我们现在做的这种比较有意思,但这种比较不能按照某种相同的一般条件进行。垄断化的影响当取决于不完全的程度和性质,而用作比较基础的竞争的供给曲线,则会是因情况有别而异的。

三

对于卖方垄断产量与竞争产量的这种比较,我们现在已经明白,它是多么具有人为性以及多么脱离实际。但还有一个难点,这个难点源自下列事实,即假如某个行业是在完全竞争条件下运转的,那么,其形成垄断的动机就不如不完全市场条件下的明显了。如果市场是不完全的,那么,各企业的规模就不会演变成最适度的,因此,即使不存在企业间的专业化的可能性，生产也还会不是按最有效的方式进行的。例如，一家垄断企业就不只希望通过限产来提高价格，而且还希望通过改善行业组织降低成本。在不完全竞争条件下，形成某种垄断有双重动机；而在完全竞争条件下，则只有一种动机，不过，卖方垄断要占某种完全竞争行业的便宜就困难多了。使市场完全的那些相同条件，也就是买主群体的一部分（不论何故）对特定企业不存在某种偏好，使其进入该行业容易，而且是关闭若干企业后就开始获利的，而且是超过正常利润。这样，新的企业就会雨后春笋般地到处涌现并分享垄断企业的利润。在一个完全程度高于不完全程度的市场，形成某种垄断的动机要少一些，而维持垄断的困难大一些。由此可见，对垄断条件下的产量与完全竞争条件下的产量作一比较，我们就可以知道，任何现实情况都是绝不可能提供充裕机会的。

四

不过，即使一切异议都悉然得以证实了，而且又有据以比较垄断产量的某种完全竞争产量，但我们也还是无法感到满意。既然各竞争企业都各自生产产量中的一部分而已，而它们又都处于适度规模水平上，那么，垄断企业就必须具有比适度规模要大得多的规模。垄断组织会让生产以一如竞争条件下的方式进行以达到同一产量，但在竞争条件下，那是不存在控制产量的组织机构的。因此，要确保卖方垄断企业的成本曲线与竞争条件下的成本曲线完全一样，该行业的管理机构就得没有成本，而且还必须具有无穷大的能力，且不容某个固定单位的工商企业家发生报酬递减的情况。而在现实世界，个别企业的规模是常常受到限制的。

乍看起来，这一假设或许脱离实际。某种行业一实施垄断化，如不存在某一机构接管价格控制事宜，且给各单位分配其产量中的一份，则其结构就有可能是维持不变的，而维持这一机构运作的成本也可能会是微不足道的。于是，每一规模的总产量，就会以同样的方式、按同样的成本，由某种完全竞争的行业生产出来。一些企业会被淘汰（由于总产量减少了），另一些企业则维持原状。每一规模的产量要是分别由很多独立的单位生产，并且能以最高效的方式生产出来，那么，这些单位就是能在完全竞争条件下完成生产任务的企业。这就导致了某种形式的难题，因为该行业相互独立的各单位已不再是符合我们定义的企业了，而负责这些单位的人又已经由企业家的身份贬为领薪工人的身份了。这虽然并非是某种实质性的缺陷，但我们的比较则必须进一步假定每一规模的产量下所发生的管理成本，就好像是这一规模产量是在竞争条件下生产出来会引致的成本那样，并且留下来投身生产该产量的企业家必须一一付以竞争条件下吸引工人所必需的那样一份收入，以使他们的薪金除了可以从垄断收入中获取额外份额外，还得等于正常利润。

五

为揭示其脱离实际，我们这里就只要提出垄断产量与竞争产量的比较的可行条件即可。但即使这些条件得到了满足，也还是有一个异议，即此类比较是以卖方垄断者以及竞争行业的平均成本对任何一种产量来说都是相同的这一假设为前提的，并且此类异议也还必须在这一假设只有在非常独特的情况下才能予以满足而存在的。

在任何一种情况下，竞争和垄断条件下的成本曲线都不可能相同。在完全竞争条件下，各企业的各种要素的供给都是完全富有弹性的，而且每一个企业家都会使用一定数量的边际产量等于其价格的某种要素。对于个别企业来说，现行的工资率、利率或是报酬率，都既代表各种要素总量的边际成本，又代表其平均成本，而不论其供给对于该行业来说是否富有完全弹性。由此可见，各种要素将组合在一起以期其边际产量与价格成比例。①

但若某种要素的供给对于该竞争行业并非完全富有弹性，那么，

---

① 这一段以及接着的几段的论述，取决于有关买方独家垄断市场结构的分析，这种分析见本书第六、七两篇的详论。

对卖方垄断者而言的供给也就并非完全富有弹性,而且平均成本会导致垄断者多使用这一要素。他会调节对它的使用量以便对他而言该要素的边际成本将高于其平均成本。该卖方垄断者将使用各种要素以期它们的边际产量与他的边际成本成比例,而且唯有它们都处于完全弹性供给之下,其各自的边际成本才会与其价格是一回事。例如,通过使用少量劳动,他或许就能降低他必须支付的工资,而且,在工资与他所雇用的劳动者的劳动量无关的情况下,即使某个竞争者也不会认为这样做会获利的情况下,他会以资本取代劳动。由此可见,稀缺生产要素的存在会阻止每一种产量下所用的各要素的比例,这一点在垄断和竞争条件下都是相同的,而商品的成本曲线却不可能一样。

一种或另一种要素一多用就变得价廉起来时,类似的考虑也适用。假如卖方垄断者知道购买某种附属行业的机器愈多,他所买的机器就会价廉一些的话,那他与个别竞争者相比资本替代劳动的动机就会强烈一些,而后者在源自各自机器采购的诱导性经济中,也就只能获得微不足道的一个份额而已。

无论什么情况,只要所用的要素比例一改变,就能降低成本,甚或对比较所持更为一般的理由都给驳倒了,卖方垄断者与竞争者的成本曲线,以及既定产量下所用的要素比例,在垄断条件和在竞争条件下都一样时才能实现的话,那卖方垄断者就会改变所用的要素比例。这个条件在各种情况下都可能得到满足。要素比例可能由技术条件严格固定,这虽然从长远说来未见得可行,然而,可能性却是存在的。① 于是,就任何既定产量来说,卖方垄断者不可能偏离竞争的要素比例。这不仅是因为达到既定产量所必需的劳动、土地和资本等项要素的比例受技术条件的支配,而且还因为每一家企业(上一节讨论意义上的企业)的产量也不能加以改变,而以期就达到

---

① 这个意思,换言之,就是说,要是所增加的数量超出必要的比例,则各生产要素的边际产量就会无限迅速下降。见希克斯的"边际产量与变分原理",《经济学》,1932 年 2 月,第 846 页,对有关固定比例的假设的论述。

该行业既定产量来说的"企业"的个数,也无需加以改变。不过,这个条件不大可能满足得了,因为一家企业的产量只有在罕见的情况下才会是由技术上要考虑的因素确定的。在任何一种通常情况下,假如随着竞争行业规模的扩大,其他要素的成本相对于工商企业家的成本就会提高了,而企业的适度产量会变得越来越小。也就是说,工商企业家相对于其他各种要素的比例变得越来越大了。然而,要是工商企业家的成本相对增加了,则企业的适度规模也会变得大一些了与此相仿,假如对专卖者而言,企业家的供给价格的提高随着其他要素使用量的加大要快一些的话,那么,卖方垄断者就会在工商企业家与其他要素之间,对前者的使用比例与竞争条件下每一种产量所适应的要素量相比要小一些,那他就会以大一些的企业形式去组织他的企业。而其他要素供给价格涨速高于工商企业家的产品价格时,则是反其道而行之。

技术条件许可变更时,垄断条件下和竞争条件下的要素比例维持相同的规模依然可能实现。正如我们已经注意到的,假如该行业各种要素的供给都是完全富有弹性的,则要素比例是不会改变的;而且,即使各种要素的供给弹性碰巧相同,要素比例也还会是一样的。① 上述情形无论就哪一种来说,卖方垄断者都会有改变那些要素比例的各种动机,这些比例不仅垄断和竞争之间是一样的,而且对于每一产量来说,也都是一样的。于是,某行业各生产要素的边际成本,不是都等于它们的平均成本,就是与其平均成本保持同一比例。因此,垄断条件下的要素比例(经由其边际成本调节),必须与竞争条件下的要素比例(受其平均成本调节)相同。最后,如若卖方垄断者是对稀缺要素不付报酬的,那么,假如不存在行业规模经济,比例也还会是一样的。因为卖方垄断者的各种生产要素的边际成本于是就会与竞争行业的相应的平均成本相同了。

在另外的任何情况下,垄断条件下的每一种产量所要求的要素比例和竞争条件下每一种产量所要求的要素比例,都会是不同的,

---

① 于此论点的证明,见本书第 221~222 页。

而且卖方垄断者的平均成本曲线，会位于竞争行业的供给曲线之下。因此，我们作了的比较，是低估了垄断产量的。①

我们比较上存在的不精确性，是随卖方垄断条件下与竞争条件下的平均成本差别愈大就愈大的。因此，要素比例变更的技术上的可能性愈大，就愈不精确，各种要素供给弹性的区别愈大，也就是说，竞争成本实现节约的余地愈大，就愈不精确。

这种种复杂情况，以及对垄断与竞争产量的比较的那种更为一般的理由，主要仅应用于长期情况；就短期说，生产方法不可能大变，我们可以假定卖方垄断者的短期边际成本曲线，将与完全竞争条件下的供给曲线重合。于是，这种比较就可利用第 11 章中提出的那种方法准确进行了。②

六

卖方垄断条件下的成本低于竞争条件下的成本这一发现，使垄断产量可以高于竞争产量的这种情况大为增加了。竞争的供给曲线在下降时，垄断的边际成本曲线就会既位于竞争行业的供给曲线之下，又位于竞争行业的边际成本曲线之下，而且显而易见的还有，假如商品的需求充分富有弹性，则垄断产量就会高于竞争产量。供给曲线上升时，如果存在充分大的行业规模经济，则卖方垄断者的

---

① 为求精确比较起见，我们必须回顾成本曲线，并且研究各种要素的供给曲线。例如，一旦所有要素的供给曲线均为具有不等弹性的直线且无节约可说时，商品的供给曲线就会是凸的；而若需求曲线是直线，则垄断产量，一如未经修正的比较所示，就会似是只及竞争产量的一半还不到。不过，我们刚才已指出，未经修正的比较很可能低估了垄断产量，在这些条件下，精确的比较会是证实垄断产量正好等于竞争产量的一半。类似地，假如商品供给曲线为一条直线的话，那么，未经修正的比较也会证实垄断产量等于竞争产量的一半（如果需求曲线是直线的话）。但在此例中，总的说来，要素供给曲线必须是凹的，而且垄断产量大于竞争产量的一半（参看本书第 252 页注②）。

② 见本书第 136 页的注。

边际成本曲线也就只能位于供给曲线之下。① 情况如此,只要需求弹性是充分大的,则垄断产量就会高于竞争产量。

第 13 章中得出的结论也得按照这一结果加以修改。在供给价格下降的条件下,就有可能驱使卖方垄断者强行实施一种最高价,据此价格,需求价格等于该卖方垄断者的平均成本,从而得以实现一种比竞争产量还要高的产量。在供给价格递升的条件下,只要卖方垄断者的边际成本曲线位于竞争的供给曲线之下,而根本无需求助于补贴和税收一类手段,就擅自实行某种最高价,产量就会比竞争条件下的产量还要高,并且,卖方垄断者还会获得超额利润。总的说来,通过某种强制的价格所形成的产量,会大于本书最后一章分析证实的产量,这种分析,只是就无论是买方垄断条件下还是竞争条件下,其要素比例都相同的时候才是贴切的。

---

① 见本书第 252 页。

第五篇
价格歧视

第15章　价格歧视

一

卖方垄断者认为，按不同的价格向不同的买主推销某种产品，不仅可能而且还能获得利润，说来也巧，这还是常有的事。不过，这是有条件的，那就是，销往廉价市场的物品不得转售于高价市场，而高价市场的顾客则不得摇身一变进入廉价市场获低价之利。不过，这样一种方式，在彼此隔离的几个市场销售才能产生。按照不同的价格，向不同的买主销售独家控制下生产的同一产品，这种行为叫做*价格歧视*。

在完全竞争的条件下，即使市场可以轻而易举地分割为几个部分，但价格歧视也是存在不了的。在这种市场的每一个组成部分，需求会是完全富有弹性的，而且每一位卖主都宁肯就在他能获取最高价格的那个市场尽数销售他的产品。当然，如此一来，价格就会降至竞争水平，整个市场也就只有一种价格而已。不过，只要市场是富有弹性的，只要卖主们联合起来，一步一步地，他们就能利用市场的一个部分与另一个部分之间的壁垒，对同一商品收取不同的价格。*

---

* 本书余下的论述除几个观点外，概不取决于本章和下一章。本章第二节后一部分的分析和第三节论述的特例，尽管并无实质性难题，但颇有些复杂。进行简单与歧视垄断比较的第五、七两节的论述是极难理解的。这里，谨告诉读者研究本章正式分析前先回想一下有关第二章中的内容。——译者注

但如存在一定程度的市场不完全，那就可能发生某种程度的歧视。市场之所以不完全，就因为顾客不会轻易地改换卖主，因此，假如有卖主要把他的市场分为几个部分，并且还有可能做到这一点，那么，价格歧视也就切实可行了。不过，既然在一般竞争条件下对各卖主而言的需求曲线可能是非常富有弹性的，那么，价格歧视通常就不至于导致任何一个卖主对各不相同的买主的要价呈现出多大差别。

一个卖主不是受制于势均力敌的竞争，而是互相竞争的卖主之间并没有达成一致，在这种情况下，价格歧视发生的可能性就大一些。这种情况通常最易发生于直接的个人服务的推销上。在这个领域，绝无发生市场转移的可能性。例如，外科医生通常就按照病人的富裕程度给手术费分类定级。这种做法，凭借医生之中的某种传统得以维持了；而若在对富裕患者收费上，医生们自己执意竞相出低价的话，那么，该传统就会无以延续了。或者，卖方垄断者销售的那些市场是彼此在地理上隔绝或因有关税壁垒而有所分割的，货物从一个廉价市场转运到一个高价市场出售就会产生相当大的运输费用。在诸如此类情况下，歧视就可能出现了。此类歧视还导致企业在一个出口市场按低价、在国内市场按高价销售，这种情况通称为"倾销"。或者，几个买主群体要求对几个方面明显有别的产品提供相同的售后服务，此时，歧视也可能发生。例如，铁路可以对棉织品和煤定不同的运费率，且毫不担心成包的棉花被煤灰弄脏，货主不过是为了享有低一些的运费率而已。

但凡货物按特别订货单出售，而买主又无法了解就类似商品对其他买主来说是收取何种价格的，则就有可能发生十分随意的歧视。

即使在顾客群体间并不存在自然壁垒，那也还会有各种借以把市场分割为若干部分的手段，从而使价格歧视畅行无阻。各种品牌实际上差不多都是一样的某种商品，都可以冠以各种名称和贴上不同的标签，按照各种不同的质量销售一空。这些名称和标签于是便起到了诱使富裕的和自以为懂行的卖主自行与贫穷一些的卖主区别开来的作用；而且就这样，市场经过一分再分，卖方垄断者就可以按照各种价格销售实则相同的一类物品。使同一物品以各种不同的外表出现的这种技巧,还会有助于使卖方垄断者免受对顾客不一视同仁的指责,这种不公正有时就价格歧视而言是会招致困难的。

二

有的情况下,一个市场的需求会是取决于另一个市场的要价的。埃奇沃斯作过分析的铁路火车车厢一等和三等车票票价的那种情况,① 就属于这种性质。在下面的论述中,我们将仅考虑各市场的需求曲线与其他市场的要价无关的那些情况。

于是,一种有关价格歧视的分析,遂可依据已就一种商品只能有一种要价的单纯垄断的分析逐步作出。假如卖方垄断者在几个市场同时销售一种产品是可能的,并且,如果各市场的需求弹性也不相同,则各市场不同的要价对他显然是有利的。这是因为,假如在各市场要价相同,则人们就会发现,按照那个价格,各市场销售总额的一个增量所得的边际收入,就会是有的市场大而有的市场小。因此,某人只要在需求弹性小一些的市场实现小一些的销售量,而在需求弹性大一些的市场实现大一些的销售量,其所获得的利润就能增加。因此,他就会采取在任何一个市场销售量增加一个单位所获得的边际收入都相等的方式,调整他的销售量。于是,他的利润就会在各市场的边际收入等于总产量的边际成本时达到最大。② 价格据以决定的方法可用下列方法予以说明。

如图 60,假定有两个市场:市场 I 和市场 II。在这两个市场,需求量的增加不同。按同一削减方法,画两个市场的各有对应边际收入曲线的需求曲线(D_1 和 D_2),并使这两条曲线横向相加,借以获取一条总需求曲线,赖以说明在两个市场价格如果相同则按照每一种价格都会实现的总销售量和一条总边际收入曲线,由以说明在

---

① 《政治经济学论文集》,第一卷,第 174 页。
② 庇古教授并没有使用这种方法,但他显然知道这一基本事实,尽管他是以某种颇有些费解的数学方法表明这一事实的(《福利经济学》,第 302 页,注①)。

边际收入在两个市场都相同的情况下对应于各边际收入的销售额。该曲线当表明实施价格歧视的卖方垄断者所获得的边际收入。

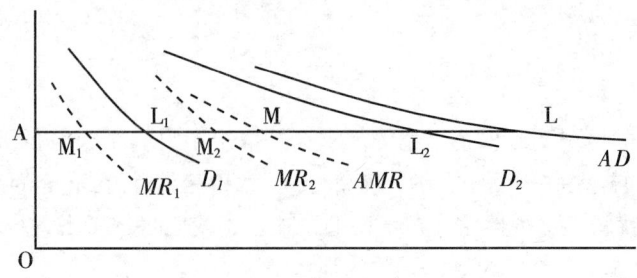

图 60

该制图法可展开如下：

画平行于 x 轴的任何一条线 AL，与 D_1 相交于 L_1，与 D_2 相交于 L_2，与总需求曲线（AD）相交于 L。

令它与 MR_1 相交于 M_1，与 MR_2 相交于 M_2，与总边际收入曲线（AMR）相交于 M。

于是，$AL = AL_1 + AL_2$，$AM = AM_1 + AM_2$。

价格歧视条件下的垄断产量，由卖方垄断者的边际成本曲线与总边际收入曲线的交点决定。该总产量由两个市场的销售量构成，在每一个市场，边际收入都等于总产量的边际成本。各市场的价格都等于各市场销售总量的需求价格。①

OM 代表总产量，且等于 $OM_1 + OM_2$。

MC 是产量 OM 的边际成本。

OM_1 为按价格 M_1P_1 在市场 I 实现的销售量，OM_2 为按价格 M_1P_2 在市场 II 实现的销售量。阴影面积表明垄断收入，该收入等于位于总边际收入曲线下的面积（总收入）减去位于边际成本曲线上的面积（总成本）。

---

① 英特马教授使用了这一制图法（见"倾销对垄断价格的影响"，《政治经济学杂志》，1928 年 12 月），但他仅限于借助该方法证明了一个论点，而这个论点原本无需求助于任何复杂的制图就能予以证明的。见本书第 186 页注①。

如图61，边际成本在提高，但不论边际成本是恒定、提高还是下降，销售量都将由总边际收入曲线与边际成本曲线的交点决定，各市场的销售量都等于总销售量的边际收入等于边际成本时的那个数量。①

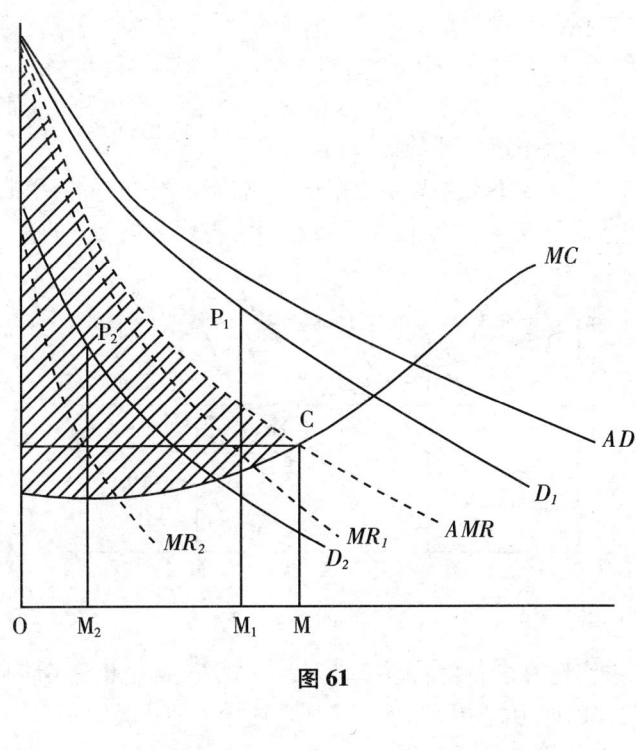

图 61

三

价格歧视的一个特例可在下列情况中发现，这就是，一个生产者在两个市场销售产品，其中一个市场是完全竞争的，因此对其产品的需求完全富有弹性，而在另一个市场，销售者居于垄断地位。

---

① 各边际收入曲线与边际成本曲线的这几个交点都不重要，因为这几个点（除成本碰巧为恒定时）并不表明全部产量的边际成本。这里所指的产量实际上是正在生产的那个产量。

假如一个市场是处于某销售者的祖国，而另一个则为他的产品与当地竞争者产品处于竞争之中的另一个国家，那么，这种情况就可能出现了。

设市场 I 为受保护的国内市场，市场 II 为竞争的外国市场。在市场 II，边际收入等于竞争价格。因此，该卖方垄断者就会调节他的销售量，以期实现市场 I 的边际收入等于市场 II 的价格。这是因为只有达到那一点，两个市场的边际收入才会相等，并且总销售量的边际成本才会与市场 II 的价格相等。

如图 62，总销售量 OM 系由市场 II 富有完全弹性的需求曲线 D_2 与边际成本曲线 MC——该曲线是要达到均衡就必须上升的——的交点决定的。

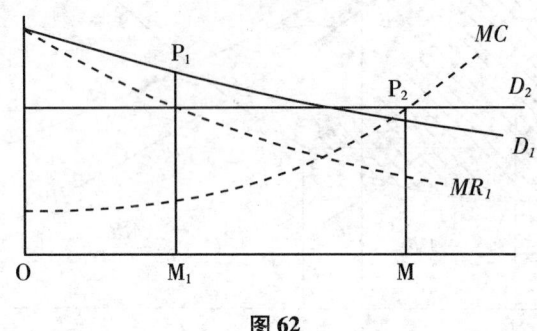

图 62

MP_2 是市场 II 的价格和边际收入，而市场 I 的销售量 OM_1 则是处于那里的 MR_1 所示的边际收入等于 MP_2 这样一种状况。

市场 II 的销售量等于 OM_1 与 OM 之差 M_1M。

假如市场 II 的竞争价格降低，总销售量就会降低，因为 M 就会移向左，因而边际成本就会降低。市场 I 的销售量会提高，因为 M_1 会移向右。市场 II 的销售量（M_1M）会降低。如若市场 II 的价格降至低于市场 I 的边际收入曲线 MR_1 与边际成本曲线的交点的水平，那么，在那无保护的市场，销售量就等于零。

四

正如我们注意到的，价格歧视是否存在，取决于存在销售可能性的各市场需求弹性之差。如若各个市场的需求曲线等弹性，① 且无论按照何种价格都是相同的，那么，在其中任何一个市场的要价都会相同。因为各市场边际收入都一样时，价格都相同，结果也就会是仿佛市场都是一样的。例如，各买主的需求曲线都完全相同的这种情况就会发生。一个市场的买主可能比另一个市场的多，因此，一种需求曲线很大程度上可能就是另一种需求曲线的扩大部分。如果各买主的需求曲线形状不一，也会产生同样的结果。不过，各市场则是由等比例的各类个人需求构成的。如果一个市场唯一可行的细分会是每一个人的需求曲线都是等弹性的，那么，价格歧视也就不会有利可说。一个村的理发师或许会因为给留红发的顾客理发而要差别价，但若村里留红发的人都一样富有，而且都与其他村民一样愿意理发，那么，这位理发师对这些人与其他人一样要价就会是有利可图的了。

　　卖方垄断者的获利能力当取决于细分市场所取的方式。在很多情况下，把一个市场细分为多个小一些的市场会是因情况而任意而为的。例如，地理关卡或关税壁垒就可以把市场细分为多个子市场。但是，情况往往会是即使卖方垄断者也就只能确定少数几种不同的价格，而他也会在某种程度上对买主收取各种不同的产品价格。在铁路公司的价目表中，按各种费率定价的各类货物都是由公司随心所欲分类的。此外，卖方垄断者采用引入各种"品牌"的同一货物这种方式对其市场进行细分时，他会尝试着对顾客作彼此有别的细分，以期能对该货物等级高一些的"品牌"定高一些的价格。采用这种方式细分市场，一定程度上是在卖方垄断者的控制之下进行的。

　　因此，卖方垄断者要是能以对他最有利的方式为所欲为，那就有必要探究一下，他究竟会怎样细分他的市场。我们假设，卖方垄断者有某种绝招能使他随心所欲地把买主区分开来；再让我们假定，他一开始就是给整个市场定一种独一无二的垄断价，然后以接续的几个阶段对市场进行细分。该市场的总需求由个别买主的需求构成，

---

① 见本书第 30 页。

而假如他按照这一独一无二的垄断价销售产品,那么,人们的需求弹性就都会是一样的。因此,实施价格歧视会是一无所获的,于是,他不会细分他的市场。但若需求弹性有别,那他就会首先把所有买主分为两个阶层,一个阶层的最大需求弹性比起另一个阶层的最小需求弹性还要小。针对第一个阶层,他会提价;针对第二个阶层,他则是降价。而假如按照此类新的价格,各阶层内所有的买主的需求弹性都一样的话,那么,对市场再加细分就无利可图了。但若他们的需求弹性并不是一样的,那么,每一个子市场就还会如前按照同一原则再细分为两个子市场,且其组成部分还要加以进一步细分,如此等等,直至达到这么一个程度,即每一个子市场都仅由一个买主或是需求弹性相同的一批买主构成。只要对需求弹性各不相同的任何两个买主都实施同一价格,而该卖方垄断者对其中的每一个子市场都按不同的价格销售他的产品,那就会使他的利润有增无减,假如这样做是行得通的话。①

当然,在多数情况下,随心所欲细分市场,对卖方垄断者来说是做不到的,买主之间的可能的障碍或许会存在某种任意的因素,这一因素会使他无法实现最为获利的市场细分。② 不过,无论市场如

---

① 对这个问题的这一论述,与庇古教授所作的论述颇有些不同(《福利经济学》,第279~282页)。他把卖方垄断者设想为是在各种不同的市场之间对个别单位的商品进行细分,而不是对单个买主进行细分,且他也没有说明该怎么细分。

② 即使该卖方垄断者在对买主要价上做得到一人一价,但他未必实现得了庇古教授所谓的"最高级歧视"。因为最高级歧视(可称为*完全歧视*)是只有在每一个单位的产品都按某种不同的价格销售时才能做得到的(同上,见第279页)。而且,即使每一位买主都按索价购买了,但若购买数量不等的话,则这个条件也就还是满足不了的。完全歧视价格是只有在每一个消费者都仅购买一个单位的产品,而且还只得支付代表该单位产品最高报价的一种价格,在这种情况下才能发生(中世纪就可能据此原则对战俘以索赎,而且现代美国被绑架者的遭遇也可能如出一辙)。或许卖方垄断者是知道每一位买主,都会为获得卖方垄断者的边际成本等于买主的边际效用的那样一个数量的产品而支付一种平均价格的,而且就按这个价格、这个数量,给每一位买主作全有或绝无的报价;只要

何细分,一旦业已细分而成,各子市场就会照其弹性上升次序予以安排,最高价是在弹性最小的那个市场获取,最低价则在最富有弹性的那个市场获得。①

为了揭示垄断企业的获利能力起见,只要了解各种销售量所获得的平均收入就行,而且方便。卖方垄断者只能定一种价格时,问题就简单了,商品的需求曲线就能给我们提供卖方垄断者的平均收入曲线;而当制定各种不同的价格时,每一种不同产品的产量的平均收入就都等于按照各种价格实现的销售量的加权价格。我们已经注意到,在存在价格歧视的条件下,如何通过加总按边际收入的每一个数值获得各子市场的相同的边际收入,进而获得边际收入曲线。由此总边际收入曲线,也有可能发现对应于各销量的平均收入。按每一种销量所获得的总收入,由位于边际收入曲线之下的那一面积

买主不得不支付的商品总额,不超过他对该数额商品的总效用的估计,他就会宁买,而不会空手而归。因此,对每个买主的单位要价,就代表每个买主所购数量的平均效用(平均效用和边际效用的含义,见本书第193页)。

庇古教授的"二级"歧视在下列条件下才能实现,那就是,一个卖方垄断者能定 n 种不同的价格,采取这样一种方式,需求价格高于 x 的所有单位都能按价格 x 出售,需求价格低于 x、高于 y 的各个单位,都能按价格 y 出售,如此等等(见《福利经济学》,第279页)。但这只有每一位买主对于低于某种最高价格的商品都有完全无弹性需求时才能做得到,高于某种最高价,他们就根本不会购买了。

① 庇古教授指出:"实际上不会像人们有时以为的那样,各个不同市场的相对要价都会……仅仅取决于这些市场的(就某种未具体列举的产品数量)需求比较弹性。"(同上,第279页)但情况的确就是价格取决于各个市场本身按那些要价形成的需求弹性。这由价格 $= \dfrac{\text{边际收入}}{1 - 1/\epsilon}$ 这个公式得出,式中的 ϵ 是需求弹性,因为各市场的边际收入都相同。庇古教授在上节的一个脚注中,通过考虑"需求最迫切的那个单位的需求价格",求出每一市场的直线需求曲线的那种价格。他忽略了下列事实;这一最高需求价格可以根据任何一种既定价格形成的需求弹性数值(为一条直线)推导出来。

表示。① 因此，我们只需以销量除以此面积，即可得出总收入。②

五

我们的下一个任务是必须讨论一种商品只能有一种价格时的垄断销售量（单纯垄断销售量）与价格歧视下的销售量（歧视垄断销售量）③ 之间的比较。我们来考虑某种商品总需求由两个市场的需求构成的情况。在价格歧视下，垄断销售者就可能按照两种价格销售某一商品。假设一个卖方垄断者按某种单一价销售某商品，而他又发现，两个市场之间要是其余一切都相同的话，那么，实施价格

---

① 参看图61，见本书第165页。
② 这涉及下列困难，即为了从边际收入中求出平均收入，那就必须知道边际曲线直至 y 轴的全过程。但归因于产量增加的垄断纯收入的变化，将由位于边际成本曲线与边际收入曲线之间的那个面积的变化表明。
③ 一旦歧视是完全的，那么，这种比较也就简单。在完全歧视之下，各单位的产量就都按一种单个的价格出售，这样，每增售一个单位也就都使收入增加一个等于售价的数额。因此，商品需求曲线就成了卖方垄断者的边际收入曲线。由此可见，完全歧视下的销售量就会是这样一种销售量，即达到这一销售量时，边际成本曲线必与需求曲线相交，而单纯垄断销售量则是边际成本曲线与单纯边际收入曲线相交时达到的销售量，单纯边际收入曲线与需求曲线互为边际曲线。因此，单纯垄断销售量与完全歧视垄断销售量，可简单地从边际曲线与平均曲线的关系中引申出来。例如，边际成本恒定时，视需求曲线是凹的还是凸的，完全歧视销售量就会或多或少地两倍于单纯垄断销售量。此外，完全竞争销售量与完全歧视垄断销售量两者的比较在如下情况下很容易作出，那就是，平均成本曲线无论在垄断条件下还是在竞争条件下，都一样可合乎逻辑地予以假定。完全歧视销售量是高于还是低于完全竞争销售量，只要看看平均成本是降是升即可知道。平均成本恒定，完全歧视销售量等于竞争销售量；或是实施歧视的卖方垄断者不付要素报酬，而且不存在行业规模经济时，两者也相等，因为这样一来，卖方垄断者的边际成本就会等于竞争下的平均成本。完全歧视条件下的卖方垄断者的边际收入可直接根据需求曲线推知，而且会与消费者的平均效用曲线重合。

歧视就是可能的。① 于是，他必须确定采用何种方式来改变两个市场的价格才会有利可图。如果单纯垄断销售的量小，那么，实施价格歧视或许就毫无影响可言。因为情况或许是一旦某商品的售价高于某个价格，那么，也就只有一个市场会有买主；而如果单纯垄断价格很高，那么，某商品的售价也就只有强势市场的成员才会购买。歧视的影响力就在于弱势市场边际收入太小，而使实施歧视的卖方垄断者在那里销售任何数量的产品都值得一为。在这样一种情况下，弱势市场，无论在歧视条件下还是单纯垄断条件下，都得不到服务，乃至唯一的买主，也就是强势市场的成员而已。因此，即使歧视可行，那也只会有一种价格，而且歧视的影响力也无法改变这种局面。

在只有强势市场获得服务的区内，不论歧视是否行得通，价格和销售量都会一样。但强势市场的边际收入一等于弱势市场可据以实现任何规模购买量的最高价，实施歧视的卖方垄断者在那里销售某种产品就开始获利了，虽然单纯垄断价按这样一种水平固定仍是最能获利的，即按照这一价格水平，也就只有强势市场的成员才买得起。歧视的影响是使销售量增加。②

把单纯垄断价格固定在弱势市场的成员上也可据以购物这样一种水平，以致两种市场无论是在单纯垄断条件下还是歧视条件之下，都得到服务了，那会是一种获利的价格。因此，假如按照单纯垄断价格销售产品，则需求弹性在这两个市场就都会不同。在需求弹性小一些的那个市场销售，一个单位产品所获得的边际收入就会小于在弹性大一些的那个市场销售一个单位可获得的边际收入；并且一旦歧视行之有效，那么，就弹性小一些的那个市场来说，减少销售量、提高销售价格，弹性大一些的市场增加销售量、降低价格，直

---

① "歧视"的这一引入很可能稍稍改变了成本——此时或许有额外簿记费或是引人注目的牌号即商品的"优质"品牌——但为简明起见，问题中的这个因素可忽略不计，由它引入的这一分析的复杂化没有造成根本难题。

② 这一增加是小于、等于或大于弱势市场的商品销售量，要看边际成本是提高、恒定或是下降（见本书第 176~177 页）。

至边际收入在两个市场相同,就会是合算的。一个市场增加销售量,另一个市场减少销售量,同时引入歧视,销售总量是增加、减少抑或保持不变,还有待观察。

只要两个市场中弹性大一些的那一条需求曲线,比弹性小一些的那一条需求曲线凹性大一些或小一些,那么,歧视条件下的销售总量与单纯垄断条件下的相比,是大一些还是小一些,这一事实就可给予证实;而且,如果各条需求曲线都是直线,或者实际上各条曲线的凹性都是相同的,那么,销售总量也都会是相同的,这可以证明①如下:

如图63,设 MP 为单纯垄断价,OM 为单纯垄断销售量,该销售量由在两个市场中所获的销售量 OM_1 和 OM_2 构成。

设 AP 是总需求曲线 AD 切于 P 点的切线,画垂直于 y 轴且与 y 轴相交于 F 点的直线 PF,并使其分别与两条需求曲线 D_1 和 D_2 相交于 P_1 点和 F_2 点。

设需求曲线 D_1 和 D_2 的切于 P_1 和 P_2 点的切线与 y 轴分别相交于 A_1 和 A_2 点。设 AC、A_1C_1 和 A_2C_2 分别与各需求曲线相交于 P、P_1 和 P_2 点的对应切线上,② 它们还分别通过 P、P_1 和 P_2 点以及 C、C_1 和 C_2 点,与 x 轴的各条垂线相交。

此时,综合需求曲线 AD 通过加总各需求曲线 D_1 和 D_2 获得,且按同一方式,切线 AP 相当于切线 A_1P_1 与 A_2P_2 相加之(侧)和(the lateral sum)。③ 可见,AC(在 P 的综合需求曲线的对应线)等于 A_1C_1 和 A_2C_2 这两条对应线之和。因为在任何一条纵坐标轴上,任一条对应线的横坐标距离都等于该切线的横坐标距离的一半。

---

① 对与这一证明有联系的某种数学分析,谨向剑桥大学圣约翰学院的纽曼先生深表感谢。这个问题最终让位于几何处理了,但纽曼先生的分析对从根本上排除困难有极大帮助。
② 对应线的定义,见本书第 19~20 页。
③ 只要考虑一下任何两种价格之间的那种综合曲线的弦即可容易明白。综合需求曲线的弦等于两种相同价格之间两条需求曲线的弦之和。按任何价格所画的切线,都是这两种价格趋向于一点会合时的弦的极限位置。

第 15 章 价格歧视

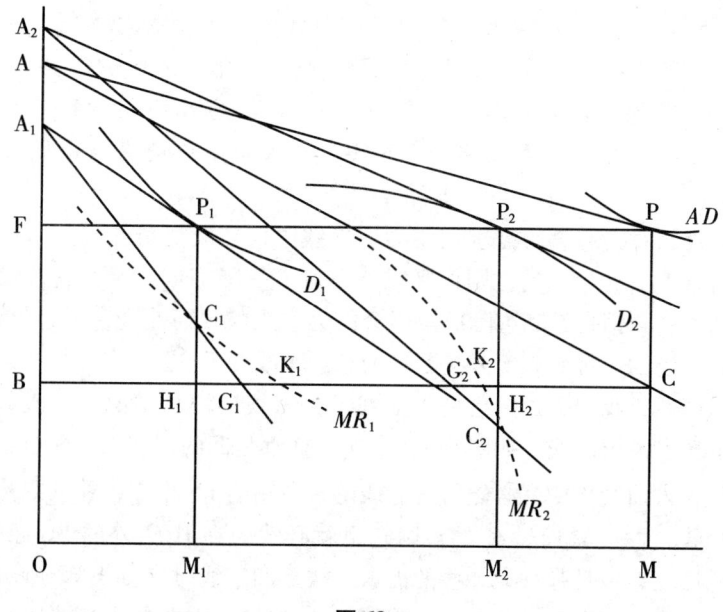

图 63

〔由此可见，就纵坐标距离 OF 来说，A_1C_1 把 FP_1 二等分，A_2C_2 把 FP_2 二等分，而 AC 则把 FP 二等分。但是，FP 等于 FP_1 与 FP_2 相加所得的和。与此相似，就另外任何一条纵坐标距离来说，情况也相似。因此，AC 等于 $A_1C_1 + A_2C_2$ 之（侧）和。〕

现在，画 y 轴的垂线 BC 与 P_1M_1 和 P_2M_2 分别相交于 H_1 和 H_2 点，且与 A_1C_1 和 A_2C_2 分别相交于 G_1 和 G_2 点。

现在可以证明 $H_1G_1 = H_2G_2$。

因为 $BH_1 = FP_1$，$BH_2 = FP_2$，以及 $BC = FP$。

所以 $BH_1 + BH_2 = FP_1 = FP_2$，因为 AD 等于 $D_1 + D_2$ 的（侧）和。

所以 $BH_1 + BH_2 = BC$。

但是，$BG_1 + BG_2 = BC$，因为 AC 等于 $A_1C_1 + A_2C_2$ 的（侧）和。

所以 $H_1G_1 - G_2H_2 = 0$。

由此可见，一旦需求曲线是直线，并且与其各切线都重合，则歧视性垄断销售量就等于单纯垄断销售量。因为，如果卖方垄断者认为能差别对待，并使各市场的曲线 MR_1 和 MR_2（此例中，它们与

A_1G_1 和 A_2G_2 重合）所示的边际收入与总销售量的边际成本（等于单纯卖方垄断者的边际收入 MC）相等，则他就会使一个市场的销售量从 OM_1 或 BH_1 提高至 BG_1，而会使另一个市场的 H_1G_1 与 G_2H_2 保持等量，使销售量从 OM_2 或 BH_2 降至 BG_2，从而使总销售量得以维持不变。

既然总销售量的需求曲线为一直线时，在歧视条件下是与单纯垄断条件下的相同的，则边际成本是升、是降抑或恒定，就都没有差别了；总销售量和边际成本不会因为引入歧视而改变，尽管价格、个别市场的销售量和卖方垄断者的利润是改变了。①

现在，我们必须考虑需求曲线不是直线的那种情况了。假如某个市场各需求曲线—如图 63 中的 D_1 那样都是凹的，那么，该市场的边际收入曲线 MR_1 就必然与对应线的②左侧的 FP 相交，并且既然该边际收入曲线是通过 C_1 的，则它也就必然与在 H_1G_1 外的 BC 相交。由此可见，一旦弹性大一些的需求曲线是凹曲线时（如图 63 所示），则该市场歧视所致的销售量的增长，就与该需求曲线为直线时相比大一些；当弹性小一些的需求曲线为凹曲线时，销售量的降幅就会比需求曲线为直线时的降幅要大一些。如若需求曲线是如图 63 中所示的 D_2 那样的凸曲线，那么，边际收入曲线就必然与 BC 在 G_2 和 H_2 点之间相交，③而且与外界隔绝的这种市场的销售量的增加或是减少，都会与边际收入曲线为一直线时相比要少一些。

由此可见，假如弹性大一些的那条需求曲线是凹曲线，而弹性小一些的那条需求曲线是一条直线或是凸曲线，则销售量在增加的那个市场的销售量的增幅，将会大于另一个市场销售量之减幅（正如上述所示），并且歧视条件下的总销售量会大于单纯垄断条件下的总销售量。而假如弹性小一些的需求曲线是凹曲线，则一条直线或凸曲线弹性愈大，歧视条件下的总销售量与单纯卖方垄断条件下的

---

① 歧视条件下的销售量与直线型的需求曲线的单一价格下的销售量相同（假定各市场都按这种单一价格出售一定产品的产量）这一事实，是庇古教授证实的。

②③ 见本书第 27 页。

总销售量相比就愈小。而若那两条曲线都是凹曲线或凸曲线的话，那么，显而易见，在某种意义上，结果也就必然取决于弹性大一些的那条需求曲线了，比之于弹性小一些的那条需求曲线，要么是凹一些，要么是并非"凹一些"。该曲线使之在这个意义上与弹性小一些的那条需求曲线相比"凹一些"的相关性质，就等于（按单纯垄断价格计）斜率变化率乘以（按单纯垄断价格计的）弹性，再乘以某单个市场上的某单纯卖方垄断者的销售量的平方。① 这一性质可

---

① 阐明"调整凹性"——它决定歧视是增加还是减少产量——的确切性质的数学运算很麻烦，除非作出下列假设，即距离 H_1C_1、H_2C_2 等等都小，或者说，两种需求的弹性差别都不大。在这里的情况下，各边际收入曲线的弧 C_1K_1 和 C_2K_2，都可视为直线，此时，$H_1G_1 = H_2G_2$。

由此可见，$H_1K_1 \gtrless K_2H_2$ 取决于 $\dfrac{H_1K_1}{H_1G_1} \gtrless \dfrac{K_2H_2}{G_2H_2}$；

亦即取决于 $\dfrac{\text{边际曲线在}C_1\text{的斜率}}{\text{对应线在}C_1\text{的斜率}} \gtrless \dfrac{\text{边际收入曲线在}C_2\text{的斜率}}{\text{对应线在}C_2\text{的斜率}}$。

此时，假如 $y = f(x)$ 是一条需求曲线的方程式，那么，对应线的斜率就等于 $2f'(x)$（参见本书第 17～18 页），边际收入曲线的方程式是 $y = (x) + xf(x)$，边际收入曲线的斜率就等于 $2f'(x) + xf''(x)$，需求弹性等于 $\dfrac{-f(x)}{xf'(x)}$。设 $y = f_1(x)$ 为弹性大一些的需求曲线的方程式，$y = f_2(x)$ 为弹性小一些的需求曲线的方程式，而 x_1 和 x_2 各为简单垄断价格条件下的销售量，ϵ_1 和 ϵ_2 各为简单垄断价格条件下的需求弹性。由此可见，销售量因歧视或增或减，取决于 $\dfrac{2f'^1(x_1) + x_1 f''(x_1)}{2f_1(x_1)} \gtrless \dfrac{2f'^2(x_2) + x_2 f''^2(x_2)}{2f'^2(x_2)}$；亦即取决于 $\epsilon_1 x_{12} f'''^1(x_1) \gtrless \epsilon_2 x_{22} f'''^2(x_2)$，因为 $f_1(x_1) = f_2(x_2)$。

就凹需求曲线 $f''(x)$ 来说是正的，而就凸需求曲线来说它则是负的，ϵ 总是正的。要记住，下标 1 意指弹性大一些的市场（降价的市场），下标 2 意指弹性小一些的市场（涨价的市场）。于是，立即就有这样一个论点（正文中十分笼统地证明过）：假如有一条需求曲线是凹曲线或是直线，另一条是直线或凸曲线的话，歧视所致的销售量是增、是减，取决于前一条需求曲线是弹性大一些还是弹性小一些。如若两条需求曲线都是凹曲线的话，销售量是增、是减，则取决于 $\epsilon x^2 f''(x)$ 是

以称为那条需求曲线的"调整凹性"。

假如这两条需求曲线的"调整凹性"都一样的话,那么,总销售量就不会因为歧视而改变,直线型需求曲线是凹性相同的两条需求曲线的一种特例。①

初一看,上述论述好像只有按下列假设才是合理的,那就是,边际成本,无论在卖方单纯垄断条件下还是在歧视垄断条件下,都是一样的。销售量因为引入价格歧视而改变时,边际成本可能也改变。诚然,因为歧视销售量会增加,不过,要是边际成本在下降,则这一增幅会少得多;而且要是因为有歧视销售量会减少,则若边际成本在下降(因此,小一些销售量的成本大于大一些销售量的成本),这一减幅也会少一些。但是,边际成本的这一改变不足以阻止销售量的改变。因为假如如此,边际成本的改变就不会发生。此外,

---

弹性大一些的需求曲线大一些呢,还是弹性小一些的需求曲线大一些。而若两条需求曲线都是凸曲线,则取决于 $\epsilon x^2 f''(x)$ 的数值是弹性小一些的需求曲线大一些,还是弹性大一些的需求曲线大一些。

进入"调整凹性"表达式的项 x^2 (各市场单纯垄断者的销售量的平方),可用于推断某些一般的结论。如果那两条需求曲线都是凹的,而且弹性大一些的那个市场比弹性小一些的那个市场大得多〔亦即 $f'''^1(x_1)$ 和 $f'''^2(x_2)$ 都是正的,而且 x_1 比 x_2 大得多〕,则销售量就会因为歧视而增加。而若弹性小一些的那个市场比弹性大一些的那个市场大得多,那么销售量就下降。如果两条曲线都是凸曲线的话,则相反的论点就正确了。

假如去掉 H_1C_1 和 H_2C_2 距离都小这个简明的假设,那么,这一相同的一般性质就得加以复杂一些的论述了。卡恩先生这一数学分析,实在让我感激不尽。

① 当然,这一结果一经概括,就能适用于两个以上的市场情况。市场可分为两类:一类是单纯垄断价格条件下需求弹性大一些(而且实施歧视的卖方垄断者降低价格)的市场;另一类是需求弹性小一些(卖方垄断者提高价格)的市场。假如各市场的需求曲线都是直线的话,那么,歧视条件下和单纯垄断条件下的销售量相同。而如果各市场的需求曲线都不是直线的话,那么结果就要看弹性大一些的一类需求曲线与弹性小一些的一类需求曲线相比,总的说来,是凹性大一些呢还是小一些。

如若边际成本在下降,那么,归因于歧视的销售量的增幅就会增加大;而若边际成本在提高,则销售量之减幅就会增加。然而,如若销售量归因于价格歧视之增幅足够大了,如若边际成本之下降足够快,那么,歧视的影响就可能使两个市场的价格无一不降。①

假如歧视的影响是使总销售量保持不变,那么,成本无论是提高降低还是恒定,也就都没有区别。

六

现在,我们必须考虑总销售量不受实施价格歧视影响的各种不同情况。这是价格歧视未发挥作用的情况。因为单一垄断价格条件下的需求弹性在两个市场上都是同等的。于是,两个市场的边际收入都相同,实施价格歧视一无所获。在这种情况下,各市场的价格和销售量都不改变,卖方垄断者则继续如前按照同一单价销售同一商品。

七

现在我们可以追踪实施歧视的卖方垄断者的总边际收入曲线,与卖方单纯垄断者的边际收入曲线(也可称为单纯边际收入曲线)之间的关系,以及实施歧视的卖方垄断者的平均收入曲线②与总需求曲线(亦即卖方单纯垄断者的平均收入曲线)之间的关系了。单纯垄断条件下与歧视垄断条件下的销售量之间的关系,将取决于边际成本曲线的位置。如若边际成本曲线与之相切于总边际收入曲线高一些的位置,则歧视条件下的销售量就高一些;如若它与之相交于它们彼此相切之处(或它们重合之处),则销售量就会相同。

边际成本高因此销售量低时,情况有可能会正是如我们业已注意到的③歧视的作用无效,而原因是单纯卖方垄断者和实施歧视的

---

① 参看本书第 186 页。
② 见本书第 169 页。
③ 见本书第 171 页。

卖方垄断者都不在弱势市场有任何销售量。因此，就小的销售量来说（如图 64 中的 OM_1 段），两条边际收入曲线必重合，因为这两条曲线都由强势市场的边际收入曲线引起；而实施歧视的卖方垄断者的平均收入曲线也必与总需求曲线重合，因为这两条曲线也都由强势市场的需求曲线引起。

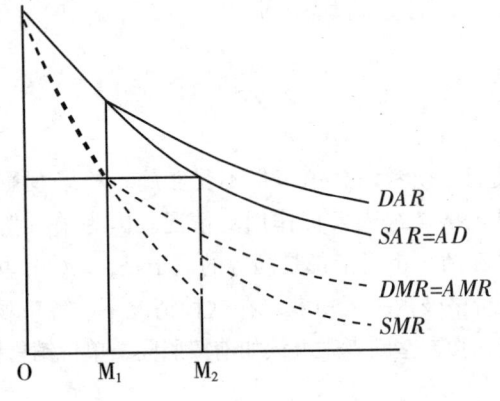

图 64

强势市场的边际收入等于弱势市场的边际收入时，在任何一个成员都会据以购买的最高价之点（该市场的需求曲线与 y 轴相切之点表明），实施歧视的卖方垄断者在弱势市场的销售开始赢利，且在此点突然改变斜率，且从单纯边际收入曲线上分岔（其间的水平距离计量歧视条件下的弱势市场销售量），使总边际收入曲线有一个弯折；① 而实施歧视的卖方垄断者的平均收入曲线将从总需求曲线上分岔。

与此同时，单纯卖方垄断者会是仅在强势市场销售，单纯边际收入曲线将继续与强势市场的边际收入曲线重合。按弱势市场需求曲线离开 y 轴的那种价格，总需求曲线有一个扭结，因为按此价格，那里突然数量增加了，因为弱势市场的成员现在开始购买。垂直于总需求曲线之上而又在该扭结之下的简单的边际收入曲线将断断续续地上升，而且低于此点（在该点上，即使简单垄断条件下的两种

---

① 见本书第 24~25 页。

市场都有销量）的简单边际收入曲线可能不是位于总边际收入曲线之上就是位于其之下（如图 64 所示），而这取决于各需求曲线的相对凹性。如图 64 说明即上述讨论的那种情况。

DAR 是实施歧视的卖方垄断者的平均收入曲线。

AD 或 SAR 是总需求曲线（该曲线是单纯实施歧视的卖方垄断者的平均收入曲线）。AMR 或 DMR 是总边际收入曲线（即为实施歧视的卖方垄断者的边际收入曲线）。

SMR 是卖方垄断者的边际收入曲线。就小于 OM_1 的销售量来说，销售量和价格不受歧视的可能性影响，因为在弱势市场上销售不可能赢利。OM_1 与 OM_2 之间，唯实施歧视的卖方垄断者在弱势市场销售①并且超过 OM_2。不过，即使单一的卖方垄断者也会在两个市场都有销量。

如若条件是单纯垄断价格的这样一种情况，其在每个市场都会有固定的销售量，并且，如果一个市场的需求曲线始终比另一个市场的需求曲线富有弹性，那么，采取歧视就总会有所获益，而且实施歧视的卖方垄断者的平均收入曲线将势必位于总需求曲线之上。另外，如果各需求曲线中弹性大一些的曲线始终凹一些的话，则歧视边际收入曲线将势必位于单纯边际收入曲线之上。

但若弹性大一些的需求曲线并非始终凹一些（相对于弹性小一些的曲线），那么，这两条曲线的凹性达到相同的程度就会到来。②在该点（如图 65 中的销售量 OM_3），歧视边际收入曲线势必与单纯边际收入曲线相交；而过了这一交点，该曲线势必位于单纯边际收入曲线之下，只是两条需求曲线中弹性大一些的那一条凹性小一些。

---

① 在 OM_1 至 OM_2 这个范围，价格歧视条件下的产量必然比简单垄断条件下的产量大一些，这一事实与下列规则是一致的：弹性大一些的需求曲线也是要凹一些的需求曲线时，歧视所致的产量会有所增加。按照单纯垄断价格，弱势市场的需求曲线与 y 轴必然重合（因为按照那个价格，产品无售出的可能性）；而按照某种低一些的价格，需求曲线就离开 y 轴了。这可以看成是凹性的极大程度，因此，另一市场的需求曲线就不可能不再是凹一些的了。

② 弹性大一些的曲线，不可能始终是凹性小一些的。

这两条边际收入曲线可能按两条需求曲线的相对凹性,以这种方式交叉再交叉;而歧视下的平均收入总是大于独一无二价格条件下的平均收入的,这是在实施歧视的卖方垄断者的平均收入曲线总是位于总需求曲线之上时出现的情况。

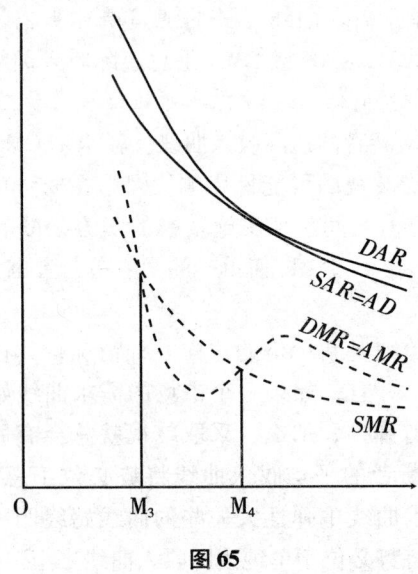

图65

但若需求曲线之一并不是始终比另一条富有弹性,那么,弹性大一些的这一条,就会首先随着其下降而相对地变得弹性越来越小,然后,这两条曲线的弹性相同之点就会到来。在此点,既然不论歧视可能与否,价格都相同,那么,实施歧视的单纯垄断下的平均收入就都必然相同。在实施歧视的条件下,无论是小一些还是大一些的销售量(相应的各需求曲线弹性都不等),平均收入都大一些。由此可见,在各需求曲线都等弹性的点上(如图65中的销量OM_4),实施歧视的卖方垄断者的平均收入曲线必正切于总需求曲线。相对于稍小的销售量来说,歧视条件下的平均收入曲线的弹性,必小于总需求曲线的弹性;而相对于稍大的销售量来说,其弹性必大一些。由此可见,与单纯需求曲线相交于两条平均曲线的是正切的那个销售量的歧视边际收入曲线,其必位于稍小销售量的点之上和稍大销售量的点之下。由此可见,歧视下的边际收入曲线可位于一定销售量的单纯边际收入曲线之下。

不过,始终如此是不可能的。这容易证实。上述各例中的总收入都由位于边际收入曲线下的面积显示,歧视条件下的总收入小于单纯垄断下的总收入是不可能的,因为最坏的也就是实施歧视的卖方垄断者可以使单纯垄断价格保持不变。如若歧视条件下的边际收入曲线始终位于单纯边际收入曲线之下,那么,它下面的面积就会小于单纯边际收入曲线下面的面积。不过,这种情况,我们认为是不可能出现的。由此可见,如若歧视条件下的边际收入曲线位于任何规模产量的单纯边际收入曲线之下,那就必有某种前面规模的销售量位于其上。此外,① 位于该曲线之下的在先的销售量,在歧视条件下会超过简单垄断条件下的收入总额。不过,会随着产量的每一次增加而减少。因此,它趋向于两者相等的这么一个点。② 由此可

---

① 这一结果可依据相对凹性加以解释,尽管某种精确数学证明会是困难的。我们必须说明的是,假如按照任何一种价格,曲线弹性愈大凹性就愈小的话,那么,就必有曲线变得凹性还要大一些并且价格高一些的。现在,只要是弹性愈大,需求曲线依然还是凹性愈小,它比弹性小一些的愈接近 y 轴,不过它不可能与 y 轴相交。由此可见,为避免这样做,该曲线就必须变得比弹性小一些的曲线更呈凹形,要不就受 y 轴吸引,且在弹着点上呈现凹形无限。此外,该曲线推延变得凹性愈大的时间愈长,最终呈现的相对凹性就愈大。换句话说,歧视边际收入曲线位于单纯边际曲线之下的时段愈长,对立意义上的这两条曲线之间的以前的差异就必然愈大。

② 这一事实可解释如下:要是两条需求曲线中弹性小一些的那一条凹性大一些的话,那么,歧视垄断条件下的产量就只能是比简单垄断条件下的产量小一些。但是,随着价格下降,凹性大一些的那条曲线,其弹性的减小程度要比凹性小一些的那条曲线低一些。因此,随着降价,这两条曲线弹性上的差别就会变得越来越小;但等到这两条曲线通过它们为等弹性的那一个点时,它们的位置就又有变化了;过了这一点,凹性大一些的那条曲线的弹性就又大一些了。不过,情况也许是,只要尚未达到无弹性状态,它们就不可能达到等弹性点,因此,边际收入就总是负数。在这种情况下,歧视边际收入就会总是位于单纯边际收入曲线之下,且会接近于单纯边际收入曲线。不过,在它通过 x 轴之下前不可能

见,假如歧视边际收入曲线位于任何一种产量的简单边际收入曲线之下,那就有可能有接续的一个范围的产量使该曲线会位于其上。刚才所述业已表明,必有使该曲线位于其下的以前的一系列产量。可以认为,还有更大一批产量,其歧视边际收入曲线比简单边际收入要更高一些,而与此相应的产量也会更大一些。① 上述分析表明,总的看来,引入价格歧视的结果会使销售量增加的可能性大于使销售量减少的可能性。②

与单纯边际收入曲线相交。

① 这两条独立需求曲线都是直线的情况(如图 65A 所示),庇古教授(《福利经济学》,第 809 页,以一种不同的方法)证明是存在的。此类直线状况可说明如下:这代表上述图 64 例示情况的一个特例。正如我们此前注意到的,总需求曲线必由于致使下面的那条需求曲线与 y 轴相交而产生一个弯折。这两条独立需求曲线均为直线时,在这个弯折下面垂直隆起的那条简单边际收入曲线,与除该弯折据以发生的销售量(OM_2)以外所对应的产量的总边际收入曲线重合。这两种收入之差(由位于这两条边际收入曲线下面的那两个面积之差说明)与产量无关

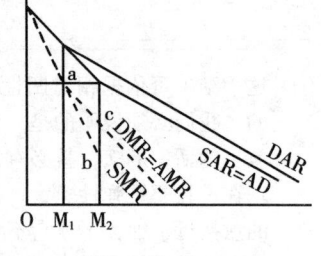

65A

(只要单纯垄断价格处于弱势市场且会有一定的销售量水平),而且等于 $\triangle abc$。因此,实施歧视的卖方垄断者的平均收入曲线与总需求曲线是非对称的。

② 庇古教授在说明实施单一价格时,认为每一市场都会有一定的销售量。"没有充足的理由预期不是歧视垄断条件下产量……会增加,就是简单垄断条件下产量会减少"。我们对他的分析是不得出结论的,因为他的精ămă分析仅讨论了直线型需求曲线,因此,他无法把歧视不是会使产量增加就是会使产量减少的那种条件给孤立出来。

在与此似是不一致的一节中,他推断认为,由于完全歧视必增加销售量,因而一般歧视也就可能增加销售量。而且他还提出论点说,卖方垄断者能销售产品的市场越多,做到这一点的可能性就愈大。但是,正如我们注意到的,这种结果取决于各需求曲线的相对凹性,而不是取决于市场的个数。

此外，除了这种纯粹形式上的考虑外，还有某种理由假定弹性小一些的需求曲线要比弹性大一些的需求曲线更呈凸形（因此，价格歧视会提高销售量）的情况，很可能具有普遍性。只要存在可能性，卖方垄断者（正如我们指出的）就会以这样一种方式，即以它们尽可能是几乎同质的方式，① 划分各个市场，以从歧视权那里获得最大利益。既然每一位买主对任何一种商品的需求都可能得到满足，也就是说，对每一位买主来说，都可能有某种价格，那么，按照这种价格，他就会需要多少就买多少。因此，任何一种低于这个价格的价格，都不会诱使他多买一点。由此可见，由都很相似的买主构成的一个市场，可能有或多或少的某种饱和点，而低于这个饱和点，需求就高度无弹性。因此，各市场在都属于这样一类市场时，对于简单垄断价格低于这个饱和价格的市场来说，需求曲线就会是既高度无弹性又高度凸性。而对任何一个简单垄断价格位于饱和价格之上的价格，需求曲线都会弹性大一些，而凸性小一些。因此，市场属于这一类时，歧视的引入就可能增加销量。

　　反之，个别市场需求曲线的那种"调整凹性"，正如我们注意到的，② 往往会是为数愈大，简单垄断条件下的那个总市场销量就愈大。此时，弹性大一些的市场，可能是常由很多贫穷的买主构成的，弹性小一些的市场则由少数富有的买主构成。因此，弹性大一些的市场的销售量，可能比弹性小一些的市场的销售量大得多；而且，假如需求曲线是呈凸形的话，那么，一旦引入歧视，就很可能导致总销量的减少。只有弹性大一些的市场的需求曲线是呈凹形的，这才会有可能导致引入歧视时销售总量的减少。唯弹性大一些的市场的需求曲线是凸曲线，才会有下列事实，即弹性大一些的市场的销售量会因为存在歧视而增加。

---

① 见本书第 167~168 页。
② 见本书第 174~175 页。

第16章 价格歧视的寓意

一

价格歧视对卖方垄断者的客户以及对社会作为一个整体的利弊问题,现在可以讨论了。首先,显而易见的是,既然平均收入是价格歧视条件下要比单一垄断条件下高,那就有可能出现价格歧视失灵以及一无销售量可说的情况。① 假如某种产品的平均成本曲线位于其需求曲线之上,那么,在该平均成本曲线上的任何单一价格制下生产这种产品便都无利润可得。若平均成本曲线虽在需求曲线之上,但却位于价格歧视条件下的平均收入曲线之下的某一点,那么,假如这一价格歧视行得通,则还是可以获得利润的,而且还可以有一定产量。② 例如,假如禁止歧视,铁路或许就建不起,乡村医生也开不了业。在这种情况下,价格歧视理应可,而且显然合理,因

---

① 参看:《福利经济学》,第287页。
② 庇古教授(同上,第808页)已经确定了完全歧视条件下的这个问题的前提条件(见本书第168页注②)。在完全歧视条件下,边际收入曲线由需求曲线直接说明。庇古教授还指出,若需求曲线位于边际成本曲线之下,那么,即使在完全歧视条件下,在该曲线整个长度范围内也不会有产量。他指出,平均成本减速愈大,需求曲线位于确保有一定产量的边际本曲线之上的可能性就愈大;按我们的话说,即确保卖方垄断者平均收入曲线会在某一点与平均成本曲线相交。

为卖方垄断者的平均收入不应高于消费者所获的平均效用。① 如若平均收入大于平均成本，则平均效用也会大一些，投资就会使社会受益。

但是，绝不要以为这一事实是证明（按照社会的观点看）就这样一家企业而言的价格歧视就是正当的，该企业过去曾做过很长时期的投资（例如，一条铁路的漫长时期的投资），而且发现，由于需求下降，如若目前价格歧视行得通，则正常利润就能得以维持。按照社会的观点看，该企业仅仅必须获得足以维持设备效率的利润，而不是必须获得足以证明那原始投资正当的利润。

二

即使歧视遭禁也会获一定销售量时，假如我们支持一个或是另一个顾客群体的话，那唯一能肯定说的也就是，与实施单一价格垄断相比，价格歧视某种程度上损害了顾客的利益。与单一垄断相比，歧视总是对遭遇涨价的顾客不利，而对适逢降价的顾客有利，而使一部分顾客与另一部分的顾客盈亏相抵无从谈起。但我们还是有一定理由关心一个群体的利益甚于关心另一个群体的利益。例如，弹性大一些的市场的成员（就他们而言，价格降低了）或许就比弹性小一些的市场的成员贫困一些，而我们或许就认为贫困一些的买主获得的利益要比富有一些的买主吃亏更重要一些。在这种情况下，价格歧视势必总被认为是有益的。另外，弹性小一些的市场或许是国内市场，而弹性大一些的市场则是国外市场。此时，强势市场成员的利益，我们就看得比弱势市场的成员的利益更重要了。

但就此情况来说，价格歧视未必总是不利的，因为正如我们已经指出的，② 一旦条件是歧视性垄断条件下的销售量要高于单纯垄

---

① 为有关这一类的讨论起见，那就必须附以效用作为经济福利的一种计量的意义。见本书第 195~196 页。
② 见本书第 176~177 页。

断条件下的销售量,那么,假如边际成本在下降,则实施歧视对弹性低一些的市场的成员实际上反倒有利了,因为总销售量的边际成本会降低,支付所需的价格可能降低。假如条件是单纯卖方垄断者在疲软市场上会止销的话,则价格必然降低(假定边际成本在下降)。而那时,引入歧视的结果是销售量必增,因此,边际成本也必然降低。但因为在强势市场,单一卖方垄断者的边际成本等于边际收入,因此,可以认为,边际收入和价格在强势市场必然因为歧视的引入而降低。①

一如我们已经注意到的,因为歧视销售量大增的条件是,更富于弹性的市场的需求曲线是呈高度凹性的。还有一种普遍情况是,更富弹性的市场是存在输出品与当地产品竞争的一种出口市场。其情形往往会是,唯少量能以相对高价输出的产品,随着与大部分出口产品价格的接近,进而下跌而至低于当地竞争物品的价格了,因而对其需求迅即提高。总之,需求曲线呈高度凹性了。② 由此可见,假如边际成本随着销售量增加而降低,很可能存在多种情况,因而商品"倾销"(即在出口市场按低于本国市场的价格销售)很可能降低国内价格。

---

① 庇古教授指出,歧视有时会使强势市场成员有利,但他这是唯考虑单纯垄断条件下毫无销售量的情况。庇古教授的分析仅限于这种情况,这是因为他只能得出各需求曲线都是直线的结果。单一垄断条件下弱势市场无销售量时,歧视的实施就会使强势市场一旦边际成本恒定而价格不变;边际成本提高时,则使价格上涨。参看庇古(《福利经济学》,第810页注)。但庇古教授此说是引起歧义的,因为他该谈边际成本却谈了供给价格。瓦伊纳教授(《倾销》,第103页)未给证据地说,强势市场的价格会始终保持不变,且向他的读者提出挑战,要求找出会改变的一种情况。英特马教授接受了这一挑战,他得出了与庇古教授同样的结论,所用的方法在某些方面类似于上一章中所用的。瓦伊纳教授和英特马教授似是都不知道庇古教授对这个问题所作的简单论述。

② 正如我们注意到的,在此类有限情况下就存在某种价格,高于此价,弱势市场根本无销售量可说,而且需求曲线呈现出某种有限程度的凹性(见本书第178~179页)。由此可见,上述边际成本一降,强势市场的价格必降这种情况,是此类常见情况的一个特例。

有人认为（例如，铁路官员急欲为歧视这种做法辩护①），高价市场成员在任何情况下都从下列事实中得到好处，那就是，其他市场是以低价提供服务的。此论点如下：如果就要单一价，那么，弱势市场销售的产品就会处于劣势，因而销售量少。于是，企业大一些的总成本就会不得不由强势市场独自承受，因此，对商品的要价就会高于出现歧视时的要价。对于这个论点，要是卖方垄断者仅限于获取某种固定利润，那么它是站得住脚的，因为需求条件确实能使他获得大一些的利润。但只要卖方垄断者以极大化利润为宗旨（本书分析中始终假设他如此行事），那么，歧视的引入唯高价市场成员在上述情况下才会获利。

按社会作为一个整体的观点看，价格歧视是否可取，无法一言以蔽之。假如任何产品的产量都未能达到其边际成本（由其需求价格说明②）等于边际成本的程度的话，那么，这显然就会造成浪费。但是，在单一垄断条件下，边际收入是等于边际成本的，因此，垄断产量之小是竟至于对社会有危害了。因此，就价格歧视导致增产这一点而言，从某种观点看，价格歧视就必须被认为是优于单一垄断的，而且正如我们注意到的，这种情况很可能就是那更为普遍的情况。但这一优势必须与下列事实比较着看，即价格歧视导致资源不同用途上的分配不当，③ 而讨论这个问题会使我们离题太远。要判定实施价格歧视可取与否，必先就产量之增这一利与上述之弊作一番权衡。就歧视会减产的那种情况来说，价格歧视在两个问题上都不受欢迎。

三

还有一点尚需考虑，在第 13 章中我们讨论了物价管理的问题，但当时我们是假定只能实施单一价，现在，我们必须考虑实施歧视

---

① 例如，《铁路和公路运输报告》，1932 年，第 12 页。
② 就此问题的详论，见本书第 195～196 页和第 289 页。
③ 见《福利经济学》，第 284～285 页和第 288～289 页，就此问题的阐述。

价格制是否可取。

按照单一价制度，平均成本在下降时，假如强制实施的价格是一旦需求价格等于平均成本即可实现销售量最大的，那么，这会造成浪费。因为就会有相当大的一个销售量范围，在此范围内，需求价格等于平均成本，超过这个范围，需求价格大于边际效用。而且，既然需求价格是设想为计量边际效用的，因此，生产出这一产量的增加部分是可取的。这里浪费的部分可以忽略不计。而若可以实施歧视价格，则就可以实现增产。无控制价格歧视下的平均收入比无控制单纯卖方垄断条件下的收入要高，而最大可能的销售量则是，一个实施歧视的卖方垄断者的平均收入等于其平均成本的销售量。在任何既定市场制度下，为诱使卖方垄断者形成最大可能的销售量，那就必须实施一种价格制度，按照这种价格制度，各市场的边际收入都同等，并且平均总收入等于平均成本，这样，必要的销售量就实现了。不过，产品销售量要是再大一些，垄断者就势必亏损。①

这一方法可以确保最大可能的产量生产出来，但上述价格歧视会成为众矢之的。因此，牺牲可以做到的增产部分而坚持低一些程度的价格歧视，这或许被认为是可取的。而实际上，某种程度的价格歧视几乎肯定是可取的。②

---

① 如果歧视情况下的和卖方单纯垄断情况下的销售量差别最大，则歧视条件下和单纯垄断条件下的平均收入差别也就最大。因此，使歧视销售量与单纯垄断销售量差别大的那些相同条件，也会使按照上述方法获取的销售量相对于采用某种单一强制价格所获的销售量更大。
② 业已使完全竞争总的说来对歧视性垄断更可取这一事实得到承认的庇古教授，进而提出理由证明（《福利经济学》，第 18 章），铁路费率按适合于简单竞争的那种水平确定是可取的，此种费率会彻底消除价格歧视。但他的这个论点极其难解。在竞争条件下，价格是既等于个别企业的平均成本又等于个别企业的边际成本的。对铁路强行制定这样一种价格，唯恰好铁路在按其最适度能力运转时才会行得通，因此，平均成本处于某种最低水平且等于边际成本。但是，正如庇古教授本人指出的，铁路很可能会是按下降的平均成本运转的，而且，一旦个别企业的平均成本在下降，那就不会有这样的竞争价格，因为边际成本必须小于平均成本。不过，庇古教授所主张的或许可以理解为是，意指强行实施据以

能使需求价格等于平均成本的价格。而这,正如我们所知,它会导致产量上的一种浪费,这种浪费,采用这里建议的这种方法,是能予以杜绝的。这点,庇古教授或许是忽略了。为证明价格歧视有利于疲软市场是正确的,他使人们熟悉需求价格未必如商品边际社会效用一样大这一事实,例如廉价的工人车票就能使工人们过一段身心健康的乡村生活(《福利经济学》,第 14 页)。但为了证实有潜在产量上的浪费这一事实,那就只要考虑一下对于比数量会是按照某种单一强制价格生产的这部分产品还要大的产品来说,需求价格(用于计量边际效用)是大于边际成本的。

第六篇
买方独家垄断的市场结构

第17章 买主插叙

一

至此为止，我们始终通过卖方的眼睛注视这样一个基本问题：为什么香蕉值1便士？我们以空前复杂的方式考虑了那个人为什么就以1便士就买下了一根香蕉这个问题。现在，我们必须提出第二个问题：为什么还有另外一个人买一根香蕉也付了1便士？我们现在就立即面临经济分析中最棘手的基本问题之一。人们通常是把商品那种招致人们买走或是获取的性质说成是*效用*，然而至今尚无完全令人满意的效用的定义。对效用下定义这种尝试，一般而论，源于证明使用边际效用曲线的愿望是正确的。由于先于定义，曲线就处于使用中了，而且在使用曲线的过程中是得到了显然切合实际的那些结果的。经济学家们相继提出了纸牌房屋搭建式的定义，而批评家们连续否定了这些定义（效用曲线本身未受影响），这促使本书作者下一个定义，在这个定义中，那些纸牌留待他用了。

效用，是指商品使买主感到值得拥有的那种性质。某一种商品的*边际效用*，等于某个买主获得的总效用的增加部分，而那个增加部分，即为该买主所购的商品数量外的一个增加单位。①

经济分析的基本假设是人人都以某种合理的方式行事，因而对边际成本和边际收入两者进行权衡是明智的。由此可见，买主购买

---

① 见本书第107页注。

一种商品导致某种边际成本时,他所获得的边际效用就等于它的边际成本。

这里,对效用的这一解释系基于某种循环论证,而纸牌搭建的房屋已经倒塌了。

这个论点可作如下说明(就把下列行为当做理智行为的定义):一个导致某人幸存的行为,是指比如某人过街时左顾右盼,这样的人是一个理智的人;一个人如果任由一辆公共汽车撞倒并碾压过自己,那他就不是一个理智的人。但是,按照一种合乎常识的受限制少的一个定义,一个想自杀的人是会选择任由公共汽车让他死于非命的行为的(就常识来说,正如本书所用的这个用语,必须理解为需要缺乏合乎道德的先入之见)。因此,基于合乎常识的这个定义的分析,定义给不了所有行人的行为的一种令人满意的解释,但它适用于使之具有实际意义的所有情况。

我们也可以把下列行为当做理智行为的一个定义:导致货币收益极大化的行为。于是,对边际货币成本与边际货币收入进行权衡的一个人就是明智的,否则,这个人就不是明智的。完全有理由不这样做的一个人(例如,他宁卧床也不挣钱),按照限制少一些的常识定义,就是明智的。不过就这样一种情况来说,它也是不能令人满意的。在所有情况中,行人自杀的比例较高。但即使如此,经济学家们所下的理智行为的定义,也还是可以认为产生了具有某种现实意义的结果。上述有关常识的两个定义都是权宜之计,这种权宜之计能使上述分析得以一进步深入。在这种分析能论述更一般、更复杂化的常识定义时,可以把它取消。但当我们分析购买商品的买主的行为不是为了货币收入,而是为了拥有和消费这些商品时,我们就没有客观的常识标准,如生存或货币收入。效用就是标准,效用这个概念已经包含常识性的定义了。

要是有某种行为的科学的实验方法,可用于发现个别典型买主的实际曲线的话,那么,这一困难就是无关紧要的了,因为这种曲线能表明某种商品各种采购量下的边际成本。对于既定买主来说,某种商品任何数量的效用,就会是曲线的积分,因此,我们在这里就不必探讨买主理智与否了。但是,虽然此种实验方法可以想象出来，但当然并不存在。某种思维实验方法可用于弥补行为主义心理学的设备之匮乏。分析经济学家们会给自己提出一系列问题：假如价格为半个便士我会买多少香蕉？假如我年收入为 500 英镑我会买多少？假如橘子有 7 种价钱而我只有 6 便士我会买多少？如果我乘地铁上班我看到一个布告上写着多吃水果我会买多少？假如适逢炎夏我会买多少？如若邻居有一只波斯猫我买多少只？这些问题都能使经济学家们给出一个他们自己香蕉边际效用曲线的一个粗略、不完全且公认靠不住的解释。通过假设他人有与他一样的心理，用某种盲从的办法，承认他和他人一样对香蕉具有明确的边际效用曲线。他可以持续性地使用使人平静的（尽管不是十分甘愿的）、具有专业良心的边际效用曲线，应用同一方法于成本曲线也是可能的。边际成本可界定为等于边际收入，而总成本则可看做是以调查的行为主义方法所绘制的边际成本曲线的积分。这样一种边际成本曲线，会与原先意义上的边际成本曲线不一致，后者，我们用于不理智或有充分理由不愿极大化货币收入的买主的情况。由此可见，边际成本曲线与边际效用曲线之间并不存在基本不对称的问题。但既然极大化货币收入这一原则提供方便的合乎常识的客观标准，那么，假定所有买主都理智、所有卖主都设法极大化货币收入，就似是更有好处了。因此，可用一个边际成本概念，其定义不会涉及循环论证，而此方针是会贯彻于我们的销售分析始终的。

边际效用曲线是边际价值分析这个链条上的最薄弱的一个环节，不过，它并非是很重要的一个环节。我们没有理由对这样一种实验方法感到绝望，这种实验方法是用于发现需求曲线的，而这种曲线则是表明，在既定时间、既定市场按各种价格购买的商品的数量。本书前一部分关注的正是需求曲线的这一性质。本书前一部分会使边际效用概念的错误得以修正。[1]

当我们关注卖主客观看待的需求曲线时，无需探讨效用的性质。

---

[1] 哲学中的这一片断，我是通过边际分析方法学会的。但我还是要对剑桥大学国王学院的哲学家 R. B. 布雷思韦特深表谢意，感谢他帮助我系统地阐述了这一分析方法。

当我们关注个别买主决策的分析时，采用行为主义方法发现的边际效用曲线和有关效用的纯粹而正式的定义对我们有用。因此，没有一部分价值分析非要有有关效用性质的知识不可。只有在公共财政等部门和福利经济学中，效用的实际性质才是重要的。因为在这些经济分析领域，是必须对理智行为要有某种定义的，这种定义涉及买主按其经济利益行事这一概念，而迄今尚无客观标准。在价值分析领域，涉及效用定义的循环论证只不过是一个微小瑕疵。但在涉及经济福利分析领域，效用定义的瑕疵则肯定是一大障碍。如果买主是不理智的，或如果他们有充分理由不追求经济利益，那么，由其边际效用曲线积分体现的商品对买主的效用，就不会在任何一个有趣的意义上，作他从商品消费中获取的经济福利的计量。由此可见，即使能够发现一种行为主义者的边际效用曲线，但由于该曲线于经济福利分析也还是毫无用处的，因此，除非这种曲线能用于解释买主的某种合乎常识的相关定义，否则就都是不理智的。

*消费者剩余*这一概念，即一个买主所消费的某一种商品的任一数量的总效用与其总成本之差，只有找到了合乎常识的一个定义之时，这个概念才具有实际的或是有趣的意义。借助几何方法从边际效用曲线中导出的一种纯粹而正式的消费者剩余这一概念，就用于下列分析。在下一章，是假定一个买主的边际效用曲线，不是采用行为主义的调查方法就是通过思维实验，就可以即刻绘制出来的；一旦这一曲线绘制得好了，我们就不必探讨它的性质，分析即刻可以进行了。

这里提出的种种异议，没有一条适用于对一个生产要素买主的决策的分析。生产要素不是为生产者自身的利益而购买的，而是为通过销售由生产要素生产的产品获得的货币收入而购买的。因此，极大化货币收入这一原则，会再次提供一个客观的常识标准，而且只有假设买主能进行采购分析才是理智的。因此，效用的这个变化莫测的概念唯为下一章的目的来说才是必不可少的。第七篇的分析不存在困扰商品购买分析上的困难，该篇的分析是论述生产要素的买方决策的。

二

必须给个别买主以一个相应的名称，这个名称是与个别卖主之名称*卖方垄断者*相对应的。在下面的篇幅中，个别买主我们就称为*买方垄断者*。①

卖主中完全竞争的标准是个别卖主的需求曲线都完全富有弹性，类似地，买主中完全竞争的标准也是个别买主的供给曲线都完全富有弹性。这是正常的竞争市场的情况。买主可以走进一家商店，按时价想买多少就买多少。假如他开价低，店主就会拒卖；要是他开价高一点，他就可以把存货尽数收购。卖主间的完全竞争非具备两个条件不可：卖主为数众多；买主对一家店与其竞争对手一视同仁（或不偏不倚）。与此相仿，买主间的完全竞争也必须是构成一个市场的买主的大多数，而且，其中任何一个买主的采购量的变化对该市场总采购量只会产生微不足道的影响；再就是，卖主对接受其产品的买主都一视同仁。这第二个条件所要求的未见得就一诺千金，有的商家会赋予某些客户特别条款，或出于对关系户的感恩图报之心，或是"期盼财源滚滚"，但显然比从卖主的观点来看，完全市场的条件更容易得到满足。② 只要买主之间竞争完全，那么，对于每个买主来说，边际效用就必等于商品价格。要使价格等于买主的边际成本，那边际效用就得定义为等于边际成本的某种数量。但买主的边际效用曲线并非需求曲线，它代表不了买主按各种价格会购买的某种商品的一系列数量，它只体现按对买主而言的各种边际成本下他会购买的数量。只要商品供给对买主是完全富有弹性的，那么，

---

① "买方垄断买主"这一老式用语是不合逻辑的，但是与上述我们所讨论的垄断的概念相对应的"独家主顾"的概念相联系。我就*独家主顾*（monopsony）这个词对剑桥大学彼得豪斯学院的 B. L. 霍尔沃德先生表示感谢。

② 此外，尽管市场不完全，但对单个买主的这种供给则有可能完全是富有弹性的。因为每一个卖主经常都有大批买主，因此，对于任何一个买主来说，相关的采购量都能按某种恒定的价格得以实现。

这种商品的各种数量下的边际效用,就会等于其价格(既然其价格等于其边际成本)。因此,按照下列假设,把一个买主的边际效用曲线称为他的需求曲线,是不独正确,而且是合乎法律的。这个假设就是假定买主间的竞争是完全的,就像在边际成本等于价格的完全卖主竞争的条件下,卖主的边际成本曲线等于其产品的供给曲线。当买主间竞争完全时,市场的需求曲线即可视为买主作为一个整体的边际效用曲线一样。采购总量在买主间以其中的每一个采购量的边际效用都等于价格这种方式加以分配。①

我们在第 7 章中指出,不首先假定各卖主的需求条件,很多卖主的产量的供给曲线就无法绘制出。与此相似,不首先假定个别买主的供给条件,很多买主的供给条件也就无法绘制出。但假定买主间的竞争远比假定卖主间的竞争更合乎实际得多,因为任一普通市场的买主的数量都比卖主数量相对要多。因此,在下一章,我们会既考虑一方面是单个买主、另一方面又是完全的买主竞争这种情况,而不讨论买主不完全竞争的市场问题。

---

① 即使与效用这个定义相联系的所有问题都设想为已经解决了,但困难依旧存在,也就是构成一个市场的各买主的边际效用也还不是按同一尺度计量的(见马歇尔的《原理》,第 128 页),因为商品的效用据以计量的货币的效用,对各买主而言会是不同的,无论就相关的社会和心理特征来说,还是就货币收入来说,买主们都会是千差万别的。但就某些问题而言,就把一个市场的需求曲线视为一种集体边际效用的曲线,且假定边际效用为一纯粹形式的概念,虽在某些情况下毫无任何实质性的或有趣的含义,但还是方便的,因此,这个概念似是有法可依的。

第 18 章　买方独家垄断的市场结构

一

构成一个买主购买某种商品多少这种决策的基础性原则，是他要使边际效用等于边际成本。我们前面已注意到，这种说法不过是一种同义反复。假如对他而言商品供给完全富有弹性的话，那他就会使边际效用等于价格。这种情况是有鉴于，首先，假定他就是很多买主中的一位，因而他的采购量的某种变化对商品总量只会产生微不足道的影响，且对该商品的价格的影响也无足轻重；或者是，假定商品是在恒定供给价格条件下出售的，但即使他的采购量的某种变化导致了供给量的重大变化，也不会引起价格的变化。

采购量占某个竞争①行业某种商品总产量的全部或大半的一家采购机构的例子，可以在某种商品的消费是有组织时，或是社会主义政府调控进口时，或者某个人碰巧偏爱没有别的人喜欢的某种商品时找到。一个常见的例子是在一个人订购印着他的地址的信纸时发生的。在此类情况下，商品如若不是按照恒定供给价格生产的，则边际效用就不会等于价格。为此，采购量就会作出调节，以使边际效用等于边际成本。价格会是那个数量的那种商品的供给价格，这一价格很可能不是高于就是低于买主的边际成本。

---

① 一个买方垄断者从一个卖方垄断者那里购买的这种情况（通称"双边垄断"），本书不作讨论。

二

我们的另一项任务是考虑市场发生下列变化时商品采购量的变化：市场由无穷大数量的相互竞争的买主构成，进而变成独家采购机构。这可以描述为竞争采购与独家垄断采购之间的对照，就像称作竞争的产量与垄断的产量之间的比较的那种对应的销售对照。

这里的比较不易受针对此前的对照提出的那种激烈反对意见的左右。但主要异议源自下列事实，即为了提出对照的一个明确基础，必须假定完全竞争的条件，而这些条件在现实世界里是几乎不存在的。诚然，需求曲线在购买处于完全竞争的条件下时具有明确意义，但在最普通的市场上这种情况是一般规则，而不是例外，因为相对于每一个卖主而言，在现实的市场上都是有很多买主的。因此，我们的比较基础、竞争的需求曲线，首先可以相互独立地起作用，然后趋近一致，不使需求曲线发生任何变化。该需求曲线可视为代表买方独家垄断市场组织的边际效用曲线，① 或是他们消费的商品供给条件的任何变化。② 因此，我们可以作出竞争和独家垄断条件下的商品采购量的比较，而比较的条件是，边际效用曲线和供给曲线这两种情况下都相同，无需作出实际上它们绝不会相同的这一保留。

这种比较，在某些方面，类似于垄断与竞争的比较。买方独家垄断者必须支付他可能购买的商品供给价格，但会以边际成本等于边际效用的方式调控他的采购量；在竞争条件下，等于边际效用的则是价格或者说买主的平均成本。由此可见，在供给价格恒定的情况下，平均成本等于边际成本，买方独家垄断市场结构下的采购量，会与竞争条件下的采购量相同。但某个行业在递增或递减供给价格条件下运行时，买方独家垄断者的边际成本是不会等于商品价格的。

---

① 见本书第 197～198 页。
② 不过，注意到一个买方垄断者组织会复制一种完全市场的条件这一点很重要。这种组织会对一种不完全竞争的行业实施整顿，所取的方式就旨在确保任何一种规模的产量都能以最高效的方式生产出来。

供给价格递升条件下,买方独家垄断者所进行的每一笔增购都会提高它必须支付的价格,这对他而言,边际成本就会大于商品供给价格。当供给价格等于买方独家垄断者的平均成本时,他会参照边际成本调控采购量。

如图 66,假定 MC 为某一行业的边际成本曲线,而且这是按买方独家垄断者的观点看的边际成本曲线。

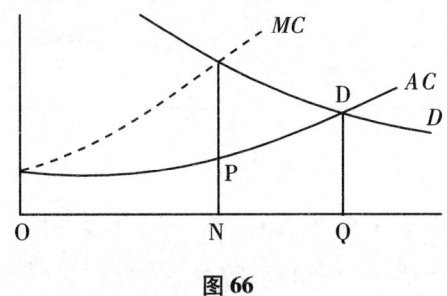

图 66

AC 为该行业的平均成本曲线或供给曲线。

买方独家垄断者的采购量会是边际效用(或竞争需求曲线)等于边际成本条件下的那个数量 ON,且会支付 NP,亦即该供货量的供给价格,它低于竞争价格 QD。

假如需求曲线为直线,那我们就可以注意到,买方会采购过半竞争数量的一个量。如若他的需求完全富有弹性(一种很难设想的情况),而且供给曲线为直线,那他的采购量就会正好等于竞争数量的一半。

如若该行业处于递降供给的价格运行之中,那他就会发现,他的采购量的每一增加都会使供给价格降低,① 而且对他而言纯系与该行业边际成本一回事的边际成本,就会低于供给价格。因此,他会购买比竞争数量还要大的数量。

---

① 在供给价格递降的条件下,买方垄断者不能仅靠宣布他会据以购买的那种价格,因为报某种无条件的价格,会从所在行业中引出无限大的产量,(按设想了解商品供给曲线进程的)买方垄断者必须决定他的采购量并把它在不同卖主间分配好。

如图 67，ON 大于 OQ，而且 NP 买方独家垄断者的价格会低于竞争价格 QD。

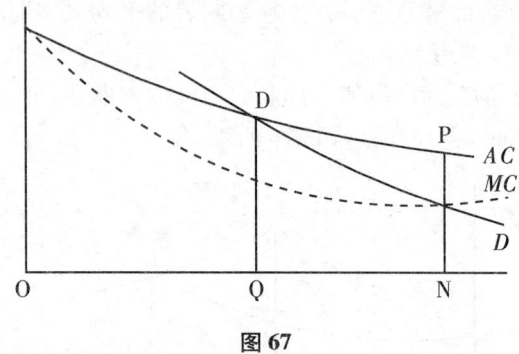

图 67

ON 可能无限超过 OQ，在有既定供给曲线的情况下，它会是需求曲线斜率愈小就愈大，且也会是需求曲线斜率愈大就愈接近于竞争数量的。

如若买方独家垄断者的需求完全不存在弹性（就相关价格变动幅度而言可能发生的），那它就会照竞争价格采购竞争数量。

三

买方独家垄断市场结构的一个有趣的特例，可用以特殊模具印刷信纸这一例子予以说明。我们这里介绍一类在本部分第 2 章中予以说明的边际曲线与平均曲线之间关系的例子。① 为此，模具必有某种成本发生，而且一旦该模具业已铸成，则印刷更多的纸的边际成本就会恒定。例如，边际成本恒定，那么，接续几个数量的平均成本就由这印刷和纸的恒定成本构成，再*加*模具的固定成本中一直递减的那一份；平均曲线会呈长方形双曲线的形式，边际成本是该双曲线的一条渐近线。

购买信纸的户主即使他只需一张信纸也必招致模具成本负担，而一旦模具制成，则信纸全部数额的边际成本就会保持恒定。因此，

---

① 见本书第 25～26 页。

假如我们忽略文具商的一般费用且孤立地考虑这一项交易,则我们就可注意到户主会订购该数额的信纸(如图68中的ON),按这个数额,边际效用就等于单位信纸和印刷费用,但他还得支付包括模具总成本在内的平均成本NP。

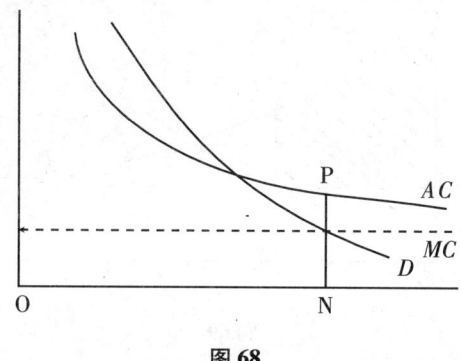

图68

我们现在来比较一下这个户主和一个购买有校徽的信纸的大学本科生,这种信纸有很多购买者和销售者。让我们假设大学本科生和户主的信纸需求曲线几乎一样,而且这两例中的模具和纸的成本也一样。大学生的纸价低于户主的纸价,因为他的模具在使用上更为充分。但户主的纸的边际成本(纸的边际成本调节他的购买量)会低于大学生的纸价(纸价调节大学生的购买量),因为除纸和印刷成本外,纸价还必然包括模具的成本。

我们就这样得出了虽然支付的纸价高一些,可户主购买的纸还是比大学生购买得多这样一个奇特的结论。这个无关紧要的例子说明了一项原则,该原则十分重要,它存在于比方说在某种仅限于一家制造企业使用的某种机器一类的货物通常按特殊订单购置时。

四

买方独家垄断市场结构的这一分析,通常是以类似于垄断的常规分析进行的。买方垄断者是被设想为采用垄断者极大化净收入这一方式极大化其消费者剩余①的。

如图 69，处于按照其供给价格 NP 购买的产量 ON 时，消费者的剩余由阴影面积表示，该面积达到极大时，ON 就会代表买方垄断者购买的获利最大的数量。

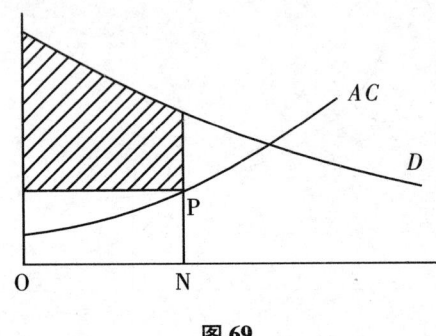

图 69

采用这个方法的结果产生了与上述分析所得的一样的结果，因为边际成本等于边际效用时，消费者剩余显然处于极大值；如若购买量超出这一点，则边际成本就会大于边际效用，并且剩余会减少，并且即使购买量降至低于这一点，效用的减少也还是会大于成本的节省的。②

---

① 见本书第 196 页。
② 假如需求曲线全长均为已知，则消费者剩余即可以一种类似于生产要素报酬的形式予以证明。如图 69A，平均效用曲线 AU 可据代表边际效用的需求曲线予以导出。于是，在完全竞争条件下，假如价格为 PQ，那么，边际效用就等于 PQ，而平均效用 RQ 大于价格的购买量就等于 OQ，消费者剩余（图中的阴影面积）因而等于边际效用与平均效用之差 PR 乘以那一购买量所得的积。

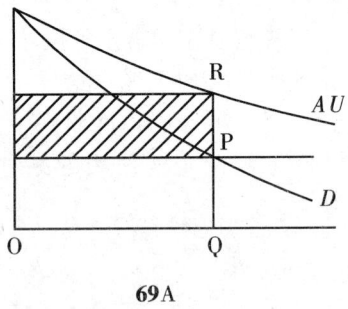

69A

当然，对消费者剩余所作的这种描述，并没有解决这个概念中存在着的基本困难。平均效用不可能直接获知，只可能根据边际效用推断。由此可见，必须知道零与实际消费量之间的所有数量的需求价格，然后

五

　　正像存在对卖方垄断者的价格歧视一样，对买方垄断者的价格歧视也是存在的。这种情况会在各个不相关的市场发生，对买方垄断者的价格歧视也会在各卖主与买主进行交易时出现。卖方垄断者会以这样一种方式从每一个供给来源进货，这就是，他的购自每一个供给来源的产品的边际成本彼此相等，而且都与采购总量的边际效用相等，就像卖方垄断者在每一个市场的销售边际收入在各个市场都相等一样，而且还等于整个销售量的边际成本。①实现有利的歧视的可能性将取决于各个供给来源的供给弹性，亦即卖主群体的平均成本曲线的弹性的某种差别。假如各个供给来源的供给弹性都是相同的，那么，纯粹买方垄断条件下的各供给来源的采购总量（只有一种价格时）就会使各供给来源的采购量的边际成本都相等，进而使歧视无利可图。弹性小一些时的各供给来源的采购量，就会减至低于从纯粹买方垄断条件下购进的那些量，而且那些量的价格会不得已而降低。②弹性大一些时的供给来源的采购量会增加，其价格也会提高。这一分析从各方面来说都与卖方垄断条件下的歧视分析相对应，纯粹买方垄断条件下与歧视买方垄断条件下的产量的比较

　　才能发现商品按某个既定价格产生的消费者剩余；而且，既然某种商品需求曲线的长度几乎总是不可能发现的，那么，这种商品所产生的消费者剩余也就不可能发现。在任何情况下，消费者剩余也就只能看做是一种纯粹的形式概念，这个概念，作为对买主从商品中获得的经济福利的计量尺度，可能毫无令人关注的意义。

① 各群体的生产成本都假定为与从其他集团采购的数量无关。这一假设与价格歧视分析中所作的假设相似：每一个市场都与其他市场的要价无关。

② 这里是假设每一个供给来源的供给曲线都是上升的。假如任何一个供给来源的供给曲线都是各种供给数量均上升的话，那么，买方垄断者就会仅从那个供给来源采购，除非存在另外的成本在提高（或是下降缓慢一些）但就各种各样小批量采购来说成本还是低一些的某一供给来源。

可采用同一方法作出。另外，如果歧视买方垄断条件下的垄断者的边际成本曲线一经发现，那么，比较实施歧视买方垄断条件下的采购量与竞争条件下的采购量，就是一个简单的问题了。

歧视可能实现的程度，将取决于可以使总供给分为几部分独立供给来源的个数和每个来源的供给条件。如果各单位商品是按不同的价格购进的，那么，完全歧视即可实现。假如商品的每一个卖主都拥有商品的一个不可分的单位，或是对那个数额的商品的全部的绝无仅有的价格，进而与每一位卖主打交道，那就可能使卖主实现其边际成本等于其平均成本。① 买方垄断者于是就能按照其最低供给价购买每一个单位的产品，且还可避免付全款，这一全款在竞争条件下，会是生产该商品的要素的报酬。

完全歧视性买方垄断条件、纯粹买方垄断条件和完全竞争条件下的各种采购量的比较，在某商品由某行业在供给价格提高而无行业规模情况下生产时，很容易作出（假定在各种情况下需求曲线都一样）。②

完全歧视条件下的买方垄断者，将采购供给价格等于需求价格

---

① 销售中的完全歧视或是"最严重的歧视"需有一个相似的条件：买主应该是仅购买一个不可分单位的商品，或者他应该是按照某种等于平均效用的价格就某个数量作出全部的报价。现在，某种生产要素——其属于买主独家垄断的最平常的情况——的所有者，应该拥有（高于某种供给价格）的某种完全无弹性的供给，比之于某种商品的买主应该拥有（低于某种最高需求价格）的某种完全无弹性的需求，其可能性显然大多了。此外，按照通常的销售方法，单一买主分别与很多卖主进行交易，比之于单一卖主分别与很多买主交易，可行的情况要更经常，而且，一个卖主接到有关某种数量产品的全部的或绝无仅有的报价所致的愤恨，很可能就比一个买主接到购买类似数量的某种产品的类似报价的那种愤恨少一些了。因此，买方独家垄断的市场结构下的完全歧视，与卖方垄断条件下的完全歧视相比，可能性还要大些。

② 行业规模经济的存在，会使各供给源的成本与购自他种供给源的数量无关，而且有关存在行业规模经济的情况的分析，需有不同于上述方法的方法。上述分析的进一步深入需要有完全歧视性买方垄断条件的存在，并且应该不会以任何一种方式改变某行业的组织。

的那样一个数量的商品。相互竞争的买主的供给价格是他们必须为每一个数量支付的单位价格,随着购买量的增加,供给价格将提高。但在完全歧视条件下,买方垄断者不提高他增加采购量时他为总量的每一个单位支付的价格,他虽然可以以一种高一些的价格支付那增加的某个特定单位的产品,但不影响其余各单位产品的价格。由此可见,对他而言,每一个数量的边际成本都等于该数量的供给价格。这个纯粹买方垄断者会使该行业的边际效用与边际成本相等,而这,在成本递升的情况下将高于供给价格。

如图 70,SMC 是纯粹买方垄断者的边际成本曲线。

DMC 是供给曲线,该曲线既代表完全歧视性买方垄断者的边际成本,又代表纯粹卖方垄断者的平均成本。

DAC 是实施歧视的买方垄断者的平均成本曲线。

DMC 与 DAC 互为边际曲线,SMC 与 DMC 互为边际曲线。

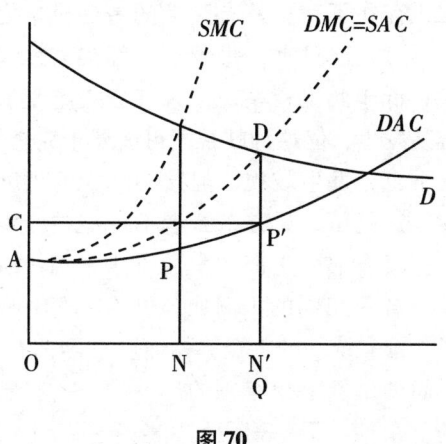

图 70

实施完全歧视的买方垄断者因此就采购那竞争的数量 ON′ = OQ,纯粹的买方垄断者则按价格 NP 采购小于那竞争数量的 ON。实施完全歧视的买方垄断者会支付从 OA 到 QD 的高低不等的价格,因此,他的平均成本是 QP′,即高达 OQ 的各种产量的供给价格的平均数。他的总成本等于面积 OADQ,或等于长方形面积 OCP′Q。

六

买方垄断最重要的情况将与卖方垄断一起发生。一个卖方垄断者必然是他所用的生产要素的一个买方垄断者,歧视性买方垄断市场结构很可能产生于卖方垄断者使用某种非匀质的生产要素之时。就土地而论,产生完全歧视很容易想象到,因为每一片土地都按其质量分别达成交易,这是惯常的。例如,一个卖方垄断者就会有按其转移价格获得那一片土地的机会,而且他增加了他所用的数量时,他扩大他的"耕作限界"这一事实可能还不会对他已获得的那片土地的应纳地租产生影响。总之,他可以为自己把地租留在他那个行业内。但这正如我们已经注意到的,它会对卖方垄断产量产生某种重要影响。[1]

但凡一个雇主存在不完全富有弹性的劳动供给之处,则完全歧视就可能产生。不过,这只有在每个工人都按某种起码的工资率分别受雇时才会生;低于此工资率,工人就会拒绝受雇。雇用工人过程中的歧视很容易发生,但这种歧视不可能属于完全的。

在下列情况下也会发生歧视,但这种歧视的程度会低于完全歧视条件下的情况,这就是,买方垄断者不可能与各生产要素的卖主一一分别交易,但又有部分生产要素的供给来源,而且这些生产要素的供给弹性又是各不相同的。例如,男工、女工都可能受雇于同一类工作,但男工都有统一的工资率,而女工则都有不同的工资率,但男、女工人之间的工资率是有别的。不过,生产要素的需求性质会导致相当大的复杂性。下一篇我们将接着进行生产要素需求曲线的讨论,将为买方垄断原则应用于生产要素的采购铺平道路。

---

[1] 见本书第 135 页。

第19章 买方垄断和卖方垄断与完全竞争的关系

在卖方垄断分析中,生产要素买方垄断的原则,在某种程度上是不易察觉的。在成本递增的条件下,卖方垄断者考虑的是,其所属的行业随着他的产品产量增加所致的整个成本的增量,也就是说,他考虑的是下列事实,即他增加生产要素中的一种或另一种的采购量时,他是在以对自己不利的方式提高生产要素的供给价格;而在成本递减的情况下,他考虑的是产量的每一次的增加所致的规模经济,而这又等于说,他考虑的是下列事实:当他增加了生产要素中的一种或另一种的采购量时,生产要素的效率提高了,而其效率成本则是降低了。

总之,当我们说卖方垄断者通过他的产品的边际成本调控他的产量时,我们所说的就意味着,就他所使用的生产要素而论,他是一个买方垄断者。由此可见,卖方垄断的原则包含了买方垄断的原则,我们在进行卖方垄断分析时又是不言而喻地在介绍买方垄断的原则。

买方垄断的原则是要求某种商品的供给曲线按照一个买主(不论这个买主指的是某一个人还是同心协力、共谋利益的一个群体)的观点看不是完全富有弹性时,买主就会力求做到使边际效用与边际成本相等的,而且还会按照相应的供给价格为所购的商品付费。然而,这也正是每一位买主在竞争的条件下不折不扣所做的事。每一位买主都力求使对他而言的边际效用等于对他的边际成本;这两者唯一的差别在于,对他而言的商品的边际成本无非也就是时价而已,因此,价格、对他而言的成本以及边际效用都相等。

卖方垄断原则则要求卖方垄断者务使边际收入等于边际成本，不过，这又会是竞争的生产者不折不扣要做的事情；这两者唯一的差别在于，就每一位生产者而言，边际收入也就是商品的时价，因此，价格、他所获的边际收入以及边际成本，都是相等的。

由此可见，人们会力求最低收入（不论是指效用还是收益）与边际成本相等这一讲究实际的规则，无论是对买方垄断、卖方垄断还是完全竞争来说，都是一概适用的。

这一原则尽管足够浅显明白是自不待言的，可在经济分析中依然极其重要。在大多数经济学教科书中，就完全竞争的条件不言而喻或是明明白白地不断作出的假设，往往会使该原则的作用黯然失色。例如，当我们说价格等于边际成本或边际效用等于价格时，我们是不言而喻地假设存在完全竞争的条件的。竞争销售条件下边际成本是等于价格，但基本事实（它本身只不过是一个常识问题）是，个别卖主的边际收入等于个别卖主的边际成本。只是因为个人的边际收入碰巧与竞争条件下的价格相一致，因而价格等于边际成本一说才是正确的。按照同样的方式，劳动的供给是碰巧完全富有弹性时，工资才会等于边际净产量（劳动的需求价格）；而供给碰巧是完全富有弹性时，价格才会等于个别买主的边际效用。由完全竞争引起的那些情况，只不过是个人力求使他的边际成本等于边际利益这一普遍规则的特例。

专注于"卖方垄断净收益"达到何种程度，才能揭示决定竞争和垄断价值的各种因素的相似性，因而尽管卖方垄断是提供边际原则起作用的最显著的例子，但这总还是被看做是边际分析不适用的一种例外情况。这是一个引人注目的问题。对适于竞争和适于垄断的分析严格分类，并且说明同一概念体系同样适用于卖方垄断和完全竞争，这是本书论述的目标。

当（为说明起见）我们假设一种完全竞争的行业实行专卖，而需求曲线和成本曲线保持不变时，核心问题就剩下监督单位的改变了。边际成本或边际收益除非是某种明确的决策实体的边际成本和边际收益，而不论该实体是指个别买主、一家企业或是协调企业运行的一个集团，否则就无影响可言。在竞争条件下，监督单位是企业，而决定产量的是企业的边际收益和边际成本。一旦垄断企业形成以及各垄断企业开始协调生产行为时，决定产量的是整个集团的边际收益和边际成本。垄断产量有别于竞争产量，唯一的原因就在于边际成本或边际收益对整个集团和单个人是各不相同的。不过，边际成本或边际收益赖以决定的机制在上述两种情况下都是相同的。

第七篇

生产要素的需求

第20章 边际净产量插叙

一

　　为了继续进行买方独家垄断的市场结构分析，我们就必须研究生产要素的需求曲线的性质。劳动能起到一种生产要素的范例的作用，而且为了简化这一讨论，我们就假定人都没有差别，因此，一个"人"也就体现了劳动的一个效率单位。①

　　这一讨论只有按照下列方式展开才行，这种方式是比有关竞争供给曲线的讨论所取的方式还要抽象的、与实际相去甚远的一种方式（既然现实已给弄得复杂化了）。这个问题，首先必须以其最抽象的术语予以论述，而后才有可能逐步形成可用于讨论各种错综复杂实际情况的一种分析。

　　对于一个监督机构来说，根本就不存在诸如需求曲线一类的东西，②但是，把既定数量的人能够据以受雇、劳动的供给能够据以完全富有弹性的那种工资，称为那个数量的人的"需求价格"，又把（在这个意义上的）该需求价格与那个数量的人联系起来的那条曲线，称为劳动的"需求曲线"，则是方便的。

　　此前，我们一直是主要致力于商品的供给曲线的论述。现在，

---

① 按照附录中的用语，这不是一个*效率单位*，而是一个*校正的自然单位*。
② 见本书第 197~198 页。

我们的任务则是要揭示劳动的需求曲线了。任何一种生产要素的需求曲线都取决于商品的需求曲线、生产的技术条件和其他生产要素的供给曲线。因此，我们采取这一步骤的方法必须考虑任何既定数量的人，而后再假定商品需求曲线和其他要素供给曲线为已知，以期获知该数量的劳动的需求价格。也就是说，是该数量的人据以受雇的工资。但首先我们还得拟就某些定义，以做到应付自如。

通常人们认为"工资往往会等于劳动边际净产量"，而且就既定人数来说，该人数的边际产量代表的是对他们的需求价格。不过，"边际净产量"这一概念，并非是一个简单的概念，我们必须更为严密地对这个概念作一番分析，然后才能继续讨论。

"边际的"这个词，只有从一定的某个人或是某个利益群体的观点看才会有意义。香蕉，就其本身而言没有什么边际效用一说，有的只是对某个买主或是买主群体而言的一定数量的香蕉的边际效用。同样也没有什么既定工人群体的边际产量一说，有的只是对一定雇主或雇主群体的边际产量一说。

因此，我们的定义就会产生不同的结果。诚然，这要看这些定义是根据在一种完全的或是不完全的市场销售产品的一家企业的看法，还是根据某种竞争行业的看法，抑或是按照企业的某种垄断集团的看法而付诸应用的。

这里，这些定义是以其对任何一个生产者群体而不论他们是构成一个监督单位与否而言的最一般的形式确定的。

二

劳动的*边际实物产量*是他种生产要素费用固定条件下，多雇用一个单位劳动引起的产量增量。为方便起见，我们这就假设，资本和工商企业家为劳动以外的唯一的生产要素。因此，劳动的边际实物产量也就是这样一种状况，即按总成本计量，在资本价值和工商企业家人数与之前是等量的情况下，多雇用一个人所引致的产量的增加额。我们在研究长期状况时，是把其他各种要素都理解为：以这样一种方式并适应于在各种情况下，都以实际受雇人数为主所产生的最大效率。① 而且就我们目前这个问题来说,使既定总值的其他各种要素适应数量增加了的劳动,并且在形式上出现了某种变化,但是这一变化未必会导致产生任何根本性的难题。

存在行业规模经济时,对一个竞争行业来说的劳动的边际实物产量,就会高于对一个企业来说的劳动的边际实物产量。因为一家企业的就业的增量将会导致提高其他企业的效率。

边际产量 ②指的是他种要素的总产值保持不变时多雇用一个人所致的那一增量。也就是说,边际产量等于边际实物产量乘以考虑之中的该单位或群体的边际收入。商品需求完全富有弹性时(例如,我们正在考虑中的一家完全竞争的企业),边际收入等于价格,因而边际产量就等于边际实物产量的对应价值;需求不完全富有弹性时,边际收入小于价格,因而边际产量就低于边际实物产量的对应价值。

由很多企业构成的某行业生产的某种产品的需求,比起任何一家企业的产品的需求来说,弹性势必都要小一些。③ 因此,该行业的边际收入必小于与之相比较的企业的边际收入,该行业的边际产量也必小于企业的边际产量。其间的差别在某种完全竞争的行业里最为显著,在这种行业,商品的需求是缺乏弹性的,无论按其中的哪一种观点看,边际实物产量都是相同的(存在行业规模经济,则另当别论)。现在,要求出企业的边际产量,我们就得用实物产量乘以企业的边际收入,所得的积就等于该商品的价格;而要求出该行业的边际产量,我们就必须用实物产量乘以企业的边际收入,所得的积等于商品的价格;要求出行业的边际产量,我们必须乘以行业的边际收入,在需求无弹性时,行业的边际收入是负值。由此可见,完全竞争性行业中的一家企业的边际产量总是正值(直至产量达到商品价格等于零的水平),但如果商品需求缺乏弹性,则全行业的边

---

① 罗伯逊,《经济学文摘》,第47页。他种要素不仅量上而且种类也固定时,短期的边际产量会迥异于长期的边际产量。
② 这一个以及另外相似的术语,不同的著者以多种不同的含义加以使用了。这些定义适用于本书在下列几章中涉及的含义。
③ 见本书第36页。

际产量都会是负值。

三

通常所谓的工资,等于如此定义的边际产量吗?如果我们考虑之下的某个群体是一个监督机构的话,则不论是在一种完全还是不完全市场的条件下,包括任何销售产品的企业、某垄断行业或另外任何一个单位,都必有某种边际产量与劳动成本之间的关系产生,这是显而易见的。任何数量的劳动的边际产量,都等于多雇用一个人再加他种要素恒定费用所产生的那一增量。因此,任何一个监督机构的劳动的边际产量,显然都等于该单位劳动的边际成本。因为假如边际产量大于劳动的边际成本的话,则增加雇工人数就会是合算的;而如果边际产量小于劳动的边际成本,则减少雇工人数合算。这无非也就是下列一般原则的一种应用而已:每一位买主都会以这样一种方式调节他的采购量,这种方式就是他的边际收益等于他的边际成本。由此可见,对任何一个监督机构来说,劳动的边际产量和劳动的边际成本都必须相等。不过,只有在劳动市场完全时,因而劳动边际成本对企业来说等于工资时,对企业来说的边际产量才等于工资。如若对监督机构而言,商品需求以及劳动供给都完全富有弹性的话,则工资就等于按该商品价格计的劳动的边际实物产量。

四

至此为止,我们一直是持我们所熟悉的理由的。但我们的这一系列定义尚不完整,还得引入某些新的术语才行。我们至此仅考虑了劳动数量增加的情况,而假定他种要素的费用是始终保持不变的。但在受雇人数增加后,他种要素多数情况下也得有所增加,要素之间的调节方式也得予以考虑。我们首先必须描述他种要素和劳动数量改变后的情况。再一次地,下列各种定义都是纯属一般性的定义,它们适用于任何群体,而不论这个群体是一家监督机构还是其他监督单位。既定数量的劳动,现在是被我们设想为与他种要素一起起作用的，这些要素数量实际上是会与劳动数量一起加以使用的。

*平均毛产量*指的是人均平均产值，它等于总产值除以受雇人数。

*边际毛产量*指的是产值增量，这个增量是因为增加了一个人，因而使生产要素有了相应的增加引起的。这个增量与平均毛产量有边际价值对平均价值的那种普通关系。

*平均净产量*等于人均平均产值减人均所用的他种要素的平均成本。

*边际净产量*等于多雇用一个人所导致的产值边际净增量。它等于多雇用一个人因而使他种要素有了相应增加所引起的边际毛产量减去他种要素的成本的增加额。它和平均净产量是普通边际关系。

五

边际净产量与边际产量的关系我们现在必须加以分析，必须考虑随着人数的增加，是什么调节他种要素的那种"合适的"增加。

就既定监督机构来说，与既定人数一起起作用的资本边际产量（资本，为方便起见可视为代表其他各种要素），必须等于该单位资本的边际成本。且让我们假定工资是这样一种水平，即凭借某种工资额，某个既定的人数得以雇用了。于是，假如我们知道商品需求曲线、技术条件和该监督机构的资本的成本曲线，那么，我们也就知道了这些人当使用多少资本。情况会是（在既定条件下），资本的边际产量等于其边际成本，而资本的边际实物产量则由该行业的技术水平决定。①

---

① 在有的情况下，无法做到使所用的劳动与资本的比例有所改变，以期达到有既定数量的人就有固定数量的资本。在这种情况下，所使用的资本数量的增加—超过必要的数额，就会导致资本边际实物产量减为零或成负值。假如比例可变，假如商品需求曲线改变了，或者资本供给曲线改变了，那么，既定人数所用的资本数量就会改变。有鉴于这些曲线，任何既定人数所使用的资本的数量都能决定，而且为发现究竟系何种数量，还无需知道确保这个人数会受雇的工资水平。

现在，劳动和资本都按适当的比例增加，那么，劳动的边际产量与边际净产量存在何种关系呢？假设一个监督机构所用的人数稍有增加，而且对资本（代表其他所有要素）量作了适当改变，那么，从边际净产量的定义可知，产值总增量等于劳动边际净产量乘以劳动增加量*再加*资本成本的增加量。不过，这一最终状态可通过另一路经实现。劳动和资本的同量增加，可以想象会有两种情况发生：首先，增加劳动，资本量保持不变；其次，增加资本，劳动量保持不变。在每一种情况下，数量保持不变的那种要素都假设为形式上是相适应的。采取这种方法导致的产值的增量，于是也就等于劳动边际产量乘以劳动的增加量，*再加*资本边际产量，乘以资本增加量。

如若资本和劳动的变化都小， 那么，产值的总变化就会是不论两种要素是同时增加还是非同时增加而都一样的。例如：

产值增量＝（劳动边际净产量）×（劳动增量）＋（资本成本增量）

和

产值增量＝（劳动边际产量）×（劳动增量）＋（资本边际产量）×（资本增量）。

正如我们看到的，资本边际产量等于其对监督机构的边际成本，因而资本边际产量乘以资本增量就等于资本成本增量。也就是说，归因于资本增加的新增产值正好等于资本成本的增加额。因此，可从上述等式中等看出劳动边际净产量正好等于劳动边际产量。当然，这个论点唯对监督机构来说是正确的。

六

在前面的分析中，我们是把"劳动"看做是代表成本而未加规

---

① 假如生产要素量上这些变化不小，那它们的边际产量的变化也不会略而不计，因此，说产值的变化等于各要素的变化乘以其边际产量之积，是不准确的。

定的，它们的需求价格是我们在探索中的那种生产要素，而"资本"则看成代表供给条件为已知的情况的下其他要素。我们考虑了其他各种要素的比例都按照某种既定数量的劳动作了调节的方式。我们的定义应该用于描述商品既定产量在已知各要素（包括劳动）供给条件时得以生产的那种方式。

生产既定产量的任何一个监督机构，我们都假设为是要使其成本保持最低的。使该监督单位的各种要素边际成本等于其边际产量，这一点是可以做到的。然后，是各种要素的边际产量具有彼此作为其边际成本的同一比例。投入每一种要素的一个单位货币的边际产量都相同，多用或少用另一个单位都会一无所获。

还假设在某竞争的行业监督机构是企业。因此，与企业各种要素的边际成本成比例的，是企业的各种要素的边际产量。当各种要素的供给对各家企业都完全富有弹性时，就可以得出各种要素的边际产量必然与其价格成比例的这一结论，这是因为任何一种要素的价格都等于其对企业的边际成本。但是，如果某行业真的就是一个监督单位，例如，如果某行业就要归一个卖方垄断者掌管（其余一切都不变），则该卖方垄断者就会满足于使其企业与每一种产量相对应的每一种要素的边际成本，都与该行业的边际产量相等，以便各要素的边际产量都与该行业的边际成本成比例。

由此可见，在垄断条件下和在竞争条件下，生产既定产量所使用的各种要素的比例，只有竞争行业的要素的平均成本（亦即它们的价格）与垄断行业的要素边际成本处于同一比例时，才会相同。而这，只有在下列情况下才会出现，那就是，假如该行业的所有要素都处于完全弹性供给之下，因而每一种要素的平均成本就会等于边际成本；或者只有不是处于完全弹性供给之下的要素，才是卖方垄断者不付报酬的稀缺要素，因而卖方垄断者的要素的既定数量的边际成本，就等于竞争行业的平均成本；① 或者报酬已付时，所有要素都出现以这样一种比例提高或降低供给价格，以致它们的边际成本碰巧处于与其平均成本相同比例的水平上，换句话说，每一种要

---

① 见本书第 134～135 页。

素的供给弹性都相同。① 在另外所有的情况下，边际成本的比例与平均成本的比例都会各不相同，因此（除非要素比例由技术条件严格固定），在生产既定产量时，卖方垄断者就将节约边际成本上升快一些（或产生节约少一些）的那些要素的用量，增加边际成本上升慢一些（或者导致节约多一些）的那些要素的用量，因此，要素的比例就会不同于处于竞争条件下的比例。

这个结论我们在第 14 章讨论垄断成本与竞争成本的关系时就预料到了。

---

① 当所有要素的供给弹性都等于平均成本对边际成本的比率时，每一种要素的量都是相同的。由此可见，价格之比等于边际成本之比。——这句话有误：*什么是相同的？*

第 21 章　个别雇主的劳动需求

一

现在我们可以试着用需求曲线这一术语构筑一个监督单位的劳动需求曲线，所用的办法是使用不合逻辑但用起来方便的需求曲线这一术语。需求曲线是显示对监督单位的劳动供给按照那种工资来说是完全富有弹性的。该监督单位假定由工商企业家构成，也就是说，它就是一个企业。它可以是某个行业的一个组成部分，这个行业竞争可能是完全的，或者是不完全的，或者可能就是一家独家垄断企业。工商企业家的成本假定与产量无关，① 也与所雇用的工人人数无关。我们可以注意到，各所雇用的任何一个工人都有一定数额的资本可资利用，以至于该企业的边际生产率与其边际成本相等。现在，我们必须把资本看成是体现劳动和工商企业家以外的所有要素的主要代表。企业处于某个完全竞争行业的这种情况只不过是一个控制单位的某种特例，但就我们的目的来说，在提出全面情况前，我们单独论述它会容易一些。

二

假设对一家企业的产品产量的需求完全富有弹性，而对该企业

---

① 见本书第 5 页。

的资本的供给也完全富有弹性，则不同数量的工人所使用的资本额就是其与边际产量相对应的价格总额。

假设不同数量的人都使用合适数量的资本，则绘制一条平均毛产量曲线，沿 x 轴计量人数，沿 y 轴计量人均平均产值。也假设无规模技术经济（对企业而言），人均资本用量和人均总产量将恒定至产量达到管理人员过多遂致不经济时为止。当然，不经济的情况不论用人多少也会产生，因而毛产量在曲线整个长度上会下降。但实际上，只是很简单的一类生产，企业才不会有规模经济。更常见的情况下，毛产量曲线会是一开始上升而后下降的。一开始会上升，是因为垄断企业用了更多的人和更多的资本，其效率会因专业化而提高；达到某个极大值后，会开始下降，因为管理单位受到限制，且被假设为单个企业不可能有无限大的产量进而无效率地降低。① 随着规模扩大的人均产量的这一降低的发生，既不是在于企业组织效率的降低，也不在于效率的维持，而在于管理人员与直接生产工人的比例的提高。②

从显示任何雇用人数人均产值的这一毛产量曲线上，减去该人数所使用的人均生产要素成本，即可得出平均净产量曲线。按照技术条件，资本数量对于所有人数都可以一样，也可以不一样。在很多情况下，人数增加则增加。但在有如铁路有大的厂房需要投资的情况下，随着人数的增加，投资会减少。我们是以"资本"代表另外各种要素的（除工商企业家外）。就构成原料的其他要素来说，人均使用量会以与人均毛产量同样的方式变化。人均土地使用量在某些情况下会增加，而在另外一些情况下，则随着人数（和机器）的增加而递减。无论何种情况，既然商品价格和要素成本都假设随人数的改变而恒定，那么，劳动对其他要素的比例随着人数的改变而发生变化的唯一因素就取决于生产技术条件。企业家人均平均成本随着人数的增加必降。既然（据我们有关企业的定义）工商企业家成本与用工人数无关，则人均成本在人数极小的情况下就会无限大，且随人数的增加而不断降低。因此，平均净产量曲线即使随毛产量

---

① 除非情况确实如此，否则竞争就不可能完全。见本书第81页。
② 参看罗宾逊，《竞争行业的结构》，第3章。

曲线先恒定而后下降，也会上升，它会达到极大而后下降。

接着我们绘制与平均净产量曲线互为边际曲线的这条曲线。该曲线表示使用其他要素工作的不同数量的工人的边际净产量。它表明，在每一点上，多用一个人所致的价值增量随着他种要素的适度增加，其幅度会低于他种要素成本的边际增量幅度。既然新增一个工人后企业家成本并不增加，那么，它就与工商企业家成本无关。此外，正如我们看到的，这种情况会表明各种数量的工人在使用一定数量的他种要素的情况下，单个劳动工人所具有的边际产量。①

显而易见，边际净产量曲线必须体现个别企业的劳动需求曲线（在既定产品价格和资本成本条件下）。用人增加，则工资所增会高于产值（考虑其他成本后）；而若人数增加得少，则可能会增加用人的人数，因而也增加产值（考虑其他成本后），或许比工资增加的还要多。于是，边际净生产率曲线也就是我们发现的劳动需求曲线。

如图 71，设 AGP 为人均平均毛产量曲线。

MGP 为边际毛产量曲线。

ANP 为人均净产量曲线。

MNP 为边际净产量曲线。

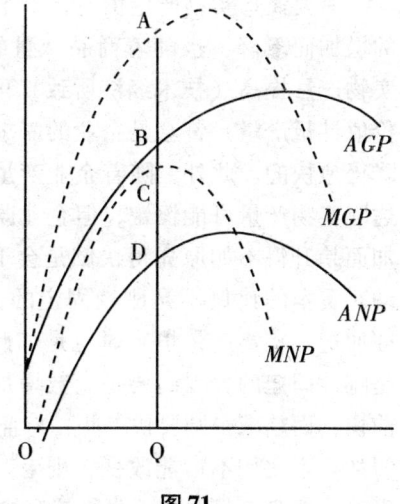

图 71

对于任何数量的人 OQ 来说，AC（$MGP - MNP$）都是其他成本的边际增量，BD（$AGP - ANP$）则为人均其他要素的平均成本。

三

我们为之建立劳动需求曲线的这个监督单位，不是在完全竞争

---

① 见本书第 221 页。

条件下销售产品和购买他种要素的，因而假定商品价格和要素价格与雇用人数无关是行不通的。随着该企业雇用人数的增加，产品产量增加，而价格却降低；若他种要素数量改变，则其价格也可能改变。但在竞争不完全时，据同一原则所绘制的各条曲线与竞争完全时一样，而且边际净产量曲线不论竞争是否完全就都是劳动需求曲线，虽然边际净产量曲线自身并不随着竞争程度的改变而改变。对于任何数量的劳动来说，资本数量都会以这样一种方式决定，那就是控制单位的资本边际成本，使其等于边际产量。因此，人均毛产量决定于生产技术、资本供给曲线和商品需求曲线。于是，平均净产量由从平均毛产量减人均其他成本中得出。

只要人均实物产量恒定，单个企业的毛产量曲线就会随着人数的增加而下降，也随着商品产量的提高、商品价格的下降而下降。实物产量提高（技术经济所致）可以抵消这一影响，产量曲线（按价值计量产量）都会是企业的需求曲线弹性愈小而提高得愈慢且下降得愈快的。此外，随着企业产量的增加、商品价格的下降，即使边际实物产量可能恒定，但企业既定人均资本额也会随着人数的增加而趋升得不如原先得快倒是会下降得比原先得快。因此，如若劳动对资本的比例不是刚性固定的，则人均既定资本用量就会趋减，即使边际实物产量恒定时也是如此。因此，假如劳动对资本比例不是刚性固定的，因而要是人数增加，人均资本用量就会趋增得不如前快，而趋减得则要快一些，与企业的产品需求一样完全富有弹性。假如要素比例不可能改变，则毛产量曲线就不会受资本成本提高的影响，但净产量曲线下降得就会快一些（或是上升得不如前快），可以与企业的资本供给完全富有弹性这种情况相比。

四

对于任何一家监督单位来说，不论它是否在一种完全市场上销售产品，劳动的需求曲线都由边际净产量曲线表示。劳动的边际成本等于边际净产量时，该单位就会处于均衡状态（就受雇的人数而论）；但若该单位为某种竞争行业的一个组成部分的话（不论市场是否完全），那我们就得进一步考虑何种条件下该行业是会处于企业可以自由进入的状态的。各行各业达成均衡的条件是，在其中的各企业都应该能获得正常利润，也就是说，企业家所能获得的，既不是高于也不是低于他的正常报酬。这为绘制平均净产量曲线时计算劳动以外的各种生产要素的成本留出了余地。

此时，如果工资等于劳动的平均净产量，则企业家就会获得他的正常报酬，而总产值也就会等于生产总成本（包括工商企业家成本）；如果工资低于总产值，则总产值就会大于成本。工资与劳动平均净产量之差乘以受雇人数，就代表高于企业家正常成本的剩余利润。类似地，如果工资高于平均产量，则总产值就会小于生产总成本，企业家所获得的就会小于他的正常报酬。只有工资等于平均产量时，那才是完完全全地等于生产总成本的产值，既不多，也不少。

如图 72，ANP 和 MNP 是企业的平均净产量曲线和边际净产量曲线。

如果按工资 OC 实现的劳动供给完全富有弹性，那么，受雇人数（OQ）就会是边际净产量（QE）等于 OC 时的人数。他们的平均净产量 QD 大于工资，有高于正常利润（CEDB）

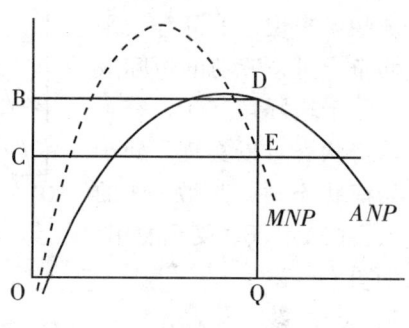

图 72

而等于 ED（边际净产量和平均净产量之差）乘以 OQ（受雇用人数）所得的剩余利润的趋势。

由此可见，实现完全均衡的必要条件是，劳动的边际成本应该等于边际净产量，而且劳动的平均成本（工资）应该等于平均净产量。各单位的劳动供给完全富有弹性时，劳动的边际成本等于劳动的平均成本，实现完全均衡的这双重条件只有工资等于边际净产量曲线和平均净产量曲线相交之处所示的数值，也就是说，等于平均净产量的最大值，这时才能得以满足。①

---

① 见本书第 15~16 页。

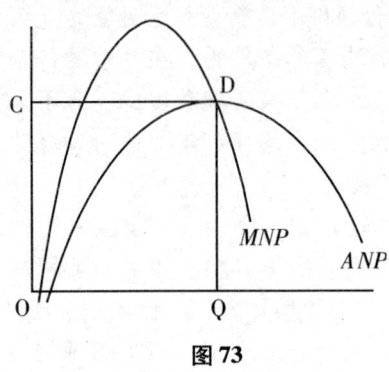

图 73

如图 73，当工资为 OC 时，有 OQ 人受雇用，工资既等于边际净产量又等于平均净产量（QD）。

个别企业的劳动供给小于完全富有弹性状况时的供给时，[1] 完全均衡和正常利润的条件在劳动供给曲线为平均净产量曲线的正切曲线时得到满足。

就各平均曲线都是正切线的那些人来说，各边际曲线都会相交。[2] 对于那些人来说，工资等于平均净产量，劳动的边际成本等于边际净产量，完全均衡状态可以实现。处于均衡状态时，为数 OQ 的人会按工资 QD 受到雇用，如图 74。

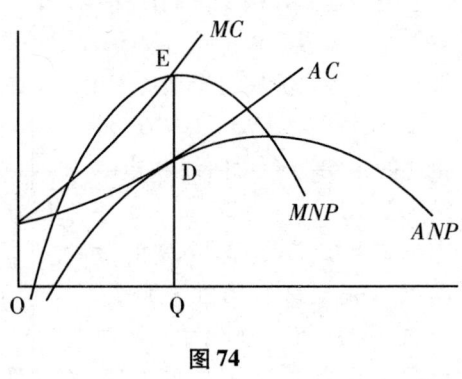

图 74

五

（在可以自由进入的一种竞争行业）完全均衡赖以实现的那种方法，我们在前面已经讨论过。[3] 这同一方法也可以按照个别企业劳动的需求曲线和劳动成本予以说明。如果工资低于平均净产量，那就可以获得剩余利润，新的企业就会受吸引而进入该行业。商品产量提高则个别企业的需求曲线降低，平均净产量曲线与劳动平均成本

---

[1] 见本书第 26 章。
[2] 见本书第 20 页。
[3] 见本书第 80 页。

曲线成正切时,均衡达成。企业的劳动供给完全富有弹性时,这两条曲线正切于净产量曲线的极大点处;劳动供给达不到完全富有弹性时,这两条曲线正切于极大点的左侧。① 从全行业的观点看,新的企业进入该行业时,曲线改变的方式也会受规模经济的存在或他种要素成本的提高的影响。关于这一点,我们要在下一章中讨论。除非全行业劳动供给完全富有弹性,否则新企业的进入的影响,就会是既提高各企业的劳动成本,又降低各企业的商品需求曲线;而且随着均衡的形成,工资就会提高,以与企业平均产量曲线相一致;与此同时,平均产量曲线下降,以与工资相一致。

六

某种完全竞争的行业处于完全均衡时,每一家企业的产量都是单位产量的平均生产成本是最低的,② 而各企业雇用的人数则又是人均平均净产量极大的。由此可见,就一家具有适度规模(也就是生产成本最低)的企业来说,受雇人数是等于人均平均净产量极大时的受雇人数,要确保利润正常,商品价格就必须等于最低生产成本,而工资必须等于最高平均净产量。由此可见,工资和价格必须实施如此调节,乃至按照某一种工资标准,使最低生产成本等于这一价格,而按照这一价格,最高净产量就等于这一工资。

这种商品的市场不是完全时,处于完全均衡状态下的各家企业

---

① 我们讨论某种商品的供给曲线时,我们是假定一切要素的供给曲线都是已知的;而我们讨论劳动需求曲线时,则是假定劳动各要素的供给曲线和需求曲线都是已知的。这两者之间可以发现一个酷似之处。如若对企业来说商品需求完全富有弹性,则价格等于企业最低平均成本时,均衡就建立了。类似地,企业的劳动供给完全富有弹性、工资等于企业的最大平均净产量时,均衡就建立了;商品需求不完全富有弹性,则需求曲线和平均成本曲线正切时均衡就建立了,而且与此相似,劳动供给曲线不完全富有弹性时,劳动供给曲线对平均净产量曲线正切时,均衡也建立。
② 该行业企业家不同时对最低成本的意义的讨论,见本书第 110 页。

的规模就会都小于最适度规模,① 因此,平均净产量极大的人数,就不再是属于适度规模企业会按照那个既定的工资水平雇用的人数了。②

现在要假定劳动供给量按平均净产量极大值时的工资标准来确定,那么这样,平均净产量极大时的产量就为最大,人均收益成本为最小;而且,假如该企业商品需求完全富有弹性,则产量单位成本,亦即平均生产成本,就为最小,并且企业就处于最适度规模上。但若需求不完全富有弹性,则企业规模就小于最适度规模。

---

① 见本书第 83 页。
② 有关这一点的正式验算如下:
就任何规模的产量来说,情况都是:
平均毛产量(人均)= 平均净产量(人均)+ 其他平均成本(人均)。
成本(人均)= 工资(人均)+ 其他平均成本(人均)。
或者
成本(人均)− 平均毛产量(人均)= 工资(人均)− 平均净产量(人均)。

所以,$\dfrac{成本(人均)}{平均毛产量(人均)} = 1 + \dfrac{工资(人均) - 平均净产量(人均)}{平均毛产量(人均)}$,

亦即单位收益成本 $= 1 + \dfrac{工资(人均) - 平均净产量(人均)}{平均毛产量(人均)}$。

第22章 一种行业的劳动需求曲线

一

现在,我们可以就某一行业的需求曲线的性质作一探讨了。这一行业是处于完全竞争中的,有正常利润。我们曾经指出,工资与每一家企业的平均净产量必须相等,而且,既然平均净产量有别于边际净产量,因此,无论就全行业来说还是就各企业来说,平均净产量都是相同的,因而,引起劳动需求曲线的就是本行业的平均净产量曲线。*

对各不等人数群体中的每一个人来说,都会各自生产某个规模的产量,且都会各自按照某种价格出售。有了为数不等的这些人以及各不相同的价格和工资,于是,该行业就处于均衡状态了。这种工资起支配作用时,企业会是取最适度规模的;而且,企业会按正合适的产量、一定的价格和一定的工资,在均衡条件下,生产出一定数量的产品来。此时的工资,会等于雇用的人数的平均净产量,它体现了这么多人的需求价格。劳动的竞争需求曲线与商品的竞争供给曲线之间的那种类似,几近难以区别了。劳动的需求曲线用于表明劳动的平均净产量的方式,与商品的供给曲线用于表明生产的平均成本(包括生产要素报酬和正常利润)的方式,是完全一样的。

完全竞争行业劳动需求曲线的每一点上,对于个别企业来说,

---

* 在本章第六节中的分析颇难理解,随后的论述中不会用上。——译者注
劳动的边际净产量和平均净产量都是相等的,这就像是在竞争的供

给曲线的每一点上，单位产量的平均成本和边际成本，对于个别企业来说都是相等的一样。劳动的边际产量和平均产量，从该行业的观点看，则并不相同，这无异于就处于成本递减条件下的该行业来说，平均成本和边际成本是不再相等的。这是因为，该行业雇工人数每有增加，产量固然会提高，可物价是要下降的；再多雇一个人所致的产值的增加额，从企业的观点看，将等于边际生产实物量乘以商品价格（这是该企业的边际收入）；而从该行业的观点看，产值的这一增加，却等于边际实物产量乘以该行业的边际收入。处于均衡状态下，前者等于从企业的观点看的边际和平均净产量，以及从该行业的观点看的平均净产量；后者则等于按该行业的观点看的边际产量。① 由此可见，竞争条件下的工资趋向于等于劳动的边际净产量这一人们熟悉的论点，是必须理解为意指按雇主（假设他既在某个完全市场销售产品又购买劳动）的观点看，工资趋向于等于边际实物产量。而且，还得以下述说法予以补充，即只要可自由加入贸易，则雇主的劳动的边际净产量就会趋向于等于平均净产量，这净产量，对该行业或对个人，都是相同的。

二

该行业的劳动的需求曲线，由平均净产量曲线予以说明。该曲线可通过绘制该行业的劳动毛产量曲线，而后在各点上通过减去人均所用其他生产要素而直接予以形成。我们已注意到，数量不等的人所使用的资本量是这样一个数额，乃至对个别企业来说，资本的边际产量等于对该企业而言的资本边际成本。企业家总数会有这么多，各企业都能获取正常利润。我们接受劳动以外的各生产要素的这样一种供给条件，而商品的需求条件则待提供。

我们先考察该行业其他要素的供给为完全弹性且不存在大型企业经济的这样一种情况。随着人员的增加，产量提高，商品价格降低，慢慢地，其他要素人均用量趋减，劳动的总产量曲线故会比产

---

① 对企业但不是对行业来说，边际产量等于边际净产量。见本书第221页。

品需求曲线有所急降。但情况或许会是，技术条件使替代产品不可能出现，而其他要素人均使用量，就所有人来说，则保持不变。① 要是其他要素人均使用量无法改变（外加若不存在大型企业经济，而其他要素成本提高）劳动的实物毛产量，对于人数不等的所有人都相同，那么，再加的平均毛产量曲线，唯商品需求曲线的复制品而已。净产量曲线可通过一个体现其他要素人均使用量的常量使之降低而获得。就任何既定的人数来说，这两条曲线的斜率会一样，但其中低一些的那条曲线弹性要低一些。由此可见，在不存在替代产品的情况下，劳动的需求弹性低于产品的需求弹性。

这一结果由连带需求原则得出。② 工资既定比例的减少，将导致总成本低比例地减少，故既定比例工资下降所致的就业的增长幅度，低于商品价格同一比例下降的幅度。同样，汽油需求弹性较汽车英里需求弹性低，砖的需求弹性低于房子的需求弹性，一旦无替代产品，劳动的需求弹性将等于商品需求弹性乘以工资所体现的总成本的比例。劳动成本对总成本比例愈小，商品需求弹性与劳动需求弹性之差就愈大。

三

人均资本使用量，在不因技术条件而固定不变时，在无行业规模经济时，在人数增加以及产品价格下跌时，就会有降低的一种趋势。劳动的需求弹性会较比例无法改变时大一些，因为工资下降会增加产品产量，而且与此同时（人均实物产量由于人均资本量减少而降低），它将使生产某个既定产量的人数得以增加。

四

要素比例总会是这样一种比例，就是其边际实物产量与其价格

---

① 这是一个不大可能的条件（见本书第 154 页），但为接着的探讨提供了一条有用的基准线。
② 马歇尔，《原理》，第 385 页。

处于同一比例水平上（完全竞争条件下）。① 要素替代得以实现的程度，数以考虑相对价格发生变化时出现的要素比例的变化予以计量为最好。例如，如果资本价格保持不变，而劳动价格下降的话，则就会有这样一种情况，即资本人均使用量的某种减少竟至于会提高资本边际实物产量相对于劳动边际实物产量的比例，而劳动的价格降低时，处于同一比例水平上。看来，可以把各要素使用量比率的那种成比例的变化除以各要素价格②的成比例变化所得的商，称为*替代弹性*，再通过需求弹性或供给弹性进行类比。③ 替代弹性决定于生产的技术条件。要素比例刚性固定时，劳动对资本的比率，即可绝不改变，而不论工资降幅有多大，*替代弹性*均为零。而哪怕是工资（资本的成本保持不变）的最微小下降也会引致光靠劳动生产的整个产量，而替代弹性却会是无限的。

因此，这最后一节得出的结论，可能会以劳动的需求弹性替代弹性大而劳动的需求弹性就大予以概括。

五

接下来的情况是，作为一个整体，某行业资本的供给不那么富有弹性，而且还有强加某个固定数额人均资本的技术条件。显而易见的是（考虑到商品的既定需求曲线）：劳动的需求曲线比之于资本的供给完全富有弹性时，其体现的资本的成本会随着用人的增加而提高；总生产率曲线不会因资本成本的改变而改变（人均资本相对应的实物量是固定的），随着资本成本由于人数增加而增加以及劳动的需求曲线比产品需求曲线下降得更为急速，必须从毛曲线中减掉此额。由此可见，劳动需求曲线由于以上两个原因弹性小一些了，那是因为它低一些，还因为它斜率大一些。也就是说，劳动成本的

---

① 见本书第 221 页。
② 对替代弹性的这一解释唯在完全竞争条件下才适用，见本书第 301 页注①。
③ 见本书前言。

既定下降，代表商品成本的某种小比例下降，而这，不只是由于劳动并非成本的全部，还因为所使用的劳动的数量的每一次增加，都必须使与之共同使用的他种要素的平均成本都提高。

六

至此，根据马歇尔对联合需求的分析，我们的结果是熟悉的。在其著名的有关粉刷工的劳动需求一例中，他说明产品需求愈是缺乏弹性，生产要素需求就愈缺乏弹性；替代要素行得通时要素会比替代要素行不通时富有弹性；此要素所代表的总成本比例愈小，弹性就愈小；其他要素供给弹性愈小，它的弹性也就愈小。

正如我们注意到的，假如替代要素不行，那么最后两个论点就是正确的，但马歇尔似是忽略了替代要素的可行性，而又纳入了它的复杂性。①

要讨论这些复杂性，就得考虑工资标准的某种改变对该行业所用的资本总量的影响。工资降低，产量增加，但单位产量所需要的劳动量也会增加。因此，对资本的使用总量存在截然相反的两种影响：就产量增加来说，资本数量会增加；但就单位产量所需要的劳动使用量增加来说，就会有资本量减少的趋势，此时，商品需求弹性愈大，产量增加愈多，而且替代要素弹性愈大，单位产量所需要的劳动量也就愈大。可以证明，这两种弹性相同时，两者竞争的影响会相互抵消，因而，由于工资下降所需要的和使用的资本量不会发生变化。如果替代要素弹性大于商品需求弹性，劳动使用量增加（由工资下降所致）时，资本使用量会减少；而若替代弹性小于需求弹性，则劳动量增加，资本使用量也增加。②

---

① 见《原理》，第853页。
② 必须考虑工资稍降时对资本使用量的影响（视劳动和资本为商品生产中所使用的唯一要素）。下面的证明确立这样一个事实，即劳动价格的下降会根据替代弹性 η 是小于还是大于商品需求弹性 ϵ，使既定数量资本的需求价格提高或降低。证明既定数量资本的需求价格会提高，相当于

上述论点，考虑两个极端的例子即可予以说明：商品需求弹性等于零时，产量就无变化，而且随着劳动量的增加，资本量必减；

证明资本使用量会提高；反之亦然。

假定第一位置的劳动价格为 l，第二位置的为 $l-\triangle l$，劳动价格下降时，就多用劳动，资本数量为既定。设单位第一位置资本所需要的劳动数量为 L，第二位置单位资本所需要的劳动为 $L+\triangle L$。使用劳动量愈多，既定数量资本的毛产量就愈大。设 G 为第一位置单位资本的毛产量，$G+\triangle G$ 为第二位置单位资本的毛产量。设既定数量资本（等于资本的需求价格）第一位置为 N，第二位置为 $N+\triangle N$。这里需证明替代单位商品需求弹性$\triangle N=0$。现在，毛产量提高至等于劳动成本时，平均净产量保持不变（所以$\triangle N=0$）。但是：
$$N = G - Ll \text{（按照定义）}，$$
而且，$\quad N+\triangle N = (G+\triangle G) - (L+\triangle L)(l-\triangle l)$。
所以，$\quad \triangle N = \triangle G - (l\triangle L - L\triangle l - \triangle L\triangle l)$。
既然$\triangle l$小，$\triangle L$也会小，那么，$\triangle L\triangle l$就可忽略不计。
所以，$\quad$ 当$\triangle G = l\triangle L - L\triangle l$ 时，$\triangle N=0$。

现在，$\triangle G$（毛产量的变化）等于$\triangle L$（单位资本劳动量的变化）乘以行业劳动边际产量，l 等于企业的劳动边际产量。按照（正文中所作的）假设，即不存在行业规模经济，企业的边际产量据价格对边际收入的比率大于行业的边际产量（第237页）。

所以，$\triangle G = l\triangle L \cdot \dfrac{M}{A}$，其中，M 是边际收入，A 是商品价格。

所以，假如 $l\triangle L \cdot \dfrac{M}{A} = l\triangle L - L\triangle l$，亦即假如 $\dfrac{A-M}{A} = \dfrac{\triangle l}{l} \cdot \dfrac{1}{\triangle l}$，那么，$\triangle N=0$。

现在，$A - \dfrac{M}{A} = \dfrac{1}{\epsilon}$，而且假如资本的价格不变，那么，根据替代弹性（$\eta$）定义：
$$\dfrac{\triangle l}{l} \cdot \dfrac{L}{\triangle L} = \dfrac{1}{\eta}。$$
所以，我们可以把上述论点写成：

当 $\dfrac{1}{\epsilon} = \dfrac{1}{\eta}$ 时，$\triangle N=0$。

所以，$\epsilon=\eta$ 时，$\triangle N=0$。不过，前者尚需证明。

我们可以注意到，$\triangle N$ 是正值还是负值主要取决于 η 是小于还是大

替代弹性等于零时，差别劳动与资本比例不变，产量增加，资本量必增。无论向哪个方向变化，资本量变化都会是两种弹性差别愈大则愈大的。

由此证明可以推断出下列附文：如果 η 小于 ϵ，则资本供给曲线下降会提升劳动需求曲线；若 η 大于 ϵ，则使它降低。资本供给曲线上升时，情况反之。

此时，劳动对资本的比例的变化既由替代要素弹性决定，又由劳动和资本的价格变化决定。可以注意到，条件如果是资本总需求保持恒定，那么，劳动需求弹性就等于替代要素弹性；而如果条件是由于工资降低资本量增加（也就是替代要素弹性小于商品需求弹性），则劳动需求弹性就大于替代要素弹性，因为所用劳动量的比例提高，必导致它大于要素比例的成比例变化。而当条件为资本量减少（亦即替代要素弹性大于商品需求弹性）时，劳动需求弹性就会小于替代要素弹性。资本量因工资标准降低变化愈大，劳动需求弹性与替代弹性之差就愈大。

现在，我们必须考虑马歇尔的下列论点，即劳动需求弹性会是劳动对资本（代表其他一切要素）的比例愈小则愈小的。为分离出要素比例对劳动需求的影响，我们这就考虑资本供给完全富有弹性、因此其价格不因使用量而改变的这种情况。劳动对资本比例愈大，归因于工资既定下降的资本总量的比例性变化就愈大。在资本量增加的条件下，劳动所占的比例愈大就增加愈多；而且在资本量减少时，劳动所占的比例愈大就减少愈多。由此可见，当商品需求弹性大于替代要素弹性（因此，资本量增加）时，劳动需求弹性会因劳动所占的比例愈大就愈大；而当替代要素弹性大于商品需求弹性时（因而资本量减少），劳动需求弹性就会是劳动所占的比例愈大而愈

于 ϵ。

由此可见，由于工资稍降，资本使用量会递增还是递减，那要看替代要素弹性是小于还是大于商品需求弹性。类似地，资本价格降低是使劳动使用量增加还是减少，主要取决于替代要素弹性是小于还是大于商品需求弹性；资本价格上升时，情况则反之。

小的。

因此，马歇尔的论点，即劳动需求弹性愈大，劳动相对于资本所占的比例就愈大，唯下列情况下才正确的：资本总需求在工资下降时增加，也就是说，在替代要素弹性小于商品需求弹性时就增加。上面分析的要素比例固定（因此，替代要素弹性等于零）的这种情况，是极端例子。马歇尔的论点就下列情况来说是不正确的：当替代弹性等于商品需求弹性时，因为劳动需求弹性与被使用的各要素的比例无关（等于替代弹性）。反之，当替代要素弹性大于商品需求弹性时，马歇尔的论点则是正确的，因为在其时，劳动需求弹性是劳动占资本的比例愈大就愈小的。①

接着，我们必须考虑马歇尔这样一个论点，即劳动需求弹性是资本供给弹性愈小就愈小的。要证明这个论点，那就必须考虑资本价格的某种变化对劳动需求的影响。我们已经指出过，工资下降就会使资本的使用量不是增加就是减少，而这要看替代要素弹性是小于还是大于商品需求弹性。② 按照同一证法，我们可以认识到，资本价格的上涨不是使劳动用量减少就是使之增加，而这要看两者的弹性孰大孰小。

现在，假如资本供给小于完全富有弹性时的情况，则资本使用量的增加，就会提高资本的价格。但是，正如我们注意到的，资本使用量唯商品需求弹性大于替代要素弹性且这同一条件得以满足时，资本价格才会阻止劳动使用量的增加，此时，它才会有所增加（作为工资下降的结果）。因此，就此例来说，资本供给愈是弹性小，劳动需求也就弹性愈小；反之，资本使用量减少时，资本价格就会下降。当替代要素弹性大于商品需求弹性时，资本使用量才会下降（工资下降所致），而条件得到满足时，资本的降价就将会阻止劳动使用量的增加。因此，再一次地，劳动的需求会是资本供给弹性愈小而弹性愈小的。由此可见，无论就哪一种情况来说，马歇尔的见

---

① 就这一节来说，我要感谢 J. R. 希克斯先生，因为我是在看到其在《工资理论》附录中的分析后才考虑到这种情况的。

② 见本书第 235 页注②。

解都是正确的。只有在两种弹性相同因而资本使用量不会发生变化时，马歇尔的见解才不对。在那种情况下，劳动需求弹性与资本供给弹性无关（且等于替代要素弹性），因为既然资本使用量不变，那么资本价格也就不变，而不论其供给弹性如何。资本供给弹性对于劳动需求弹性的影响，是替代弹性与商品需求弹性之差愈大则愈大的；而当这两种弹性相同时，前者对后者的影响为零。①

七

至此为止，我们始终假设不存在行业规模经济。如若此类经济属于最简单的一类，例如，如若该行业是使用某一种机器，而此类机器又随着该行业的扩大而变得价廉了（由于机器制造业在供给曲线下降的条件下而生产），那么，其影响也就会是仿佛资本成本随着行业的规模扩大而下降一样。此例于是的的确确（在相反的意义上）与资本成本随着使用量的增加而提高那种情况相对称，因此，我们可以认为劳动需求弹性，会是资本下降供给曲线弹性愈小而愈大的。

规模经济为更复杂的一类，与生产技术变化相关时，此类经济就无法如此容易地纳入我们的体系了。然而，在报酬递增和递减的附录中，也可以以资本下降供给曲线体现任何一类规模经济。因此，每一类规模经济都可以按照最简单的一类——随着行业规模的扩大某种机器价廉了——予以论述。由此可见，规模经济往往会使劳动需求曲线更富弹性这一论点具有完全普遍的适用性。

至此，我们发现，要素替代不可能实现时，劳动需求弹性必小于商品需求弹性（除非除劳动外别无要素可使用）。但是，若有行业

---

① 我再次感谢希克斯先生，因为对他的研究成果的考虑使我得以消除了我论述中的一个错误。但希克斯先生自己就此情况的分析似是有误。他指出商品需求弹性只是稍大于替代要素弹性时，劳动需求的弹性才几乎与要素比例无关。但他未能注意到，在那些条件下，劳动需求弹性与资本供给弹性几乎无关同样是对的（见《工资理论》，第246页）。对这一失察可作出的解释似是在于他未能注意到商品需求弹性等于替代要素弹性时，他的方程式（3）（同上，第245页）中的 $(\eta-\delta)^2$ 等于零。

规模经济，劳动需求就需有与商品需求弹性一样大甚或大于商品需求弹性的一种弹性，使其不存在替代。如若工资某种成比例下降的量导致其他成本也等比例地下降（因产量增加，因此导致规模经济），则劳动需求弹性就会一如商品需求弹性一样大；而且随着更大规模的经济，劳动需求弹性还会大于商品需求弹性，结果是商品需求弹性大的劳动需求曲线就会具无限弹性甚或弹性提高的。行业规模经济大到足以确保劳动需求曲线上升或许不大可能，但它并非理论上的不可能。如若替代可行，且劳动需求弹性比替代不可行时大，则需求曲线上升的这种可能性提高。

如若劳动需求曲线上升，那么，除非劳动供给曲线也是上升的，否则绝无均衡可能。如若行业规模经济大到导致上升的劳动需求曲线、劳动供给曲线完全富有弹性，那就意味着商品供给曲线的下降快于需求曲线的下降，而且是直至达到需求曲线不如供给曲线富有弹性，此时均衡才有可能。但随着商品需求曲线弹性的减小，劳动需求曲线弹性也减小，在那个均衡点上，劳动需求曲线才会降。

第八篇
卖方独家垄断与竞争的劳动需求比较

第 23 章　卖方独家垄断与竞争的劳动需求比较

一

在前几章，我们对某种行业的完全竞争条件下的与卖方独家垄断条件下的两种产量进行了比较。其实，卖方独家垄断与竞争的劳动需求也可以作相似比较。

我们认为，就卖方垄断产量与竞争产量作出一种令人信服的比较所必不可少的那些假设，都是易招致各种歧义的。① 然而，其中又有很多歧义是同样适用于对劳动的卖方垄断和竞争需求的比较的，且并不乏说服力。再一次地，与其把此类比较看做是利用比较这一方法的一种练习，倒不如视比较本身就很可能是具有实际重要性的一种探索。

此外，我们发现，还有一种决定性的批评意见，这种意见所说明的不是比较不可行（假如其他种种歧义可以达到目的的话），而是我们此前所用的方法过于简单。某些情况除外，卖方垄断条件下和竞争条件下一定产量所对应使用的要素比例就不会是一样的。如果比例不同，则卖方垄断者的平均成本就会低于竞争条件下的行业的平均成本。假定卖方垄断者的边际成本曲线与竞争平均曲线（供给曲线）具有一般的边际关系，那么，在这种情况下我们所得出的结

---

① 见本书第 14 章。

果就不是有根据的,除非卖方垄断条件下和竞争条件下无论何种产量所需的要素比例都相同。上述第 11 章和第 12 章所作的比较低估了要素比例可变时卖方垄断者的产量,为了进行有根据的比较,我们必须探究商品供给曲线并验证生产要素供给曲线。① *

二

在这里的比较中,我们拟取对卖方垄断条件下和竞争条件下的产量进行比较时所用的同一步骤。首先,根据卖方垄断条件下与竞争条件下生产要素按同一比例(对任何既定产量)加以使用的这一假设进行比较,其结果就将会是令人信服的。②接着,在下一章我们将考察这一假设没有得到满足时的那些情况,并且作卖方垄断条件下和竞争条件下生产要素按同一比例使用(对任何既定产量)的情况的比较,然后验证该假设是否具有不适用的情况。

假如卖方垄断条件下和竞争条件下生产出任何产量的生产要素的比例都相同的话,那么,可以得出的结论是,卖方垄断者的任何既定人数都使用如竞争条件下所使用的同等数额的资本(代表其他所有要素)。此人均资本额因人数而有别,但在卖方垄断条件下和在竞争条件下各人数则相同。因此,该行业总生产曲线在两种情况下都相同,人均资本成本一样(假定卖方垄断者支付任一稀缺要素的报酬收益),边际和平均净产量曲线也一样。竞争条件下的行业劳动需求曲线由平均净产量曲线给出;在卖方垄断条件下,既然该行业是一个控制单位,那么,需求曲线③就会由该行业的边际净产量曲线给出。因此,卖方垄断者的劳动需求曲线与竞争需求曲线互为边际曲线。

---

① 见本书第 156 页注①。
* 本章和下一章,主要看做是对这种方法的一个练习。——译者注
② 正如在下一章中我们会看到的,这一假设满足这里的比较的程度,比起用于前面的比较来可能还要低一些。
③ 需求曲线是在本书第 215 页讨论过的那种意义上加以使用的。

第 23 章 卖方独家垄断与竞争的劳动需求比较

这一事实是个别买主对边际收入和边际成本两者进行权衡的这一一般原则起作用的结果。如果把某个垄断行业设想为仅由某个卖方垄断者掌控（其余一切都保持不变），那么，必须考虑自身利益的这个垄断者的身份就变了，可以说，这时的重心就从企业向行业转移了，劳动需求受行业作为一个整体的边际收益的调节，而不再受企业边际收益的调节了。行业作为一个整体的边际收益等于增加使用一个单位的劳动所致的价值净增量，而这就我们在考虑的这种情况来说，与竞争行业劳动边际净产量相同，而该企业边际收益是多使用一个单位劳动所致的产量增量的价值，就等于劳动平均净产量。

既然卖方垄断者的需求曲线与竞争需求曲线互为边际曲线，那么，劳动的垄断需求与竞争需求之间的比较也就可以用同一几何方法进行，就像用于垄断产量与竞争产量比较一样。① 如果需求曲线和供给曲线都是直线，那么，卖方垄断者就将使用竞争条件下一半的人数。劳动需求曲线的凸性和劳动供给曲线的凹性趋向于提高垄断条件下的就业对竞争条件下的就业的比率一样，就像需求曲线的凸性与供给曲线的凹性趋向于提高垄断产量对竞争产量的比率一样。在每一种情况下，垄断条件下的就业量都小于竞争条件下的就业量。②

即使劳动竞争需求曲线有可能完全富有弹性，或许还是上升的，但这依然会是正确的。③ 因为劳动供给曲线的上升必然快于需求曲线的上升，以期确保均衡。垄断就业对竞争就业的比率，如前一样，将由需求曲线与供给曲线的凸性决定，但需求曲线的凹性将趋向于提高此比率，而凸性则降低此比率。

---

① 没有提供这些比较的用图，因为第 11 章的那几个图都有助于说明这些比较。对于 β 和 α 来说，包括生产要素报酬在内的平均成本曲线和边际成本曲线，都是阐释该行业的劳动的平均成本和边际成本的，而平均收入是阐释平均净产量的，边际收入则阐释边际产量。然后，所需要的关系会以那些数据予以说明。
② 需求曲线或供给曲线有一个扭结的除外，有扭结的地方就业量会相同。参见图 50 和 51。
③ 见本书第 240 页。

三

至此,我们一直假定卖方垄断者支付劳动报酬,但劳动对该行业的供给不完全富有弹性时,他可能就有差别地购买劳动了。① 要是他有条件完全有差别地对待,那他就会按照转移工资标准雇用每一个单位的劳动,且不付劳动报酬。劳动对卖方垄断者的边际成本和垄断条件下的就业量,会不是由劳动的边际成本曲线调节的,而是由竞争行业的劳动平均成本曲线调节的。在此例中,供给曲线和需求曲线为直线时,卖方垄断者会雇用愈半的竞争人数,垄断条件下的相对就业量会是竞争需求曲线弹性愈大就愈大的。

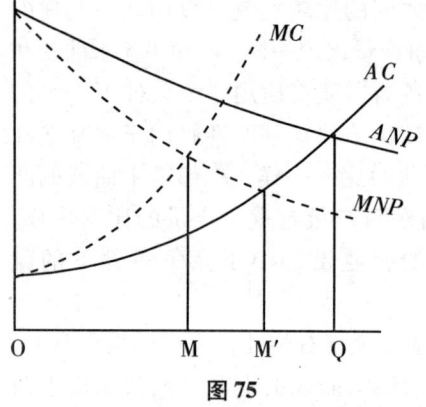

图 75

如图 75,设 ANP 为竞争的劳动需求曲线。

MNP 为卖方垄断的劳动需求曲线

AC 为该行业的劳动供给曲线。

MC 为该行业的劳动边际成本曲线。

竞争条件下受雇的劳动数量是 OQ,卖方垄断条件下如付生产要素报酬,则为 OM。

卖方垄断者不付生产要素报酬,亦即他完全有差别地购买劳动时,受雇用的劳动量为 OM′。

如若劳动的竞争需求完全富有弹性,那么,就业量就会与卖方垄断条件下和竞争条件下一样,;而若竞争需求曲线上升,则就业量就会是卖方垄断条件下大于竞争条件下的。②

---

① 见本书第 134 页。这里,我们假设一种稀缺要素的每一个单位的转移收入都与要素使用量无关。

② 由此可见,我们通过另一途经再一次发现,一旦行业规模经济是如此之

由此可见，行业规模经济大到足以确保劳动竞争需求曲线上升时，假如竞争者不为劳动付报酬的话，那么，就业量就会是卖方垄断条件下的大于竞争条件下的。

四

前面的各项比较是依据这样一种假设作出的，那就是，除劳动外，所有要素卖方垄断者都是支付报酬的。如若资本是卖方垄断者不付报酬的一种稀缺要素的话，则不论多少人，人均资本成本在卖方垄断条件下总是会比在竞争条件下要少相当于平均报酬这么一个数额。在上述例子中，假定资本对劳动的比例无法改变，而毛产量在垄断条件下和竞争条件下都一样，则在竞争条件下，平均净产量要比垄断条件下的高一些，因为人均资本的成本少一些。① 卖方垄断者的边际净产量曲线（该曲线引起他的劳动需求曲线）因此将位于竞争需求曲线的边际曲线的上面，而卖方垄断条件下的就业量将会大于上述比较所示。②

大，乃至实际上是稀缺的（在这个意义上系指劳动）生产要素都处于完全弹性供给之下，则在不可能达成均衡时，卖方垄断下的产量只会比竞争条件下的产量还要大（只要要素比例固定）。

① 要素比例易变时，卖方垄断者不付资本报酬这一事实，对他自身的劳动需求就会产生双重影响。他的产量若是大一些了，但雇用的人却越来越少。本书上文所给证法的那一附文，如果适当改动一下措辞，即可应用于这个情况。边际收入曲线的弹性必取代商品需求曲线弹性，而替代要素的弹性则必须解释为要素用量的比率成比例变化的量，除以卖方垄断者边际成本比率成比例变化的量所得之商（见本书第 301 页注①）。于是，这可用同一证法加以证实，亦即如果替代要素的弹性不是大于就是小于边际收入曲线的弹性的话，则卖方垄断者的劳动需求曲线就会由于不付资本报酬而降低或升高。

② 可以证明，只要不存在行业规模经济，卖方垄断者的边际净产量曲线就会位于竞争的平均净产量曲线之下，因此，卖方垄断条件下的就业量不可能超过竞争条件下的就业量。但若行业规模经济充分大，那么，卖方垄断者的劳动边际净产量曲线就会位于竞争需求曲线的边际曲线之上。因此，假如劳动供给曲线有充分大的弹性，或者是卖方垄断者不支付劳动报酬，那么，垄断条件下的就业量就会比竞争条件下的还要大。

第 24 章　对比较的校正

前面所作的比较，是以生产要素卖方垄断条件下和竞争条件下都按同一比例使用这一假设作出的。①正如我们在第 14 章中注意到的，生产要素固定亦即生产任何既定产量只有一个方法这一假设，是极其令人难以置信的。即使土地、劳动和资本可以想象为就长期来说是固定的，但工商企业家对产量的比例仅由技术考虑就是固定的，这一点就极不可能了。不过，我们还是能找到这样的情况的，即生产任何既定产量的各要素的比例，即使技术上有变化，在垄断条件下和在竞争条件下也都还是一样的。如果所有要素供给都完全富有弹性，或是所有弹性都相同，或是卖方垄断者不付生产要素报酬，而且不存在规模经济，那么，改变竞争比例，任何既定产量的生产就会一无所获。*

或许常有这样的情况，即某种行业所有要素的供给都完全富有弹性，而且不存在规模经济，并且垄断条件下和竞争条件下的要素比例都是相同的。但我们现在的任务是考虑垄断条件下和竞争条件下人数既定时的产量。我们必须研究都会出现什么情况，需研究的不是诸如此类两种情况下的产量问题，而是两种情况下诸如此类的人数的使用问题。为了首项比较奠定基础起见，我们要把要素供给曲线设为既定，而且假设商品需求曲线是已作了如此这般调整乃至

---

① 对垄断与竞争的任何比较以及一般性的歧义，都必须通过作出与第 14 章那些假设相似的假设以加以进行。

② 本章的分析颇难理解，但对接续的论述又并非绝对必要。——译者注

各种产量都能如数生产的了。

现在,所有要素(劳动除外)的供给都完全富有弹性,而且不存在规模经济,以既定劳动数量所用的各要素的比例,垄断条件下就不会与竞争条件下的一样了。卖方垄断者的资本边际产量(调节他用于既定人数的资本量),就将小于一个企业的边际资本产量(调节既定人数在竞争条件下所拥有的资本量)。因为不存在规模经济,因此边际实物产量在两种情况下都是相同的。卖方垄断者的边际产量等于边际实物产量乘以边际收入,对竞争行业而言,是边际实物产量乘以物价。有既定人数的卖方垄断者所使用的资本量,因此就小于竞争条件下所使用的数量了。由此可见,在垄断条件和竞争条件下,既定产量的要素会相同,我们不会提供一个既定人数所需要的要素都相同这样的例子。而且,正如我们很快会发现的,只有在很独特的条件下既定人数所使用的其他要素数量会在垄断条件下和竞争条件下相同。

既定人数条件下所使用的各种要素的数量所确定的方式可说明如下:假设资本为劳动以外的唯一要素,而资本按效率计,则所有行业规模经济都表现为资本对该行业供给价格的下降。① 如图76,现在我们设该行业所使用的人数既定,画曲线(MP_F)显示资本对企业的边际产量与人数相同的该行业所使用的资本量之间的关系,以及显示该行业的资本边际产量的曲线(MP_I)。企业的边际产量等于资本边际实物产量乘以物价,该行业的边际产量等于边际实物产量乘以边际收入。② 既然边际实物产量随着资本量的增加而下降,那么就有两条曲线不会是互为边际曲线和平均曲线的。但就每一个资本额来说,这两条曲线却是替代了彼此作为价格对边际收入的同一比率的。接着我们再来画该行业的资本的边际成本曲线 MC 和平均成本曲线 AC。假如资本是一种稀缺要素,那么,这些曲线就会上升;而假如存在行业规模经济,则这两条曲线就会下降。在购入资本时,我们是假设卖方垄断者不能有差别地对待的,因此他必须是

---

① 见本书第315页。
② 见本书217页。

一视同仁地支付资本的报酬的。因此，曲线证实的是卖方垄断者的资本边际成本。

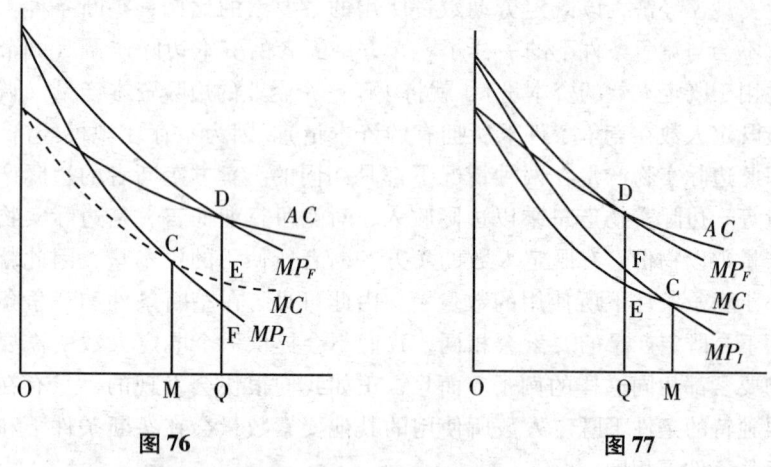

图76   图77

由此可见，在图76和77中，卖方垄断者按既定人数所用的资本额 OM，是由该行业边际成本曲线 MC 与边际产量曲线 MP_I 的交点 C 决定的。竞争条件下这个资本额所对应需要的人数 OQ，由企业的平均成本曲线 AC 与边际产量曲线 MP_F 的交点 D 来决定。设 DQ 与 MP_i 相交于 F 点且与 MC 相交于 E 点。既定数量的人所使用的两个资本额 MC 与 MP_i 彼此相交于 F 点，也就是说，假如 F、C 和 E 是重合的，那就会是相同的。现在，DQ 与作为边际收入的价格 FQ 是处于同一比率水平上的，因此，$\dfrac{DQ}{DF}$ 等于商品需求弹性，① 但 $\dfrac{DQ}{DE}$ 等于资本供给弹性。因此，E 与 F 重合，垄断条件下和竞争条件下所使用的资本额，如果无论数值还是记号都相同，那么商品需求弹性就等于资本供给弹性。

这个条件只有间或才能予以满足。这可以用下列说法予以表明，那就是，边际收入与价格的差别——该差别使卖方垄断者倾向于既定人数下比之于竞争条件下会少用资本——恰好被行业规模经济所抵消

---

① 见本书第23页。

了（行业规模经济，在这里由下降的资本供给曲线所体现），这个差别是垄断者有意多用的部分。实际上，这个条件显然间或才会得到满足。

假如任何既定人数情况下的资本使用量在垄断条件下与竞争条件下都是相同的，那么，毛产量就会相同，人均资本成本也会一样，平均净产量也一样。于是，卖方垄断者的劳动需求曲线就完全与竞争需求曲线互为边际曲线。这样，前一章进行的比较就有根据了。

卖方垄断条件下资本用量大一些时，卖方垄断条件下任何既定人数的平均毛产量就可能高一些；而资本用量少一些时，毛产量也就可能比竞争条件下同样多的人数的情况下低一些。但可以证实，与竞争条件下所用的资本量相比，卖方垄断者不论多用了还是少用了资本，垄断条件下的平均净产量，都必然高于竞争条件下的平均净产量。这可予以证实如下：垄断条件下与竞争条件下既定人数所使用的资本量之差，见上图76和图77中的距离MQ所示。可归因于资本量差别的毛产量差别，由MCFQ的面积所示，该面积位于该行业资本边际产量曲线之下。资本成本之差由面积MCEQ表明，它位于该行业的资本边际成本曲线之下。净产量之差由MCFQ减MCEQ所示，亦即由三角形CEF表明。由此可见，如果卖方垄断者比竞争条件下少用资本（如图76所示）时，那么所用资本引致的增加的超过竞争条件下的毛产量部分，就会少于资本成本的超过部分。卖方垄断者所用的资本量比竞争条件下的大一些（如图77）时，增加的毛产量就会大于增加的资本成本。因此，无论何种情况，既定人数的净产量都是垄断条件下比竞争条件下大面积CEF这么一个差距。由此可见，只要是垄断条件下的资本量有别于竞争条件下的资本量，则垄断条件下的净产量就会高于竞争条件下的净产量。净产量之差，是替代弹性愈大①就愈大的，而且也是商品需求曲线弹性与资本供给曲弹性差别愈大就愈大的。② 也就是说，垄断条件下与竞争条件下

---

① 替代要素的低弹性可用 MP_l 和 MP_F 陡峭的斜度表明。这两条曲线斜度愈大（其余一切均相同），距离 MQ 愈小。
② 一条上升的资本供给曲线的弹性是被看做与需求曲线弹性相反的标志的，因为需求曲线必须是下降的。

的净产量之差，会是技术条件允许资本与劳动的比例改变愈容易就愈大的，而且是通过改变这种比例所能获得的利益亦愈多的。假如替代要素弹性为零，则资本与劳动的比例（由于技术原因）就不能加以改变；而若商品需求弹性等于资本供给弹性，那就没有改变资本与劳动的比例的动机了。这就与下列事实相似，那就是，垄断条件下既定产量的平均成本，会比竞争条件下的低一些，而且是替代的可能性愈大，则各种生产要素供给弹性彼此差别达到的程度就愈大。①

既然卖方垄断者的平均净产量曲线处于竞争行业平均净产量曲线（亦即竞争的劳动需求曲线）之上，那就可以认为，垄断者的劳动需求曲线——该曲线与他自己的平均净产量曲线互为边际曲线——必位于与竞争需求曲线互为边际曲线的那条曲线上面，就像他自己的边际成本曲线一样，将位于与竞争供给曲线互为边际曲线的那条曲线下面。因此，与劳动对资本的比例不变时相比，垄断条件下所使用的劳动量所占的比例高于竞争条件下的使用量所占的比例。② 若卖方垄断者所使用的要素比例的改变充分大，则他的劳动需求曲线就可能位于竞争需求曲线的上面。因此，假如劳动供给富有充分弹性，则劳动使用量垄断条件下就比竞争条件下大。不过，发生这种情况的条件是不同的，从产量上来说，垄断条件下比竞争条件下要大。假如垄断条件下和竞争条件下的产量都是一样的，那么，劳动用量无论大一些还是小一些都有可能发生，不过，这要看卖方垄断者使用与其他要素相比的劳动量的比例是高于还是低于竞争条件下的比例。

---

① 见本书第 14 章第六节。
② 要素比例可变时为就劳动的垄断和竞争需求作一种严格比较，那就必须考虑商品需求曲线和资本供给曲线的形状，而不是考虑劳动的竞争需求曲线的形状。例如，假如资本供给曲线和商品需求曲线都是直线，那么，劳动的竞争需求曲线就会是凹曲线，而这一粗略比较会使我们以为在供给曲线为一直线的情况下，卖方垄断者会雇用处于竞争之中的不到一半的人数。事实上，他雇用的会比这颇多一些的，而且可以证实，他雇用的恰好为参与竞争的人数的 50%。

第九篇
剥 削

第25章 对劳动的卖方独家垄断的剥削

一

有关劳动的卖方垄断和完全竞争需求的比较，其自身并无多大实际意义，但是，为加以比较而作的这种分析本身，却又可能是有用的。就有一类问题是与劳动遭"剥削"联系在一起的，这类问题或许有助于说明剥削这个问题。

一般说来，劳动遭剥削这个问题提出了一大类问题，这一问题归第27章讨论。这里，我们要分开考虑某一种行业的情况以及排除某一行业的剥削的影响。这样，我们就假定某行业就业的增加或减少不会对另外的行业产生重大影响，而且价格的总水平也不会受影响。因此，我们考虑之中的工人群体的货币工资的某种变化，会导致其实际工资的某种相应的变化。

通常认为，剥削（劳动所得少于真正的工资）由劳资议价实力不均引起，而这可以通过工会或国家诉讼予以免除，诉讼置工人与雇主处于议价平等的地位。我们可以注意到，议价实力在多种情况下都很重要，但遭剥削的根本原因还在于劳动供给或商品需求缺乏完全弹性。*

按照通常的说法，一种生产要素按照低于劳动边际净产量的一

---

* 本章第四和第六两节含有若干与此论述不很重要的难以理解之处。——译者注

种价格加以使用,就是受剥削。每一种生产要素的使用都使对雇主而言的他的边际净产量等于他的边际成本,这是有利的。由此可见,假如某种要素的市场是完全的,则该要素对个别雇主而言其边际成本就等于其价格,雇主的自身利益(假定他们不受对其所属阶级的忠诚度的影响)也会确保该要素获取等于其对雇主而言的边际净产量。工人在企业间的流动完全自由,这会迫使雇主们就劳动相互竞价,直至工资等于其所用的劳动数量的边际净产量,市场的自由会有助于劳工组织为工人确保其合适的工资水平。假如劳工市场是完全的,而多雇用一个工人的边际成本就等于这个工人所获的工资的话,那么,竞争行业的工资低于对企业的劳动边际净产量就是不可能的。因为假如低于它了,它就使得雇主多雇人,直至边际净劳动产量降至等于工资。因此,按照这个定义讨论的剥削就是不可能的,除非对企业的劳工供给不是那样富于弹性,因而工资就低于对企业的边际劳动成本。由此可见,工会或是《最低工资法》在消除剥削这一点上的作用,倒不是在它提高了工人的议价能力这一事实,更多的还在于下列事实,即依靠某种"共同规则",它使雇主的劳工供给具有完全弹性。

因此,我们认为,要是仅把剥削理解为对雇主来说的工资低于劳动边际净产量的话,那么,只要购买劳动是完全竞争的,这种情况就不会出现。但是,这个定义无需如此严格,通常说来,剥削实际上也就是指,工资低于按其售价计的劳动边际实物产量。[①] 按照这种观点,商品市场以及劳动市场不完全也就可能导致剥削了。销售市场一不完全,企业的劳动边际净产量也就等于劳动的边际实物产量乘以企业的边际收入,而边际收入却低于价格。由此可见,即使工资等于企业的边际净产量,那也还是存在剥削的。

这两个剥削定义之间的冲突,也就是一个措辞问题。不论我们是否称之为剥削,既定情况也还是一样。就我们现在的目的来说,所取定义还是以宽泛一点为宜。我们会说一批工人在他们的工资低于他们的按售价计的边际实物产量时是受到了剥削。

---

① 参看庇古教授,《福利经济学》,第 549 页。

消除剥削，劳动的边际实物产量和商品价格两者都能得到改变。我们还会发现，消除剥削并不总是对相关工人有利。这似是矛盾的，但可能又是正确的。

二

引起剥削的情况可分为三类：对雇主的劳动供给完全富有弹性，可归因于劳动的供给不完全富有弹性（虽然商品按完全竞争的条件售出）；因雇主有区别地对待购买劳动的权利而发生的劳动的供给不完全富有弹性。后两类属可归因于劳动的买方独家垄断的市场结构。就前两类来说，我们要假定，所有的人数效率都不相上下，而且雇主对所有的人都支付相同的工资。就第三类来说，那不是每个人效率有别，要不就是效率相同，但工资率有别。另外，还有一种受剥削程度相似但我们的定义给排除在外的一种情况，这种情况即使存在完全竞争，但无论是销售产品还是雇用工人的劳动，都存在完全竞争，并且假定企业无法自由进入行业。就这种情况来说，假定所有工人的效率都相同也是方便的。

三

最简单的一类剥削是在个别企业劳工供给完全富有弹性而产品销售没有完全竞争的情况下发生的，这也是一种卖方独家垄断。在很多人受雇的垄断条件下，正如我们注意到的，工人的边际实物产量乘以卖方垄断者的边际收入就等于工资。因此，在工资小于边际实物产量乘以商品价格的情况下，按照我们的定义，剥削就发生了。这一剥削靠提高工资消除不了。提高工资仅会导致失业而已，工资提高以后的剥削仍然继续。对剥削的唯一校正，就是采取从垄断者那里获取竞争产量的这样一种方式控制物价。①

---

① 见第 13 章。这里所用的竞争产量是指价格等于平均成本的那种产量。

四

不是一个孤零零的卖方垄断者，而是存在很多企业在一种不完全的市场销售产品的情况。但即使这样，即使各个企业的劳动供给都完全富有弹性，剥削也还会再度发生。若是存在自由进入的行业，因而利润是正常的，但各企业的规模也还会是小于最适度规模的。① 工资就等于劳动的平均净产量（如若情况不是如此，商品平均成本就会低于价格，且会存在高于正常利润的利润），且等于个别企业的边际净产量。但是，企业的边际净产量会小于按商品价格计值的劳动的边际实物产量（既然企业的产品需求不完全富有弹性）。此类剥削不会因工资提高而消除。但若市场变得完全消失，则此类剥削或许还会盛行。因此，颇值得详细分析消除市场不完全性对劳动的影响。

市场完全时，则企业扩大，且处于新的均衡状态，利润再次趋于正常，企业达到最适度规模，成本降低，商品价格下降。

因此，消除市场不完全性就必须降低商品价格。这样一来，还可能改变原受雇于该行业的很多工人的边际实物产量。既然工人们现在是在最适度规模的企业工作，因而如果规模不适度就不是最理想的企业了。在原有状况下，工人们获得的是比当时边际实物产量的价值还要少的价值；而在新的状况下，工人们会获得相当于其边际实物产量的价值。但是，我们不能由此得出结论认为，在新的状况下，工人们就会比在原来的状况下富裕一些；既然边际实物产量的价值在递降，则产品价格必定降低。

为了解释这个问题，考虑企业规模的扩大对平均劳动实物产量的影响是方便的。预期每个工人的平均实物产量（企业实物产量之和除以雇工总数）在企业增长而达到最适度规模之时应有增加。② 不过，平均实物产量因企业规模扩大而降低是可能的。但唯企业用

---

① 见本书第 82～83 页。
② 见本书第 224 页。

人数量增加并未产生规模经济,这才可能出现这种情况;或是企业有规模经济,但因为使用了某种固定要素(例如设备或管理),因而超出了其最适度的规模。因此,不可能有一个共同的实例。

一旦企业成长而达到最适度规模,① 他种人均使用要素成本就不是在提高就是在降低。

至此,我们一直是按照某行业就业人数保持不变以及工资通过消除剥削而有适当程度的改变的这一假设的。还有可能假设工资保持不变以及要素使用量适当改变。为此目的,第二种方法还要方便。无论以哪一种方式所得的结果都必一样。因为若按原工资,就业会增加。由此可见,不减就业人数而提高工资是做得到的。因此,固定人数的工资会通过消除剥削而有所提高;而若按原工资,虽会降低剥削的程度,但会导致固定人数所得的工资的减少。

为简明起见,我们就得假设,不完全市场上的所有企业成本曲线和需求曲线都相似,产量相同且都按同一价格销售。② 现在,市场一变完全,假定工资不变的话,则生产成本降低,产量增加。但产量此增不会导致按既定工资的就业人数的增加。若人均实物产量(实物产量总数除以就业人数)下降,一旦企业达到其最适度规模,反过来又必增。且我们刚才指出,人均实物产量更有可能提高。于是,就可能存在某种双重效应。增产所致的成本下降会导致增加就业人数;但人均实物产量之增必意味着生产既定产量所需的人数必减。因此尚需研究以何种效应为主。

按单位产量计的成本的下降,完全归因于人均实物产量的增加。不过,这仅趋向于增加就业,若该行业此产品总需求弹性大于 1 的话。这里显而易见的是,所用他种要素的人均成本,在此例中,企业为具最适度规模者与尚未达最适度规模者是一样的。既然工资未变,由此可知,人均总成本也未变。因此,单位产量成本(等于人

---

① 见本书第 224 页。
② 下列分析系基于这样一个假设,即该行业一切要素的供给都完全富有弹性,且无行业规模经济。这个假设得不到满足时,可以把那必要的复杂性引入论述框架内,这不会引起结构上的任何重大改变。

均总成本除以人均实物产量）随着实物产量的提高而同比例下降，物价也同比例下降。由此可见，若产品需求弹性等于1，则产量就会与人均实物产量一样按同一比例增加，就业人数也不会变化，它会据需求弹性是大于还是小于1而增或减。

反之，就商品成本伴随着其他要素的人均成本下降而下降、实物生产能力无任何变化的这种情况来说，它必然导致就业人数的增加（按既定工资），除非商品需求完全无弹性。如若人均实物生产率提高而人均成本降低，且商品需求弹性等于1，那么就业人数就会增加；若需求弹性达不到小于1的某个数值，就业人数就会减少。其他人均使用要素成本的这一下降，加之企业生产设备对有某种报酬的固定要素（例如企业家本身，或是一条铁路线）的需要量也在增加，则人数一增，人均成本就降。反之，很有可能是，生产的机械化水平是随着企业规模的扩大达到最适度规模后而提高的，因此，企业所使用的他种要素的人均成本一般而论也很可能是提高的。于是，商品成本就按比人均实物生产率提高小一些的比例下降；而若商品需求弹性等于1，就业人数就减少；唯需求弹性大于1时，此例中的就业人数才会增加。

由此可见，无论何种情况，总会有某行业的产品总需求的某种临界弹性，按照这一弹性，就业人数是不会改变的。若所用的另外的要素的人均成本，在最适度规模的企业与规模不最适度的企业都一样，则临界弹性就等于1；而若临界弹性小于1，则工人就会因消除市场不完全而遭殃。若人均成本最适度规模企业的比规模小于最适度规模的企业高，则临界弹性就大于1。而若人均成本最适度规模企业的小一些，则临界弹性就小于1。依靠这一推理方式，我们即可发现消除市场不完全性于工人是有利还是不利。

无论如何，不论市场不完全对工人有利无利，它都必然导致物价比存在完全竞争时的高。因此，就劳动以牺牲消费者的利益为代价而从市场不完全性上获得利益这一点来说，那也无非是一种局部利益。商品的消费者（他们必须付高价）以及整个社会（既然财富的生产少了）吃亏了，但不能因此得出结论认为，由于归属于该行业的劳动因为市场不完全性而获利，因此消除这一不完全性就不可取。此外，如果各行各业都处于这么一种状况，那么，工人们也不可能因为市场不完全性就有好处，因为他们作为消费者之所失也还是甚于其作为挣工资者之所得。

即使剥削普遍存在，因而各行各业的企业规模都小于最适度规模，那也还是存在这样一种可能性，这就是，规模小于适度规模的企业若都比规模适度的企业人均资本使用量少，则市场不完全性或许就能以牺牲资本为代价而使劳动获得利益；如果所有市场都完全，那么，资本就会以牺牲劳动为代价而获利，并且，果真消灭了剥削，总的说来，工人还会有失而无得。

五

至此，我们一直关注的是长期均衡状况。现在，准长期状况①也得加以考虑。在这样的时期，企业的个数不因利润提高而增加。于是，企业或许是什么样的规模都有。而若市场变得完全了，各家企业的产量就都会增加，因此，商品价格就会降低。如若企业规模已经很大，不再有因增产而出现的技术经济，则劳动的实物生产率很有可能随着企业规模的扩大而下降。于是，市场不完全性的排除必于劳动有利，而不论商品总需求弹性如何。

六

我们尚需考虑完全竞争的另外一种行业，在这种行业，进入的新企业并非因对反常利润作出反应才进入。这里，我们又有类似于剥削的这样一种情况。这是因为假如商品市场和劳工市场都完全的话，那么，各企业的就业量就会是对企业而言的边际净生产力，也等于工资，而对企业而言的边际净生产力就等于劳动边际实物产量的价值。因此，就不会有按我们定义的剥削的存在。但只要新企业不进入该行业，则现有企业规模就会等于最适度规模，所得利润也

---

① 见本书第33页。

会超过正常利润。① 于是，工资就会低于劳动平均净生产力，而充分均衡条件下的完全竞争行业是等于这种工资的。因此，情况就颇似剥削，且可以用我们在有关剥削分析中提出的方法予以分析。

此类准剥削，随着新企业进入完全竞争性行业会消除，因此，长期充分均衡会建立。新企业进入完全竞争性行业的影响是导致商品降价。现存企业对应于某种正常利润的水平会被降至最适度规模的水平上，且商品产量（除非其需求绝对无弹性）就在同时会增加。

一如既往，我们要假设工资恒定，且按照如前同一方法分析既定工资达到充分均衡时人均工资是增是降；也假设人均实物生产能力在企业降至最适度规模时必降而就业人数必增。不过，劳动的实物生产能力也可能在企业降至最适度规模时而提高。不过，超过最适度规模的企业所获的非正常利润，必使人均要素成本提高，而包括利润在内的这一成本一旦在企业达到最适度规模时就变小，因而利润就会降至正常。此时，我们发现，一旦既有实物产量提高，又有他种要素的人均成本下降，需求的临界弹性——据此弹性，按既定工资达成的就业量保持不变——就小于1。既然他种成本（包括利润）降低的可能性相当大，那么，除非需求弹性极小，否则充分均衡和正常利润的复归很有可能增加该行业的就业人数。

七

我们认为，单凭提高工资，垄断剥削是无法消除的。上述刚刚考虑的准剥削，是只就具体行业而论的，工资提高而致的反常利润，在充分均衡形成时可以消除。

看来，也许有这样一种可能性，那就是，工资的变化速度会比企业进入行业的变化速度还要快。假如劳动是有组织的，那么，工会就会发现利润已经超出正常水平，因而迫使资方提高工资。假如工会成功了，并且工资的提高足以把利润降至正常水平，那就不会再有新企业加入工会了，现有企业会压缩规模，就业量会减少。这

---

① 此例中的企业的状况，见本书图36所作的分析。

一类的工资一有提高，就会消除不正常利润；而且仅看这个行业，而不对正在支付的工资与他处的工资作一比较的话，那就无法讲清楚究竟何处出了毛病。

但要以这种方式消除准剥削未必就是一条可取的路线。要是涨工资即可导致正常利润回归，那么，只要行业一有扩张即可导致重新调整，行业就业量就不会这么少，商品价格也会高一些，因此他种行业可能出现失业或是工资降低的情况。此外，首先导致非正常利润的商品高需求，不会导致其供给量的增加。在经济学教科书提倡市场完全自由放任的条件下，资源投入各类制造业这个方向，是由利润围绕正常利润上下波动所引起的。利润一旦高于正常水平，就假设行业在扩张；而利润低于正常水平，就假设行业在收缩。采用这种方法，消费者变化中的需求得以落实了。如果利润凭借改变工资而得以保持正常水平（一种比教科书的假设现实一些的假设），则资源赖以由一种用途变为另一种用途的机制就失灵了。无论对试图通过给某些行业引入利润分配机制来修补当前的经济制度的人来说，还是对一旦有了亏损就抱怨某行业工资过高的人来讲，这里都有一个教训。教科书中的那种制度或许从来就未曾有过，或许也有过但从来不曾是一种非常绝妙的制度，但有一定优点。一种无控制的私人企业的制度以及工资较利润易变化的制度，必然导致资源配置的误导和大规模潜在财富的浪费。

第26章 对劳动的买方独家垄断的剥削

一

现在，我们必须分析由于对监督单位来说劳动的供给不完全富有弹性而引起的一类剥削。上述第 8 章中所论的任何一个原因，都可以导致对一个行业的供给的不完全富有弹性。劳动供给有限这一性质与我们的讨论关系不是太大，因为我们的分析是可应用于任何一种有限的情况的。但为了简明起见，首先我们仅谈这样一种情况：在所论行业，所有受雇工人的效率都是相同的，但为吸引新的劳动供给起见，可又必须对所有受雇工人支付越来越高的工资。这种情况所以会发生，就是要使工人很想离开薪酬高一些的行业，抵偿迁往遥远地区的成本，或是消除对他种职业的偏好等等，这些都是必不可少的。

劳动供给不完全富有弹性这一概念，提出了若干难以解决的问题，因为供给弹性是会因时间的长短不同而大有差别的。我们研究时考虑中的时期愈长，富有弹性的可能性就愈大。而且，一旦劳动供给因为工资的提高而为某个地区或某种行业吸引了去，那么，待到工资回落原先的水平时，这种劳动供给就未必是能立即（实际上是永远）获得的。但为我们的正式分析起见，只需要假定在一个长到足以使正常均衡得以形成的时期就行。为此目的，如就本书欲尝试解决的一切问题一样，都得作正式分析所必需的某种非常人为的简化程度。而由此希望实现的，也就是指明讨论实际问题时必须加以考虑的事项而已。*

二

　　对于任何雇佣机构来说，劳动供给假如未达到完全富有弹性的程度，那么，边际成本等于边际净产量的劳动数量就会受到雇用，工资就会等于受雇用的劳动数量的供给价格。某雇佣机构的劳动需求曲线或许会呈现多种形式。如果该雇佣机构是一家垄断企业的话，那么，劳动的需求曲线就必须按照第 21 章中所论的那些原则给予绘制了。但若该雇佣机构是一种行业，则该行业是由很多独立的企业构成的，这些企业就会协同调节工资，它们就将全数销售它们生产的产品。实际上，调节工资的协定通常是以很粗略且方便的方式发挥作用的，但还是要考虑有关对协定的确切分析，这种分析要以某种明确的原则为基础。可据以绘出劳动需求曲线的两条原则可以区别如下：首先，假如就不通过提高工资毁掉市场这一点只是达成了一个"君子协定"，那么，构成该行业的各家企业就可视若在各个方面都处于完全竞争状态，唯独雇用的劳动人数是个例外。这样，既定人数情况下所用的资本数量就会是该企业边际资本产量等于其价格，也就是竞争的资本数量将为任何既定人数下所用的数量的这样一种情况。而各企业也都希望使用那个劳动数量，该数量的劳动对企业的边际产量等于整个行业的劳动的边际成本，而不计产量提高后对商品价格的影响。该行业的劳动需求曲线①于是会由任何既定人数下的劳动边际实物产量予以表明。另外，仍缺乏完全竞争的企业间的更具深远意义的一类协议，会表明这样一种情况，那就是，假如竞争的资本数量是为各不同的工人所用了的，则就会导致有组织的企业群体的整体产量增加而物价降低，因此就会使用对整个群体的等于其边际成本的边际净产量那个劳动数量了。在任何一种实

---

* 本章第三和第四节含有一个类似于最后一章第四和第六节所有的论点，而且复杂程度一样。——译者注
① 按照本书第 215 页所论的含义。

际情况下，这两条原则没有一条是确切地得以遵循了的。但这一事实与此分析无关，因为劳动的需求曲线不论如何绘出，一旦劳工需求曲线给出了，则这种分析就会照同一方向进行。

不论依据何种原则建立这一需求曲线，都必须假定有固定数量的企业，也就是说，归因于买方独家垄断组织的利润并没有把新的企业吸引到本行业。因为买方独家垄断利润取决于劳动供给状况，它是不能以需求曲线为代表的。假如买方独家垄断利润之存在或其消除，是视若改变该行业的企业个数的，那么，一种新的买方独家垄断需求曲线就必须给每一个数量的企业一一绘出。① 买方独家垄断组织所提供的就业数量，将限定为整个群体的劳动边际成本等于该群体对每一类产品的需求价格，工资将等于劳动供给价格。而这在每一种情况下是都小于劳动边际实物产量的，于是，剥削就发生了。

此类独家垄断剥削，可通过实施最低工资标准而加以消除。

如图 78，设 D 为买方独家垄断组织的劳动需求曲线，这是无论根据何种原则都可绘出的。于是，劳动使用量 ON 就会是劳动边际成本曲线与需求曲线相交于 D 点的那个数量。

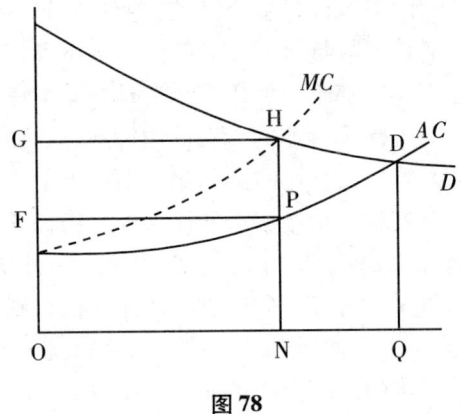

图 78

---

① 这是 P. M. 福里斯特先生首先向我指出的，其时，他在攻读经济学并参加荣誉学位考试。处于长期均衡状态下的利润总是正常的，对于某种竞争行业的这种情况，我们将在本书第 268 页讨论。

现在，假设行业工会或劳资协商会对行业强行实施最低工资标准，此时，行业的劳动供给就按所实施的工资标准变得完全富有弹性，该工资成了那样一个固定人数的工资，工人的供给价格在任何一种情况下都等于获得该工资的人数的价格。逾此人数，新的劳动供给曲线必与原有的重合。如若行业工会或劳资协商会实施的最低工资标准强有力到足以确保自由选择实施某种工资，那它就可将有几种选择方案：假如按照下限，则现行工资 NP 将作为最低工资实施，而其余一切如前；如若选中的是工资 NH，那它就等于受剥削的那些工人的需求价格，就业人数就会保持不变，工资可望提高。对于任何高一些的工资而言，就业人数都会减少。而就 NP 与 NH 之间的任何工资而论，就业人数都将增加。就业人数的最大增加将发生于实施工资 QD 时，在此处，劳动供给曲线与独家垄断组织的需求曲线相交了。① 由此可见，减少剥削，转移部分或全部的买方独家垄断者的利润给劳动工人，实际上将导致就业的增加。

即使实施工资 QD 或是还要高一些的某种工资，剥削也并没有完全消失，除非企业集团的劳动需求曲线 D，是代表劳动边际实物产量的价值的。② 归因于买方垄断的剥削这个要素，仅靠消除劳动供给曲线无弹性这种状况，是无法消除的。

三

买方独家垄断剥削，在企业行为不协调、各企业的劳动供给不完全富有弹性的情况下也会发生，就像垄断剥削是在销售产品的市场不完全的情况下发生一样。我们已注意到某种行业某一要素的供给不够完全富有弹性这种情况。某企业的劳动供给就从同一类原因方面来说或许还是有限的。例如，近邻或许就有一定数量的工人，

---

① 这一分析，我得感谢肖夫先生，不过，我的有关这个问题的分析与他的略有不同。
② 这当属于多家独立企业为调节工资而采取一致行动，依据上文第 265 页所述原理中的第一条安排工人的劳动聘用的情况。

因此，吸引远处的工人或许就得支付相当于工人们可在离家不远处就可挣的收入加上往来车费等项的开支。或许有企业的原有工人，出于偏爱或是习惯使然，要吸引他们或许就得付以高一些的工资。再就是信息不灵通，也可能导致一些工人无缘从一家企业进入另一家企业，以应对不同企业工资有别的这种情况。

假如个别企业的劳动供给是不完全富有弹性的，且利润是正常的，那么这些企业即使销售市场完全，也还会是规模小于最适度规模的。①。工资等于平均净产量时，利润就会正常，行业就会处于充分均衡状态，各企业都会雇用对企业的边际净产量等于其边际成本②的那个数量的工人。这种分析，我们已经是熟悉了。③

如图79，设 AC 和 MC 分别是劳动的平均成本曲线和边际成本曲线。

ANP 和 MNP 分别是劳动的平均净产量曲线和边际净产量曲线。

该行业处于均衡状态，各企业会按工资 PN 雇用 ON 的工人。

CN 是 ON 人数对企业的边际成本和边际产量。

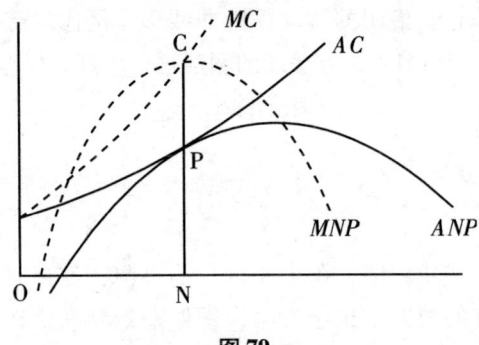

图79

① 当然，各企业的平均成本在企业的现状下是处于最低水平的。"规模最适度企业"这个用语，当理解为系指各企业的劳动供给都完全富有弹性这种状况。
② 就此类情况来说，无法据劳动市场完全时适用的原则绘制出行业劳动需求曲线，因为企业的总数会受买方独家垄断利润的影响，这种利润取决于劳动的供给条件（见本书第266页）。
③ 图79是图74的复制。

第 26 章　对劳动的买方独家垄断的剥削　269

如若劳动市场变得完全了，则此类剥削就消除了。

研究可归因于商品市场不完全的剥削时，我们是假设工资保持不变的，而且还考虑使市场变成完全对就业有影响。① 但在此例中，如果利用其他工具，而且如果同样数量的人在存在剥削的条件下也得以就业了，那对工资会有什么影响，这样就会方便一些。正如我们注意到的，进行比较的这两种方法必然产生同一结果。但是，如果我们是讨论劳动的不完全市场，而不是论述商品的不完全市场的话，则采用第二种方法处理起来会容易一些。②

假定劳动市场（比方说通过消除导致不完全状况的漠视和惰性或提供廉价运输）变得完全了，那么，具有正常利润和与前相同的具有固定就业量的某种新的均衡状况也就达成了。现在，企业会是处于最适度规模状态了，工资必须按照企业的劳动平均净产量曲线的最高点发放。③

如若企业处于最适度规模时人均实物产量愈小，则既定人数的总产量就愈小，商品价格必升无疑。因此，企业的平均净产量曲线就会提高，工资必增。这与下列情况相似，那就是，假如企业处于最适度规模时人均平均实物产量下降，那么，垄断剥削的消除必导致既定工资情况下的就业人数的增加（即使商品需求完全缺乏弹性）。④

但是，正如我们看到的，企业成长而达到最适度规模时，人均实物产量可能是提高的。于是，既定人数产量提高以后，商品价格必降无疑。平均净产量曲线会降低，而后新曲线极大值所示的新工资，很有可能低于企业小于最适度规模时的工资（图 79 中的 PN）。正如上述垄断剥削一例中，结果当取决于商品需求弹性。如果他种

---

① 见本书第 259 页。
② 我们还要假定不存在行业规模经济以及某行业劳动以外的生产要素供给都完全富有弹性的情况。这些假设若得不到满足，则必要的修改可能很容易引入分析。
③ 见本书第 227 页。
④ 见本书第 260 页。

人均要素成本在新的状况下与原来的状况下一样，那么（既然我们是在研究既定数量的人的命运），他种要素之和就会如前一样，工资总额就会等于总收入减去其他总成本。因此，如若商品需求弹性小于1（因此总收入就会因降价而减少），那么，工资总额（还有人均工资率）在新的状况下就会低于原来的状况。如若需求富有弹性，那么，工资就会高一些。如若需求弹性等于1，则工资保持不变。这是根据这样一种假设，即他种人均要素成本保持不变，所得的结果。如若他种要素人均成本在企业处于最适度规模时大一些了，那么，工资据以保持不变的临界弹性就会大于1。如若他种要素差别降低，则临界弹性就小于1。

四

强制实施最低工资标准，而不是设法使劳动市场完全，这种状况可归因于劳动市场不完全性的剥削，这是有可能消除的。但此法不大可能导致对劳动有利的结果。若以比流行于不完全劳动市场的水平还要高的水平强制推行最低工资标准，那么，各企业的劳动平均成本曲线（如图79中的 AC）就会上升。因此，要使正常利润占主导地位，个别企业的劳动平均净产量曲线也必须上升，以期这两条曲线相切。也就是说，商品价格必须提高而其产量则必须降低（借助于提高工资时淘汰无法生存的企业）。由此可见，除非劳动实物产量大为降低，否则工资提高后的就业量就会比工资低一些时还要低。因此，也就只有在实物产量降至足以补偿减产的程度的情况下，才有可能强行实行最低工资制且不至于引起失业；而消除市场不完全性，正如我们注意到的，就会提高工资，而且还不会引起大规模的失业。

此例中强行实施最低工资标准的结果与独此一家买方独家垄断组织的（第二节所论）这一情况的差别源自下列假设：利润是假定为正常的。也就是说，买方独家垄断利润的存在业已导致企业数量和商品产量提高到这样一种程度，乃至企业家的收入（包括其利润中的买方独家垄断这一要素）降至最低水平了。因此，通过掠夺企业的部分利润所致的工资的提高,从长远的观点看,必然既减少了企业的个数,又降低了企业所在行业的产量。

五

现在,我们必须分析劳动在实行歧视的情况下的种种情况。在下列分析中,我们仅讨论孤立的垄断的情况,但歧视的可能性,可以说会叠加于剥削由于劳动供给不完全时而发生的任何一种情况。

为简明起见,我们至此为止是一直假定所有工人在其所在的行业的效率都是相同的。现在,我们必须考虑假设未得满足的情况。于是,有一类歧视是即使人人工资相同也会发生的。假定转移工资的情况所有工人都一样,但从该行业的观点看,工人效率有别,于是,在买方独家垄断组织将劳动供给按效率单位计的情况下,它就不完全富有弹性了,虽然工人的供给是完全富有弹性的。雇佣数量会作如此调节,乃至效率最低者的边际净产量,也等于统一工资标准。此时,歧视待遇会完全了,① 既然每一个人都获转移工资,那么,全部劳动报酬就归买方独家垄断者占有了。不同的人具有不同的效率,因而尽管人人都得同样工资,但不同效率单位的劳动就按不同的工资率获得支付工资。例如,就以效率最低的那个人的效率代表一个单位,再假设工资为 10 先令,那么,一个效率为此人两倍的人,按效率单位计就提供了两个效率单位,如此等等。此类歧视待遇靠提高工资消除不了,因为这无非也就是提高了整个单位的劳动效率供给表的趋势而已,而且会导致效率最低的人遭解雇这一结果。在这种新的状况下,效率最低者会获得相当于一个效率单位的劳动的边际净产量工资,而效率高一些者,则仍然按低效率单位下的低一些的工资率付酬。这一类的歧视待遇是各个等级的劳动都与效率成比例地获得报酬,乃至工人们的效率不同,其每天所得的工资也有别;要消除歧视待遇,只有各单位的劳动都按同一工资率获

---

① 见本书第 206 页。

得工资才行。①

六

　　另一类歧视都是在有的人效率相同而报酬率不同时发生的。假如某一协议通过工会与每一个工人都达成了，或是与熟练程度不同的工人都达成了，而且每一个工人或每一个熟练程度不同的工人准备接受的最低工资标准又都是不同的，那么，这种情况就会发生。

　　让我们再次假定所有的工人都是效率相同的，由于对有的工人付高工资以吸引他们进入该行业，因而卖方垄断者的劳动供给曲线就是不完全富有弹性的。如果这种完全歧视施行，因而每一个人都是所得工资等于其最低转移收入的，那么，雇主的劳动边际成本曲线就与劳动供给曲线重合了。② 于是，就业就作这样的调节，即工资最高的人的工资也就等于整个群体的边际净产量，但全部劳动报酬都归雇主所有。假如通过引入一项共同规则，使所有工人的工资都得到提高，以至于都等于某个工资最高的工人的工资，那么，就业量就会不变（假如买方独家垄断市场结构所致的雇主的必要利润是高于正常利润的），报酬由雇主转给工人。但假如仅仅是推测必须有一个共同规则，而不实施最低工资标准，结果也就是消除歧视，就业人数会减少。劳动的边际成本曲线现在变成与卖方垄断者的劳动供给曲线互为曲线，它表明，这种情况变成了我们已分析过的简单剥削之一了。

　　假如个别雇主的劳动供给量有鉴于每个工人的效率不同，再加工人各自的最低工资不一因而不完全富有弹性，因此，雇用的工人人数就相当于一个效率单位的劳动边际成本，也相当于独家垄断者

---

① 这一分析也许有助于说明马歇尔与韦布夫妇之间在工资的"边际产量理论"上的争论（见《原理》，第 705 页）。这场争论之所以发生，似是因为韦布夫妇未能体现完全竞争各项假设的含义，马歇尔则未能体会那些假设的极端不切实际性。

② 见本书第 207 页。

边际净产量。如果处于这种情况，要根本消除剥削，那就必须既要按照效率给工人评定等级，又要对某一个等级的效率强行实施最低工资。

七

购买劳动时或许鲜有完全歧视的情况，但不完全歧视则可能就屡见不鲜了。例如，或许有这样两类工人（例如，男、女工人，或是成年工人和童工），他们效率相同，① 但是供给条件有别，这样，这两类工人就得实行区别对待了。因此，雇主所需要的劳动量或许就相当于劳动总量的边际成本等于其需求价格，且等于每一类劳动的边际成本，而每一类工人的工资都等于企业所使用的劳动数量的供给价格。②

如图 80，设 D 是劳动需求曲线。

S_m 为男性工人的供给曲线。

M_m 是男性工人的边际成本曲线。

S_w 是女性工人的供给曲线。

M_w 是女性工人的边际成本曲线。

M_t 是横向加总（$M_m + M_w$）所得的劳动总供给的边际成本曲线。

OT（雇佣劳动总量）= OM（男性工人人数）+ OW（女性工人人数）。

歧视特例见诸于男性工人组成工会时，工会实施最低工资标准，但不对女性工人实施最低工资标准。于是，男性工人供给完全富有弹性，而女性工人供给则不完全富有弹性。雇佣人数会是劳动需求

---

① 这个假设是仅为简明起见才作出的。假如某一类工人的效率较另一类工人的低，但不如两者之间工资上的差别大，那么，存在歧视的程度就会与各类工人效率相同时的一样大。

② 此项分析以及下述情况，都与第 15 章中所讨论的并就卖方垄断条件下价格歧视所作的分析相似。例如，各种各样的问题，对制定如男女工人之间雇佣人数比例的一种共同规则的影响，都可以采用这里提出的方法。

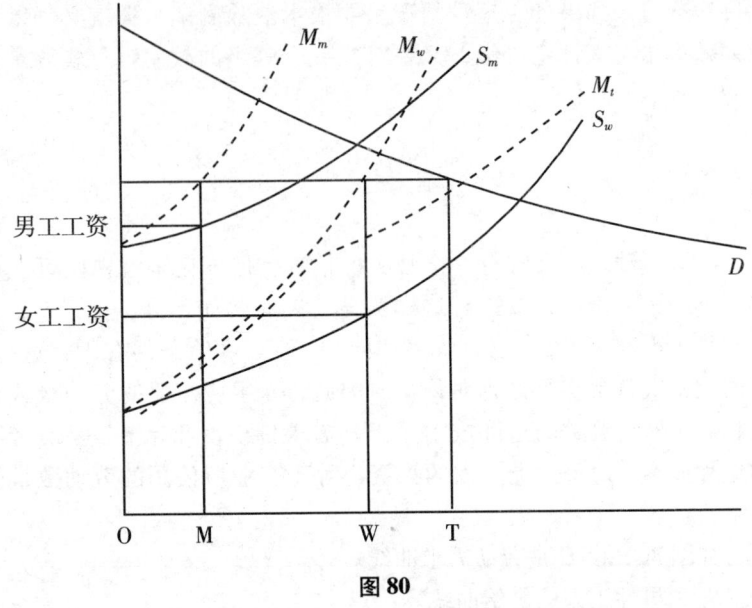

图 80

价格等于工人工资时的那个数量。每一类劳动的边际成本都必须相等①（如下页图 81）。

由此可见，女性工人雇佣数量 OW 会是其边际成本等于男性工人的最低工资的这样一种状况，而男性工人的雇佣数量 WT 是受雇女性工人数量与受雇劳动总数 OT 之差。劳动需求曲线的任何升降，都会因男性工人的就业人数波动而受影响，女性就业人数维持不变直至劳动需求曲线降至如此低的水平 OW，以致根本不会再有人受雇。

对剥削所作的这一分析固然是大为简化了，可对现存状况的某种粗略看法，还是说明它对现实情况产生了某种影响。为了分析这种实际情况，很多改进的东西和复杂性的东西都得纳入我们这一简单分析之中，这充其量也只不过表明了某种最近似的实况，尽管尚不充分，但已经是对劳动市场实际状况的错综复杂性给予一种解释了。

---

① 参看本书第 166 页。

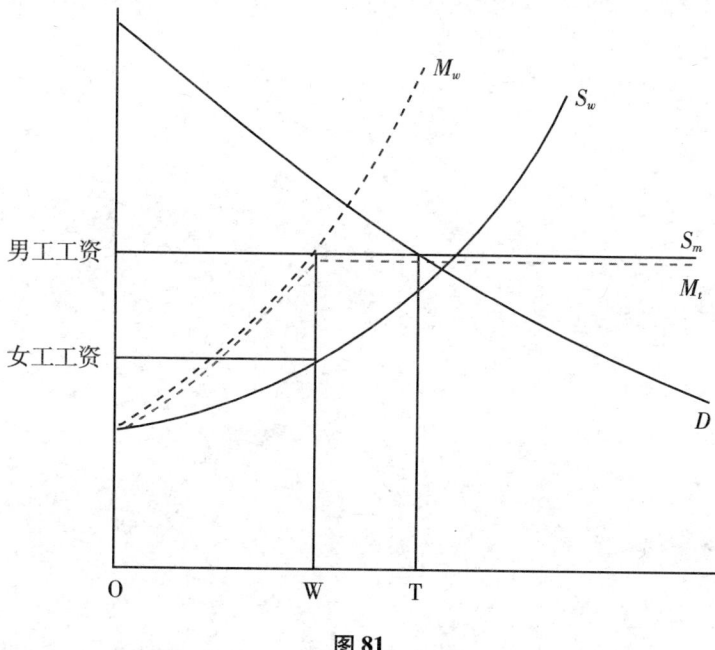

图 81

如图 81，设 D 为劳动需求曲线。
S_m 为男性工人的劳动供给曲线和边际成本曲线。
S_w 是女性工人的劳动供给曲线。
M_w 是女性工人的劳动边际成本曲线。
M_t 是劳动总供给边际成本曲线。
OT 是受雇劳动的总数。
OW 是受雇女性工人人数。
WT 是受雇男性工人人数。

第十篇
一个卖方独家垄断领域

第27章 一个卖方独家垄断领域

一

阐述经济理论原则时，我们通常都是先分析一种完全竞争领域，然后再把卖方垄断看成是一种特例。但在这里，我们还是把这个过程颠倒一下，先进行卖方垄断分析，把完全竞争视为特例为好。不过，我们是始终关注某种行业的价格和产量这个问题的，而且还得承认，就与资源在各种不同用途之间的分配有关的问题，以及各种生产要素之间的行业收益分配来说，竞争的假设会是构成一个更为有用的起点。例如，我们已经感到必须求助于完全竞争才能发现某种剥削的标准。但若我们的价值理论就以垄断这个概念为基础的话，那么显然也就必须弄确切何谓以垄断为基础的分配理论。因此，这就必须就每一种产品都在卖方垄断条件下生产这样一个领域尝试作出分析。另外，在当代，这个问题显然是具有某种现实意义的。你看到处都有层出不穷和名目繁多的限制计划、配额制、合理化建议和巨型公司等等，一言以蔽之，到处都存在一种垄断化趋势。*

我们的问题是只有确切地把它提出了，而且把构成这个问题的基础的各种假设都一一阐述清楚了，才能作出精确的回答。但是，

---

* 本章代表《福利经济学》涉及的那个分析领域的一种实施。但不了解庇古教授这部著作的读者，不必完全了解该著作结构就能明白整个论证的意思。——译者注

如果是用最抽象的术语加以回答的话,那就可以从中吸取某种教训,而这种教训或许就是适用于实际情况的。

二

为了以最简单的方式解决这个理论问题,我们就必须作出几项假设,待到这个问题的方方面面我们都穷源溯流了时,再一一否定这些假设。

第一个阶段最方便的假设是这样一些:

(1) 有生产 n 种产品的 n 种行业,各种产品的需求条件和供给条件都酷似。在某种程度上,各种产品都有某种程度的相互替代性,但不存在完全的替代产品。有鉴于此,若有某个数额的收入用于购买各种产品,那么,将它们加在一起,需求弹性就会等于1;但若一一分开计算,则需求弹性就大于1。

(2) 各种生产要素都有一个固定的总量。因此,工人不仅人数是既定的,而且效率也是既定的;在生产的全过程中,他们总是同样努力工作,而且工作时间相同;在生产的全过程中,资本始终不出现数量净增加的情况。既有资本存量通过重置维持不变,但种类可以改变,条件是改变的结果使获利能力增强。①

(3) 分别考虑之中的各行各业的各种生产要素,供给都完全富有弹性,不存在行业规模经济。例如,我们的各类产品中的每一类都按照恒定报酬生产,各生产要素的比例都不因为产量改变而改变。单独看每一种产品的供给都完全富有弹性,但合在一起,则完全缺乏弹性。

(4) 我们以一个各方面都存在完全竞争的一个领域作为这种比较的基础。

---

① 计量资本存量这个问题,只要我们仅关注某一种行业就不会有困难,因为情况如此,按货币价值计的资本也就可行了(假定总利率恒定)。但是,我们在论述资本总存量时,这个问题就比较难办,不过我们不在这里予以解决。

（5）我们正在分析的这个社会是一个封闭系统。

（6）我们仅讨论完全均衡状况，也就是现存状态不存在有任何改变的那种自动趋势。

（7）进入这种情况的卖方垄断者，除控制产量外，别无任何作用。每一家垄断企业都设有一个监督机构，该机构的日常费用微不足道，但能促成为数无限大的产量。这样一个机构控制了某种行业，该行业中的各企业的总的组织结构体系得以维持，尽管只要改变就可能获利，且各企业的体制和产量也都有可能改变。企业的顶层职位由一位经理执掌，该经理一旦易职加入某个竞争行业，① 其所得薪金就构成他对一个竞争行业的转拨利润。该垄断的利润一旦确保，就可以想怎么分割就怎么分割。对一些企业管理部门，就必须像其他各种要素，按同一立足点，一视同仁，这一涉及卖方垄断者垄断性质的假设，在本书后文的论述中还会有涉及。

（8）卖方垄断者之间不存在串通共谋的问题。每一家卖方垄断企业都力图实现利润最大化而不顾及其他各企业的利益。

三

现在我们就从完全竞争这种状况开始，假设有 n 产品，每一种都为一个卖方垄断者所掌管，而其余一切都保持不变。初一看，我们或许会趋于猜想卖方垄断者会减产的。比如，如果需求曲线都是直线，那么，每一种产品都会按减产一半的量生产。但这显然是愚蠢之举，因为每一种生产要素的产量中有一半会得不到利用，这样生产也就不会处于均衡状态，反倒会有生产要素报酬递减的趋势。一切产量都会受限制的这一假设之所以是愚蠢的，还有一个原因。我们在孤立地考虑某种行业时，我们就能发现现有需求曲线情况下的卖方垄断产量。但是，假如各个行业的产量都受限制的话，那么所有需求曲线就都会改变。适用于某个行业的这种方法，显然不能全都适用于所有行业。

---

① 参看本书第153页。

讨论生产怎样才能达到均衡状态，这不是我们现在的目的。就连竞争条件下也不存在保持充分就业的自然趋势。保持充分就业的趋势取决于储蓄和投资水平。这里，我们仅专注于讨论处于均衡状态下的一种经济制度，而且我们必须假定，无论是在竞争条件下还是在垄断条件下，实现充分就业都必须使一些条件保持不变。①

假如一切生产要素都是归卖方垄断者充分使用之中的，那么，从我们的假设中就可以推知，既然每一种生产要素都是数量固定的，而就其需求和供给条件来说所有商品也都是一样的，那么，国民总所得就势必会与过去相同。此外，既然我们已经假定每一种生产要素对每一个行业的供给都是完全富有弹性的，那么，由此也就可以推知，垄断者所使用的各要素的比例都会与过去一样，且其相对报酬也不会改变。不过，国民总所得的分配会改变，因而生产要素是会受到剥削的。

我们把剥削界定为某种要素的报酬低于其边际实物产量的价值，② 而且还把剥削分为两类：商品需求曲线不完全富有弹性时发生的卖方垄断剥削，以及对雇主而言要素供给曲线不完全富有弹性时发生的买方独家垄断剥削。我们这就假定要素供给曲线对各行各业而言是不完全富有弹性的，也就是说，对各个卖方垄断者都是不完全富有弹性的。因此，此时我们所关注的也就是垄断剥削了。

在完全竞争条件下，各种要素所得的报酬都等于它们的边际实

---

① 我们假定资本存量不是在增加（假设2），因此就必须达到这样一种均衡状态，即毛储蓄额恰好足以为现有存量的贬值作好准备。如果投资和净储蓄都假设为处于均衡状态时的零，那就只需假设生产要素所有者一旦失业了花一点钱（以便净储蓄成为负数），以期看看均衡状态会怎样达成。一切物品产量的总货币成本会等于所用要素总收入再加垄断者收入之和。但一切物品货币总支出会是所用要素的收入加垄断者的收入再加未加使用的任何要素的支出之和。因此，一旦失业发生，就会有涨价和减产的趋势，直至失业消失，均衡恢复。假如净储蓄不等于零，投资水平就必须假设为如此加以调节，以致均衡有保障。于是，如果竞争条件下有充分就业的话，那么，在均衡条件下，就会存在垄断条件下的充分就业。
② 见本书第256页。

物产量乘以它们的产品价格。因此,假如我们以各行各业的产品的价格作为各种价格的一个指数的话,那么,生产要素所获得的实际报酬也就等于它们的边际实物产量。在垄断制度下,生产要素的货币报酬等于其边际实物产量乘以边际收入。① 由此可见,它们的实际报酬也可以表述为各行各业边际实物产量乘以边际收入/价格。在我们现在的假设条件下,边际实物产量不因卖方垄断者出现而改变。因此,生产要素的收入已按边际收入所占的比率折合为价格。例如,假设所有生产要素的货币工资在卖方垄断企业建立时都保持相同,于是,所有产品的成本也就不变;而且为了确保充分利用,所有产品的价格都必须提高,直至每一种产品的边际收入都等于其原价,② 以便卖方垄断条件下每一种产品的产量(按此产量,边际收入等于成本)都等于竞争条件下的原产量(按此产量,价格等于成本)。于是,价格水平会按价格与处于新的位置时的边际收入同比例提高,而各要素的实际收入会按同一比例下降,因为它们的货币收入并没有改变。

各要素受剥削的程度取决于产品的需求弹性。边际收入与价格的比率等于 $\epsilon - 1/\epsilon$,且 ϵ 等于需求弹性。③ 由此可见,各种产品的需求弹性愈小,受剥削的程度就愈大。假如需求弹性,比方说是 20,那么,各要素作为其实际报酬将等于其边际实物产量的 19/20;但若需求弹性等于 2,那么,生产要素所获得的报酬仅等于其边际实物产量的 1/2。

四

就从这个高度抽象的实例中,我们即可为现实世界总结一种教训。首先,值得注意的是,就刚才所描述的额度来说,每一个卖方

---

① 见第 217 页。
② 我们必须假定,为支持这一新的价格水平,货币数量可以自由增加。在均衡的情况下,国民总所得(实物数量保持不变)体现的货币总价值就会比卖方垄断条件下垄断者的总收入还要大。
③ 见本书第 23 页。

垄断者都会获得正常利润,因为各行业的正常利润都等于可在他处获得的利润,而企业在任何一个行业所获得的报酬,也就是在各行业所能获得的最高报酬。在下列意义上,工人的工资会是公平的,这就是,各行各业同等技术的工作报酬相同。① 假如分门别类地看各个行业,我们应该注意到各生产要素的报酬是既等于其平均净产量又等于其边际净产量的,因为计算平均净产量时,我们是不得已从总产量相对应的总产值中减去企业家的正常利润的,因而企业家的利润现在是到处都为垄断收益所增大了。某个行业工资的任何不合情理的提高,都会导致失业。于是,工资会是"高到无利可图的",而这通常会被人们看成还是降低工资为好。不存在一切都不巧当的一般检验标准。然而,各生产要素会尽数被剥削,而卖方垄断者则只有保留这份成果。

其次,我们的抽象个案已经证实,生产要素是使用它们的监督单位规模愈大,遭到的剥削的可能性就愈大的。正如我们注意到的,产品需求弹性愈小,被剥削的程度就愈大。而需求弹性则是行业的监督单位愈大而愈小的。当监督单位为与其他企业竞销产品的一家企业时,所销产品的需求弹性就可能是很大的,即使市场完全到需求弹性无限的程度时,情况也如此。同行业中的各企业的产品都是相互替代性极大的产品,对其中的每一种产品的需求弹性都会是很大的。但如果监督单位是由这样一些企业的某种联盟构成的,这些企业生产某种易于辨认并相互替代的产品,这些替代产品又是各不相同的,并非是同类产品的不同品牌,那么其需求弹性必小无疑。此外,生产某类产品的企业愈少,对其中的任何一家企业的产品的需求弹性就愈小。②

---

① 《福利经济学》,第549页。庇古教授的公平工资定义包括不存在剥削,因为他是设想有一个完全竞争的领域的。
② 此外,任何一家企业产品的需求弹性都可能是各行各业企业总数愈少而愈小的。如若各处监督单位都很大,因而企业总数小,那么,任何一家企业的涨价都会导致所有其他企业所要的价格大为提高。如若一家企业的产品涨价使竞争产品涨价,那么,涨价了的产品需求弹性与其他产品价格不变相比就会小一些。

因此，我们的抽象分析势必导致这样一种想法，那就是，现实世界无所不在的这种不完全竞争性开创了剥削的一种趋势，而这种趋势必因巨大联合企业的组建而大为强化，这些联合企业是由很多原相互竞争的企业组建而成的。正如我们注意到的，可归因于不完全竞争的这种剥削程度可能会是极大的，即令有了大到 2 的需求弹性，生产要素所获得的也还是区区完全竞争的实际报酬的一半而已。

五

接着我们必须去掉第三个假设，但保留不存在行业规模经济的这一假设，看看结果会怎样。第三个假设是要素供给对每一个行业都完全富有弹性。

我们在第 14 章中断定，当某种行业的各种要素的供给弹性不是都相似时，卖方垄断者就会改变各种要素的竞争比例，并且就按照低一些的平均成本生产一定的产量。因此，初看起来，即使我们从某种完全竞争的状况开始，但一旦各行各业都按递增成本运行，那么，我们的卖方垄断者也还是能改进竞争性的生产方法的，因而国民总所得也还会是增加的。不过，这可能会是一个错误的推论。我们不能根据一种简单的乘法运算方法，把合在一起的所得用于孤立的某种行业，将其所产生的结果推断并应用于所有的行业。

且让我们假设各行各业都是相似的，但对于各行各业，某种生产要素的供给弹性要小一些，有的要素的供给弹性则大一些。因此，按照某一行业的观点看这个问题，我们就可以明白，卖方垄断者会限制使用供给弹性小的那些要素，结果就会是降低这些要素的价格，且使其中的若干要素不为所用。但这会使这些要素向其他各行业转移的成本降低，因而它们在每一个行业的报酬都会降低，直至纳入使用为止。在每一个行业，要素比例都还会如从前一样，如从前一样的国民总所得还会生产出来。唯一的结果会是各要素的相对报酬改变了。供给弹性小一些的那些生产要素与供给弹性大一些的那些要素相比，会更糟糕。总之，通过假设对某行业的不完全富有弹性的要素供给，我们承认出现买方独家垄断剥削的可能性。

每一种生产要素的边际成本都会等于其边际实物产量乘以边际收入。既然要素比例改变了，而边际实物产量还与以前一样，那么，实际报酬先是按照生产要素边际收入对价格的比率减少（低于竞争的报酬），再是按照生产要素就每一种行业而言的平均成本对边际成本的比率减少。① 现在，该要素的平均成本（货币工资）可表示为 $M\dfrac{E}{E+1}$，其中 M 代表边际成本，E 为供给弹性的数值。② 由此可见，归卖方垄断者掌握的各要素的实际报酬，会等于竞争报酬乘以 $\left(\dfrac{\epsilon-1}{\epsilon}\right)\left(\dfrac{E}{E+1}\right)$ 的积，式中，ϵ 为需求弹性，E 为要素供给弹性的数值。由此可见，供给弹性相对小的那几种生产要素都会是受剥削程度最高的。③

此外，假如某种要素的供给对于某种行业来说不完全富有弹性，那么，竞争者就有可能在购买它时会采取歧视做法，④ 因此，生产要素有可能失去它们在竞争条件下所得的报酬。

因此，我们可以从上述抽象分析中进一步说明道德问题，那就是，不只是在销售产品中，而且在购买生产要素的完全竞争中，都会对生产要素产生有利的作用，而减少生产要素对使用机构的供给弹性，结果会是提高剥削程度。

六

至此，我们一直是在讨论卖方垄断对国民总所得的分配所产生的影响。为把这个问题列为专题予以讨论，我们假定各行各业都是相似的。情况如此，我们就得分析一下卖方垄断对资源在各种分配

---

① 见本书第 266 页。
② 见本书第 23 页。公式照此方式加以修改是因为上升曲线的弹性是作负值看待的。
③ 行业规模经济的存在会有如要素供给弹性提高一样的影响，而且会降低剥削程度。
④ 见本书第 272 页。

和使用方面的影响。而要做到这一点，我们就得撤销我们所作的简化假设。这做起来以分为三步最为方便。首先，保留下列假设，即需求弹性都相同，然后分析不存在行业规模经济的情况，但在此情况下，各要素的供给弹性会因行业不同而有别。其次，假设（按某个行业的角度看）不存在稀缺要素，我们拟分析行业规模经济的影响。最后，我们排除需求弹性都相似这一假设。

首先，假设就某些行业来说，任何一种要素的供给都比另外多种要素的供给富有弹性。于是（假定卖方垄断者为使用这种要素支付报酬），该要素在其供给弹性最小的那些行业中使用会受到限制，因而该要素的报酬就会减少。而在其供给弹性大一些的那些行业，这种要素的使用量则会增加。由此可见，国民总所得的构成就会发生变化。这些要素就会从供给弹性相对小一些的领域，转而投入供给弹性相对大一些的领域。此时，我们可以证实，在完全竞争的条件下，资源在行业间的最优配置得以实现了。① 因为在这个条件下，只要不存在行业规模经济，资源的边际实物产量在各种用途中就都会是相同的。因此（只要我们坚持不存在规模经济这一假设），由卖方垄断导致的这种分配就会有别于最优分配，因而国民总所得就会减少。

但是，假如存在行业规模经济的话，那么，在竞争条件下，资源的最优配置就实现不了，因为资源的边际实物产量的价值（在竞争之下）在可具规模经济的那些行业中，会比在不具规模经济的那些行业中大。② 假定不存在稀缺要素，再假定各行各业都会不等程度

---

① 《福利经济学》那个论点是上述分析的基础，但它显然是对庇古教授提及的事实上未必存在的一种"典型行业"（《福利经济学》，第215页）置之不理，而且把他的分析解释为适用于各行各业并且在完全竞争条件下也适用。假如个别雇主的边际成本等于社会的边际成本，则资源的最优分配也就会实现（同上，第802页），而这，一般而论，是在完全竞争条件之下（在无规模经济时）才能实现的。种种例外发生了（即使不存在规模经济），这是就成本（烟尘一类讨厌的东西或职业病）而论的例外情况，它不是由雇主承受的。也可参见本书第287页。

② 庇古，《福利经济学》。

地具有规模经济,那么,在卖方垄断条件下,各种最易获规模经济的产品产量就会提高,易获规模经济的程度低一些的那些产品产量就会缩减,直至资源的边际产量各处都相同,① 而资源的最优分配会由卖方垄断者促成。由此可见,就成本递增而言,卖方垄断者是作恶者;而就成本递减而言,卖方垄断者则是行善者。如果既作恶又行善,那么,卖方垄断者的净效应就可能不是改善资源竞争配置,就是使资源竞争配置每况愈下。而总的来说,国民总所得不是增加就是减少。

七

到此为止,我们一直保留需求弹性都相同这一假设。略去这一个假设所产生的影响,我们还可以撤销所有商品都按不变成本生产这一假设。现在,我们可以假定,虽然在卖方垄断者出现前后每一种商品的需求弹性都是一样的,② 可是各种商品的需求弹性却不同。

在一个不存在行业规模经济和处于绝对完全竞争的领域,对社会而言的每一种商品的边际成本都等于其价格,③ 而且每一种商品的价格都等于其对个别卖主而言的边际效用。为此,我们可以说(我们跳过一个难点)在完全竞争条件下,一切商品的边际效用都等

---

① 需求弹性都相同这一假设于这一结论是必不可少的,因为唯如此,边际产量相等才能使边际实物产量的数值相等成为必要。
② 卖方垄断者的出现改变了收入分配,而且还可能改变多种商品的需求弹性,并且这还会有进一步的反响。假如卖方垄断者的消费品多在成本递增的情况下生产,再加成本递减下受剥削的要素消费品,各要素的使用状况还会更糟。假如卖方垄断者的消费品是按成本递减的方式生产的,那么,这些消费品会赢得进一步的优势,但受剥削的其他要素却得不到任何补偿。我们可以用下列两种方法之一,即不是假定卖方垄断者与社会其余成员都按同一比例消费全部商品,就是假定对卖方垄断者的利润抽税,把税款作为红利尽数分配给社会其他成员,而从这种影响中抽象出来。
③ 庇古,《福利经济学》,第 802 页。

于其对社会而言的边际成本。资源就这样分配，一个单位的资源在各方面都能产生同样的边际效用，① 因而既定的资源供给达到最大满足。但在卖方垄断条件下，等于边际成本的可不是价格，而是边际收入。按照卖方垄断者的意愿，资源会是这样分配的，就是使用一个单位的资源所达到的边际收入处处相同，而且边际收入不等于边际效用。如果各种商品的需求弹性都不相同的话，那么，边际效用（按价格计量）对边际收入的比率在各行各业就会不同，因此（源自资源的一个增量）边际效用也就不会到处都相同。需求曲线相对更富弹性的商品的产量就会增加，因此就会有进一步的理由预期国民总所得的构成会改变。如果完全竞争的情况在第一种状况下的国民总所得由既定资源产生最大程度的满足，那么，卖方垄断条件下的国民总所得就会小于最大值。

但是，竞争条件下这种理想的资源分配的情况真的证明有理吗？我们假定的确有理时，我们这是在这个论点上跳过了很可疑的一步。对于一种严格合乎逻辑的见解来说，对超过一个人的效用的任何讨论，都是令人生厌的。谈论人们的最大满足不是真的无可非议的。但常识提出抗议说，假如我们把所有人都看成是毫无差别的，那么，总结他们的满足就是不允许的。人类，就其经济需要来说，总想使有关总满足的讨论有趣。在此基础上，我们可以说，假如任何两个人都有一样的实际收入，那他们就从这一收入中获得同一满足。我们还可以进一步说，如果一个人的实际收入比另一个人的多，那么，他所得收入的边际效用就会少一些。此时，就我们的完全竞争的世界来说，每一种商品的成本都保持不变，一切边际成本都等于价格，而价格又等于按货币计量的边际效用。假如收入都完全平均分配，那么，其边际效用对于每一个人就都相同。因此，资源的分配就是处于满足极大化这样一种状况。因此，要把这个竞争领域表述为一种理想状态，我们就得引入这样一个极其不真实的假设，亦即财富平均分配了。假如财富不是平均分配，那就没有理由假设由既定资源所获得的满足，在一个完全竞争的领域就极大化了。

---

① 这一概念的难点见本书第 195 ~ 196 页的论述。

因此，我们这个卖方垄断者的领域，毕竟尚无能与之竞争的一种很高的标准。但是，即使我们从卖方垄断者所致财富分配的变化中抽象出这样一个标准，总的说来，也似是说卖方垄断条件下的国民总所得的构成，与竞争条件下的相比，距理想的构成还要远。因为两者都受财富分配不均所致的资源分配不均的影响，而卖方垄断条件下的国民总所得又受边际收入因价格引起的各种差异所致的进一步分配不均的影响。

　　卖方垄断者会免受这一指质，而且甚至增进资源竞争的分配，假如情况是，富有的消费者阶层的消费品的需求弹性通常小于贫穷的消费者阶层的消费品需求弹性，那么，贫穷的要素所有者的消费品生产会有所扩大，而此类消费品的价格，就会相对于富有的要素所有者的消费品的价格有所降低。假定情况就是如此，或许就有理由出现这种情况。但是，市场由为数大一些的收入群体构成时，弹性往往会大一些；而市场全由富人构成或市场全由穷人构成时，弹性就要小一些。如有两类同等匀质的市场，贫穷者市场弹性可能就大一些；但若贫穷者市场同质度高一些，贫穷者消费品的需求弹性或许就比富有者消费品需求弹性小一些。因此，卖方垄断者导致的国民总所得构成的这种变化，就只会增强而不是缓解财富的分配不均。

　　还有一个论点尚需考虑。我们已指出有的要素受剥削程度会高于另外的要素。供给对各行各业的供给弹性相对小一些的要素因而受剥削程度最大的生产者，可能比供给少一些的受剥削的生产者富有。这有可能缓解财富分配不公。例如，土地受盘剥程度比垄断条件下的相对高，而地主比工人富裕的话，那就会有这样一种趋势。只要劳工的工会组织严密，而对某种行业的土地供给又常不完全富有弹性，那么，土地的受盘剥程度或许就高于工人所受的剥削程度。但曾经是最贫穷的和最易受剥削的这个生产要素，实际是无组织、无技能的工人。因此，卖方垄断者不可能对生产要素之间的财富再分配提出可行性要求。

八

将完全竞争领域与完全卖方垄断领域作比较,我们就会发现卖方垄断对各种不同领域的资源分配会产生某种不利的影响,且也对人与人之间的财富分配产生不利影响。但我们不能由此得出结论认为,现实世界中卖方垄断集团的这种扩展,除非对垄断与不完全竞争作了比较,否则必然有害,因为在现实世界,竞争是不完全的。让我们再次假设,在 s 种产品中,每一种产品的需求曲线和供给曲线都是一样的,且让我们再假定,卖方垄断者进入 n 种行业前,每一种行业内的市场又都是不完全的。

因此,就会有 n 个企业集团,而集团下的每一家企业各自的需求曲线都会比其产品需求曲线富有弹性,但非富有完全弹性。并且如果对每一个集团而言利润都是正常的话,那么,各企业就会都小于最适度规模。① 一旦企业集团受某个卖方垄断者控制的话,那他就能更富效率地组织该行业。假如正如我们所假设,某行业中的每一种要素的供给都完全富有弹性的话,那么,卖方垄断者就可以获取一种在完全市场上的那些生产方法,于是,效率就会提高,而生产成本却会下降。②

行业的这种重组凭借横向和纵向非一体化过程的企业专业化,效率就可以极大提高。但即使没有此类重组的可能性,效率也还是会有所提高的。假如不完全竞争领域的每一家企业都是生产匀质产品的,那对于某种生产过程来说(因此也就没有横向非一体化的可能性,因而也不可能实现纵向一体化),卖方垄断者就可能仍有节约,因为在不完全竞争的市场上,企业都是未达到最适度规模的。假如可从企业规模上提升并获取技术经济的话,那么,卖方垄断者就会以少而大的生产单位重组各个行业,生产要素的平均实物产量

---

① 见本书第 83 页。
② 参看本书第 150~151 页。完全竞争确保行业最高效率的方式,见附录报酬递增和递减中的深入论述。

就可以提高。①

但就算各生产要素的平均边际实物产量提高了，那也未必就可以得出结论认为，它们的边际实物产量就会提高，因为边际实物产量会在平均实物产量提高之前就开始下降（随着企业产量的增加）。② 在不完全竞争条件下，唯企业如此小，以致边际实物产量就是在提升也不存在获取企业规模微不足道扩大之利的可能性。③

由此可见，企业规模的扩大有可能提高边际实物产量，条件是处于不完全竞争之下的企业规模都相对小，各行各业按纵向和横向非一体化的重组都可能使其规模有所扩大。因此，有可能产生某种抵消效应，甚至从卖方垄断一开始就产生这种效应。不过，无论在哪一种情况下，作为实际获得的报酬，任一生产要素都获得了其边际实物产量×边际收入/价格所得的积这样一个规模的量。在那种新的情况下，边际收入与价格的比率比过去小，这是因为该产品的需

---

① 企业规模扩大所致的成本节约可分为两个部分：可归因于大批量生产的技术经济，以及企业家的固定成本分摊于大一些产量所致的节约。由此可见，即使不完全竞争领域的企业，也属于即使增长也无从获得技术经济的这样一种规模，此类企业的规模依然会是比起最适度规模来说还是要小一些的。会有卖方垄断者为降低成本，以期扩大生产单位规模，进而采取把企业家（他们以经理身份为卖方垄断者效劳）的报酬分摊到大一些的产量上面的这样一种趋势。但我们已经假定，对于全行业来说，企业家的供给是完全无弹性的。因此，卖方垄断者扩大企业规模和解雇某些企业家，此举会因企业家所得报酬的降低而招致反对。这会使企业的最适度规模缩减，而且要是企业家都受雇于各卖方垄断者，那他们所能获得的报酬就会减至这样一种水平，即按照这种水平出现的企业的新的最适度规模，会等于它们原先的实际规模。由此可见，企业的规模会保持不变。

但是，假如企业规模扩大就会有可获得的技术经济的话，那么，即使企业家的财产减为零，卖方垄断者也不会把他们给尽数聘用了。于是，企业规模会是大了一些，可企业家中，有的会永久失业，或是无可奈何之下找个另外的职业。

② 参看图71。
③ 由于企业规模的扩大，各种要素的相对地位会改变。参见本书第260～261页。

求曲线比各企业的产品需求曲线的弹性小,但也有可能出现边际实物产量会增加到(由于效率提高)足以使此亏损抵消甚或大于此亏损的程度。因此,各要素的绝对实际报酬可能提高,它们实际上也有可能对竞争者产生回报。

但是,也有些要素是不会获利的。比如,边际实物产量,卖方垄断者对各行各业进行重组前唯竞争非常不完全,而且企业规模都很小,才能通过企业增长而达到增加。而且尽管企业非一体化或许就能提高边际实物产量,但那也只有在下列情况下才有这种可能性,那就是,边际产量提高幅度大于各要素从卖方垄断者那里所能获得的那一增长价格对边际收入的比率。

取消在第一种状况下各种产品的市场是完全的这一假设,我们就可以使卖方垄断者的职权加大了。假如促成市场不完全的那些条件依然存在的话,那么,卖方垄断者就能以这样一种方式有差别地推销各种产品,这种方式是,把完全竞争视若比较的基础。而这,在第一种情况下就行不通,因为使市场不完全的同一原因,有可能使有差别地对待市场可行了。①

假如卖方垄断者可以有差别地对待市场,那么,他们的利润就会大一些,他们会不仅仅支付低一些的工资,而且能使他们在购买上少一些消费者剩余进而获利。② 同时虽然作为一个整体,消费者是处境差了,但也有社会成员比单一卖方垄断制下的日子好过多了。把损害归咎于相对于低价而付高价的那些人是不可能的。但既然有一种不得不付高价的比其他人富裕的人,那么扮演罗宾汉这一角色

---

① 见本书第 162 页。
② 我们认为在孤立地考察卖方独家垄断时,歧视销售的影响力有时反倒会导致大一些的销售量,而有时又导致小一些的销售量。有时,卖方垄断者只能按独一无二的一种价格销售时,销售量则保持不变(见第 15 章)。假如垄断领域中我们的 n 种行业仅符合某一行业的产量趋于增长一类情况的条件的话,那么,卖方垄断者的边际收入与价格之差,就会比单一垄断条件下的差小。因此,剥削程度也会小一些。但是,这个差又不致小到仅足以补偿消费者剩余之减少部分,因为无论何种情况下,垄断利润是歧视情况下总比单纯垄断情况下要大一些的。

的卖方垄断者可能再次被认为是具有某种可以弥补缺陷的特征的。

九

假如我们撤销第二个假设亦即没有资本积累的话，那么，其他生产要素就会进一步抵消卖方垄断者给它们造成的损失。可以假设共享垄断利益的阶层人数不如生产要素所有者多，而且既然他们的收入会因为其他要素不得不放弃的那一部分而得以增加了，那么，财富分配就会比过去还要不公平。如果我们的方案考虑到资本积累，财富的积累总的说起来会比此前积累得快一些了，虽然低利率会减少竞争制度下提供新的资本的那些人的储蓄额。资本的这种低一些的回报对前资本所有者来说是一大损失，但资本量的增加会使国民总所得增加，而且趋向于不断地使工人们的实际工资有所增加。当然，财富分配不均促进储蓄这一事实，是对财富分配不公的一种辩护（如果储蓄可以用任何另外一种方式予以确保的话），但它也有一点可取之处。因此，既已达到这样一种程度，我们的卖方垄断者或许还会因这种不公平而获得称赞呢。

十

就根据我们已作的那种极其抽象的分析得出适用于现实世界的任何结论，似是都会有失轻率的。但有一个总的结果似是已经可以从中获悉了，我们发现一个垄断行业与一个不完全竞争行业相比，一旦行业的控制单位扩大规模，生产技术就会有相当明显的进步。但我们还认为控制单位规模扩大会导致财富分配上的不平等，会使卖方垄断者领域的这个问题变成那种效率与公正之间的为人所熟悉的两难窘境。为对当今垄断的变化趋势形成某种判断，为生产率提高起见，我们必须决定赋予大企业权力是否值得。这是一个抽象的分析，它无助于我们解决问题。这个问题实际上可以看成两个问题：第一个是一个事实问题。垄断经济规模究竟有多大？我们可从控制单位的某种扩大看看该行业组织到底将获得多大改善。这于评价垄断之所得显然极其重要，而后我们才能确定任由其承担可能的风险是否值得。第二个问题是一个判断问题。生产效率如何提高才能使我们考虑可取的垄断化。

第一个问题超出某种理论专著的研究范围。必须具有多种行业正确无误的技术水平以及对它有具体而全面的了解，才能谈得上对从垄断中获取的经济效益作出估计。但即使对理论家而言，表明各种不同垄断都带来各种不同技术重组的希望，也是合情合理的。在一种纯粹简单形式的方案中，如造船公司，或无任何集中可言的配额限产形式，如1930的年《煤矿法》，那就几乎毫无理由地期望效率会提高；但如果有对很多生产企业都实施具体控制的一种组织，则具有实现技术进步的很大的可能性。

第二个问题与对人人都有自己意见的个人判断有关。但重要的是要记住会有这样一个问题，即垄断的可能效率与财富分配不公会加剧这种危险达成的均衡。为说明垄断可取而说明垄断会提高效率是不够的。

十一

对最抽象的那种情况必不可少的三个假设，我们至此尚未作过讨论。

首先，我们尚需作出这样一个假设，那就是，卖方垄断领域由一个封闭的系统构成，在该封闭系统内，从总体上看，生产要素的供给都是完全缺乏弹性的。取消这一假设，情况很可能会是卖方垄断者一出现，国民总所得就会减少。例如，坚持要求某种实际工资的工会或劳工组织强大的话，那么，垄断者一出现，就会降低实际工资，从而引起工人失业。而且假如把资本投入能够获得高报酬的国家，则垄断产业可获得的资本数量（从长期看）就会减少。无论就哪一种情况来说，所涉要素的实际报酬都因有垄断者介入而降低。

其次，我们尚未讨论随着生产要素充分使用后充分均衡得以保持的情况。对这个问题的进一步深入思考会使我们的研究超出本书范围。但是，一卖方垄断者的介入是否会打破均衡；二在某种垄断制下,是否会有维持均衡的机会,一旦机会来临,如现实世界那样,我们是否会对垄断领域进行研究。某种突然全面推行的限制计划可能会导致工人们很长久或许是永久失业。而且,情况很可能是,赖以在竞争条件下充分就业的非常不完全的那种机制,在垄断制下更加无效。其实无论在哪一种情况下,都会有很重要的一项给添入垄断劣势,而这,必须与方法上的可能进步权衡利弊。

最后,我们还得作最后一项假设,也就是卖方垄断者之间不存在串通行为。假如他们联合起来,那么,生产要素的报酬,就会下跌而至最低水平,因为作为一个整体,每一种要素的供给都极其缺乏弹性。卖方垄断者的力量如此强大,由于担心激起生产要素所有者的革命,他们会不付诸实施,而这样也就不可能有对任何问题的正确分析。

结　论

　　本书旨在为专事分析的经济学家提供一个工具箱。这些工具适用的领域范围很窄。从可用这些工具解决的那种种问题中，无论是向前看还是往后看，都存在很多尚未解决的问题。从这些问题往后看，有这样一些基本问题，解决这些问题取决于对整个供给曲线和需求曲线的分析的有效性。对于这些带有普遍性的问题，就其性质而论，采用这些工具于事无补。但是，即使在使用这些工具的领域内，也必须赋予我们所使用的工具某些赖以起作用的资料，这样，采用这些工具才能奏效。需求曲线和成本曲线的形状和变动的那些想象中的例子（这些例子是为展示这种工具构思而成的），如果赋予某种据以运用其巧妙之处的工具以某种现实性的话，那就会有助于说明那些工具能产生的效果的性质。从这些问题往前看，就有很多这样的问题，解决这类问题，或许就得有新工具。但是，这些问题与这里所讨论的问题，是处于同样抽象的可解决的水平。除这些问题外，还有这样一些问题，它们是非有某种更为复杂的方法不可的，舍此便无从解决问题；而这种方法，则是按照还要抽象的方法也还是用则必灵的。

　　本书的这种抽象方法水平高得令人苦恼。这种方法唯采用某种非常严格的假设予以简练的一种氛围中，才不至于一无可取之处。对立即适用于现实世界的效果感兴趣的读者，有权就这些工具对他们来说几乎毫无用处这一点说啧有烦言。骨制刀具和木制斧子唯能裁纸和把大头针扎进薄纸板而已。但是，准备逐步朝构筑一种能解决现实世界提出的那些问题能力的一些专事分析的经济学家，或许能从这一工具箱中找到对他们来说是适用的某些工具。

附录 报酬递增和报酬递减

一

在前面的分析中，我们使用了某几个行业的商品供给曲线和特定行业的生产要素的供给曲线。但这些概念与我们尚未讨论的某几个基本问题都是直接相关的。现在，不论对这些基本问题持何种看法，本书提出的大部分技术工具都是用得上的。我们在下列各节中解决这些问题所作的尝试，都是试一试这些方法。

二

某种商品的成本递升曲线，有时被说成是*报酬递减*曲线；而成本递降曲线，则称为*报酬递增*曲线。混淆从此就产生了。① 报酬递增和报酬递减若看成一般法则说不定还要好一些。这种一般法则的效果，凭借施加于某种生产要素的影响，或许就见效了。某种商品

---

① 庇古教授建议采用"供给价格递升"和"供给价格递降"这几种说法，理由是"成本"一词含糊不清。因为有时出现平均成本在减、边际成本则在增，或者平均成本在增而边际成本在减的情况（《福利经济学》，第217页）。不过，"供给价格"招致更为根本性的异议，对垄断企业来说根本没有意义。垄断企业的供给价格根本无从谈起。上策似是就说递增成本和递减成本，并在有必要时才明确指出什么叫成本曲线。在上一节，平均长期成本就是指的这样一种相关成本。

成本，由生产这种商品所使用的各单位生产要素的成本加总而成。成本（随着产量的提高）是升是降，将取决于单位产品中的劳动、土地、资本或企业等等某种成本是升还是降。产量提高，各生产要素中，有的具备报酬递增律生效的条件了，而有的则符合报酬递减律生效的条件了。最终结果可能就是上述第 10 章中所论的所有成本都有升有降，或者有的升而有的降这样一种状况。

加上这个附录，一个目的就是要说明，就某一行业来说，报酬递增和报酬递减，用巧当选定的效率单位绘制成的生产要素供给曲线，可以完全对称地体现出来。在前面各章中，这种曲线就是这样处理的。但是，就性质来说，报酬递增和报酬递减并不对称，因此有必要研究一下这种现象究竟是怎么产生的。

三

一如通常所述的，报酬递减律的意思是，在任何一种生产要素①数量固定的情况下，另外几种生产要素数量接续增加达到某一定量以后，所得产品的数量就递减了。从生产成本的角度看，如果某种要素数量固定，而其他各种要素都投以递增的数量与它一起共同使用，效率并没有提高，反倒另外几种要素用量增加后所致的产品价格降低了，如此状况过了某一点，单位产量的生产成本就会提高。

初一看，报酬递减律如此明显，似是没有必要作进一步解释了，但也许还是能以一种更有助于阐明其真正意义的方式对它作出陈述的。稍加深思就可以说明，报酬递减律实际上说明的是，一种生产要素与另一种生产要素相互替代的程度是有极限的，或者换句话说，

---

① 报酬递减规律与土地这个要素之间之所以存在联系，唯一的原因就在于，按照整个社会的观点看，土地的数量是有限的。我们在研究某种商品的供给曲线时，没有理由认为土地会是稀缺的，要说其他任何一种要素稀缺程度都不至于出人意料的话。该规律告诉我们的无非也就是只要有稀缺要素，就会存在报酬递减规律，而劳动、资本和企业就都像土地一样受该规律支配。

生产要素之间的替代弹性并非是无限的。① 如果情况并非如此的话，那就有可能会是，一种生产要素数量固定，而另外几种要素则处于完全弹性的供给之下，并借助于那种固定要素生产部分产量，然后这一种要素与另外几种要素之间即可达成最适度比率，从而以另外某种要素替代这一要素，而且就按照恒定的成本增加产量。

由此可见，报酬递减律是要求任何一种产品的生产所需要的各种要素都分为两大类，每一类都是一种生产要素，而且就以这样一种方式，使一种要素与另一种要素之间的替代弹性比无穷大要小一些。因此，报酬递减律是从某种生产要素的定义上推出的，因而是无需给予进一步证明的。

什么时候按此方式界定的要素之一在生产该产品的行业中是处于不完全富有弹性的供给状况时，某种产品的成本递增情况就会在什么时候发生。就此极限情况来说，某种要素的供给很可能是完全缺乏弹性的。

稀缺生产要素供给既定的情况下，产量增加，则产品成本提高的程度当取决于替代弹性。就极端情况来说，根本就无替代弹性可言，因此，产品生产就非有要素恒定比例不可，而该产品的成本曲线就会与稀缺要素的供给曲线一样急剧地上升。如果该稀缺要素数量绝对固定不变，那么，该商品的供给就会极其缺乏弹性，因而其产量遂无增长可说。

在属于更为一般的情况下，某种替代或许行得通，因而要素比例会发生改变。此时，比起那种稀缺生产要素的供给曲线来，产品的成本曲线上升之势就会不如前者急剧了；而且，即使稀缺要素数量绝对固定，产量有一定程度的增加，也未见得就不可能。这种商品的成本随着产量的增加而提高的幅度会是替代弹性愈大而愈小的。②

---

① 替代弹性见本书第 234 页所下的定义。但就这里所讨论的目的来说，还是采用下列想当然而又更基本的定义方便一些：要素数量成比例变化的比率被其边际实物产量成比例变化的比率除以之后所得的商。
② 见本书第 108 页注②。

举一个例子即可使这些论点变得清楚起来。假定有一块独一无二的建房地基。要是资本和建筑商的劳动是土地的完全替代者的话,那么,在这个地基上就既可以按恒定成本矗立起一幢无限高的摩天大楼,并且还不会有报酬递减律起作用的时候。按另一极端情况来说,假如根本不存在替代的可能性,那么,在此地基上,盖得起一间小屋就算不错了,而绝无房屋内的房间需求增加一说,而不论这需求量有多大,并且也不可能导致房屋数量的增加。但在任何一种通常的情况下,各要素的比例都可能加以改变,但不会没有极限,而且某一地基上的房屋中的房间的建造,就会按成本递增进行。

由于要素比例通常是因其中一种是稀缺要素(随产量的增加)而发生改变的,因此,报酬递减律也就总与要素比例的变化联系在一起。但是显然,从根本上说,报酬递减律并不是归因于要素比例的变化的,而是归因于这样一个事实,即要素比例发生变化的程度是有一个极限的。

四

现在我们必须考虑某种行业的某种生产要素的供给曲线了。暂且我们假设不存在行业规模经济。

假如这种要素就其在该行业的效率来说是匀质的,那么就不难绘制它的供给曲线。每一个要素单位(比方说,一英亩或者一个人)按照该行业的观点看彼此都一样,某要素与另一个要素之间的替代弹性无限大。但该要素对该行业的供给或许就不完全具有弹性,其成本会因使用量一大而就提高。① 这是不难理解的。

但是,为什么某种要素的供给对于某个行业来说会低于完全富有弹性的程度,其最一般的原因,在于该要素按照该行业的角度和按效率考虑来说不是匀质的。因此,就不必按照其自然单位,即英亩数、人数或货币资本单位等绘制该要素的供给曲线,而是按照效率单位绘制这一供给曲线。具体做法如下:当某种要素,比方说土

---

① 见上文第8章就可能导致这种影响的条件所作的论述。

地，为某个行业所利用时，就取该要素任何一种自然单位，比方说一英亩，而且就把它想象为是被同类的其他要素所替代了，其余一切则都保持不变。当另一片土地在以与这一标准英亩一样的效率加以利用并产生相同数量的产品时，其效率就等于该标准英亩的效率。任意选定的那最初的一英亩土地，此时也就起到了一个标准单位的作用，而面积不一的另外各片土地都可以折合为这样一个标准单位。因此，该行业所需要的土地总供给，就可以按照这个效率标准单位加以表示。把这个单位称为*校正自然单位*是合适的，它体现了将其特质作了校正的这样一些要素的自然单位。① 依据校正单位计量的替代弹性，在这种要素的一部分与另一部分之间会是毫无差别的。也就是说，假如体现一个校正单位要素的某一片土地或某个数量的工人，偶然要求比其他的高一些价格，则这些要素就会被从该行业中给排除，或者就不得不接受与其他要素一样的价格。

假如就效率来说该要素是匀质的，那么，各校正单位也就与自然单位相同。例如，人数、英亩数或既定数额的货币资本等等，也就都没有必要予以校正了。但是，即使该要素并不匀质，但只要不存在行业规模经济，那么，各种要素按校正了的自然单位算，从数量上看也就都会有所增加，比方说增加了 10%，或者实物产量增加了 10%。也就是说，是有恒定的实际报酬的。当然，如果要素之一的价格（就这些单位来说）在提高之中，在另外的一些要素增加 10% 时，它实际上不可能提高 10%；实物产量增加 10%，实际上会是以这个要素增加不到 10% 而另外几个要素则增加超过 10% 而得以

---

① 该校正方法不完全令人满意。不同自然单位的相对效率，有可能因为其他要素用量的多寡而变化。肥沃的 1 英亩土地与贫瘠的 1 英亩土地的效率之差，一旦回报低，再加既定数量土地高比例地使用劳动，而非按英亩平均计算回报高一些的土地用人少一些，产量就会变得少一些。其间的差别无法先验地说可能在何处，因此，我们的校正很可能是各种情况都按照所论行业的技术状况和他种要素的成本而进行。在有的情况下，这一困难似是克服不了的，但就我们需采用某种行业的要素供给曲线这一概念的大多数情况来说，这种困难又是克服得了的（见本书第 316 页注）。

实现的。但是，要是各种要素*都*等比例地增加的话，那么，产量*就*会按照那个比例提高了。由此可见，按照校正单位计量，如果一种要素的边际实物产量，都以恒定比例与其他各种要素组合在一起（还是按照各校正单位计量），那它们就是相同的，而且这就取决于各要素的比例。

现在，假设不存在行业规模经济，那么这样可以获得恒定实际报酬，且按校正过的自然单位绘制一条供给曲线。要是该要素就效率而言是异质的，但一个自然单位与另一个自然单位之间效率的差别在该行业是完全一样且在另外多个行业也是相同的，那么，各种不同单位的转移成本就会与其效率那样有相同的比例，① 且校正了的自然单位的要素供给曲线就会完全富有弹性。假如按行业的角度看这种要素是稀缺要素，那么，按校正了的自然单位计的价格，就会随着使用量的增加而提高的，且该要素还会导致该商品的成本递增。

五

现在，我们必须分析一下行业规模经济并研究报酬递增律。报酬递增律有别于报酬递减律，因而对它作同义反复就不行了。要是按照某种方式给生产要素下定义的话，那么，报酬递减律也就是个逻辑必然的问题，而报酬递增律则是一个经验事实的问题。这可以作如下阐述：任何一种生产要素专供某种用途的数量一有增加，其所得的结果常常会使组织的效率得以提高，因而使各自然单位的要素（人、英亩或一定单位的货币资本）效率都得以提高，结果就是增产，却无需此类要素实际数量按比例增加。这一规律，或者毋宁说趋势，与报酬递减律一样，固然同样适用于一切生产要素，但又与报酬递减律不同，它并不适用于一切情况。有时，要素使用量增加固然会使效率得到提高，但有时又并非如此。

效率究竟怎样才能得以提高，这尚需深入研究。效率所以提高，

---

① 见本文第98页。

是因为生产要素，就我们所知的这个领域而言，是由不可分的单位构成的，其中每一个单位又都不是同样高效率地适于完成生产所需要的各种任务的。假如各种生产要素都像沙子那样可以细分的话，那么，哪怕是任何一种产品就生产微小的一点点产量，也就可以尽可能地竭尽大规模行业之优势，趋利避弊，达到目的。但实际上，生产要素是由人——提供劳动和工商企业家；货币资本——可像沙子那样加以细分，但必须变成生产工具，而且其中每一种工具，由于技术上的原因，又都必须具有某种规模；以及通常是可分的，但有时由于技术上的原因又无法无限制地细分的土地等项要素构成的。由此可见，在满负荷运转的情况下，一种行业是绝难一应齐备、有能力多生产一个单位产品就多生产一个单位的。

但这一事实又怎样为产量提高、生产成本下降这一现象作出解释呢？这个观点可说明如下：假定有一个其单位不可分的某种生产要素，而其余的都可以按不变价格由一个一个小额增量予以增加。于是，假如该固定要素的成本不予置理，那么，高到某一程度的单位产品成本就会不变了。一开始会加以使用的只有部分数额固定和单位不可分的要素，随着产量的提高，这一不可分要素就会有更多的投入使用。该稀缺要素一全部投入使用，报酬递减现象就随即开始，其他各种要素单位的产量成本随即提高。但与此同时，这种单位不可分要素如果不论是否充分使用都必然招致某种成本的话，各单位的产品在该固定成本中所占的份额就会减少。由此可见，一开始，整个平均成本会一直下降，直至与其他要素单位产量相对应的成本提高超过这一不可分的生产要素的单位成本时，才会止降。

代表这种不可分的生产要素单位产量平均成本曲线，是一条长方形双曲线，其中的一个长方形面积等于该要素的成本，其平均成本随产量的提高而不断下降。其他各要素的平均成本稳定不变直至达到 OS，至此，报酬递减开始，而后提高。平均总成本曲线，即这两条曲线之和，下降直至产量 OT，然后上升。边际成本曲线保持不变直至 OS，而后开始上升，与平均总成本曲线相交于其最低点，即产量为 OT 之处。成本上升到某一点，使用第二个单位的这种不可分要素就有赢利了，而整个过程复又重新开始了。

我们已经熟悉这种结果,因为我们已把它用于个别企业的成本分析中了。在那种分析中,这种不可分单位指的是企业家,其他各种要素则是可变要素。但是,只要存在需有某种价格而不论其产量如何的某种不可分单位的要素(要求某种工资的单个人,或是有某种成本的一台机器),这同一过程就起作用,而且对技术经济作出解释的正是这一事实。技术经济是指一家企业的增产数额大于企业家分摊到大一些产量上的固定成本时所能实现的经济。

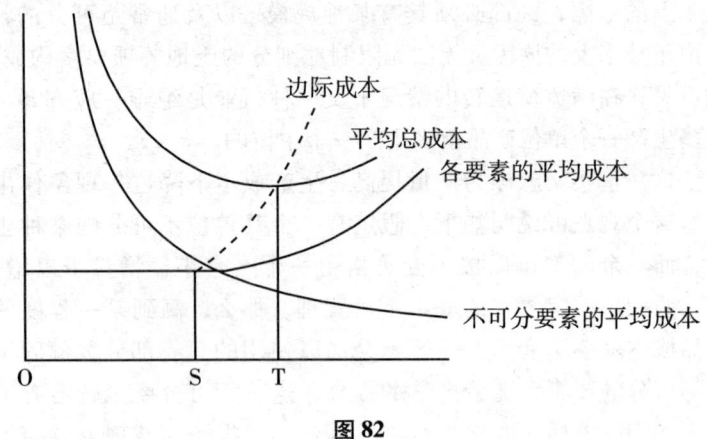

图 82

实现报酬递增的可能性因各单位要素都适应完成各种任务而加大了。人们的天赋、技能是各不相同的,而且在专心致志完成某一项工作时还能获得后天技能;① 每英亩土地的天然生产力各异;各种机器可设计为能承接且完成各种特殊工作。对任何生产来说,都会有多层级的可供采用的技术方法,而每一种方法中都会使用到比最后一种专门化程度还要高的生产要素单位;而一旦生产过程中的每一种方法都由专门适用于(按性质、实践或按人的心灵手巧程度)某一独特工作的某个单位生产要素付诸实施了,那生产也就得以最高效率地完成了。不过,既然各生产要素单位都是不可分的,那么,

---

① 源于"熟能生巧"这一事实的效率提高本身,就是各要素单位不可分的一种结果。假如劳动可以像沙子那样加以细分的话,那么,劳动的每一细粒即可恒久专用于某一项任务,因而也就可以事半功倍了。

最专业化的生产方法也就导致为数最巨的支出，而且为实现很小的一点产量而使用高度专业化要素的全套设备也不合算。产量提高则可以采用层级高一些的专业方法，而且也正是由于这个原因，成本才会因产品产量提高而下降。

各单位要素的专业化常常是很不完全的，产量尚小时，一个单位的要素，例如一个人，就可以完成多项各不相同的任务。报酬递增法则常与产量一有增加各单位要素所完成的任务项数就减少这一点联系在一起。例如，亚当·斯密就说过："节省通常在一种工作换成另一种工作时的间隙实现。"[①] 而马歇尔则提到了雇用非熟练工人可同样完成很好的任务；雇用熟练工人去完成工作所致的浪费是因为产量过小，这个熟练工人无需一刻不停地用其技术完成此项任务。[②] 但是，从根本上说，规模经济并不因为特定单位的生产要素有多种用途而不会产生，而是因为这几个单位的生产要素并非完全是有多种用途才产生不了。

如果各单位生产要素都因为完全专业化而仅能完成一项任务的话，那么，就会出现最大的成本递增率。在亚当·斯密的制针厂，假如每一个工人都是由某种严格的种姓等级制度施加于他们的独一无二的生产环节上的，那么，哪怕只是生产一枚针，也必须把所有工人都投入劳动——一个人把金属丝给拉长，另一个人把它给拉直，第三个人把它给切成一截一截，如此等等。于是，如果人均工资与产量无关的话，[③] 那么，这一个小组的工人所能维持的与产量相应的总成本，就会等于一枚针的成本，这样，最大的成本降低率也就可以获知了。当一个小组达到维持该产量能力的时候，那就得雇用一个新的小组，因此，也就不会有实现专业化的进一步的可

---

① 《国富论》，第四篇，第 1 章。
② 《经济学原理》，第 264～265 页。
③ 按照产量给一个单位的要素付酬这种做法产生的效果与该单位仿佛完全可分所致的效果一样。假如亚当·斯密笔下的制针工人，不论单干还是合作都按同一制针速率付酬的话，那么，针的成本就不会因为产量的提高而改变。

能性了。

就更为通常的情况而言,各单位要素是都能完成各种任务的。因此,假如从一开始就引入最大可能程度的专业化的话,那么,产量每有提高,所使用的生产要素数量就会有一定的增加。但产量增加的比例会高于要素用量增加的比例,因为随着产量的增加,更专业化的不可分单位要素就可投入使用了。

六

我们已经发现了报酬递增归因于特定要素单位的那种不可分性。对某种产品成本的下降作出解释,必须在生产过程的某个阶段上找到某个不可分单位的生产要素。我们知道,任何生产过程中都会投入同类多个单位的生产要素,就现实产量来说,就不再有报酬递增的可能性。也许有某种还要高一些的专业化程度,可除非产量会增加,否则提高专业化程度就不会获利。因此,可以说还是有可望引起报酬递增的某个独一无二单位的。但是,凡在可望出现报酬递增的情况下,生产过程中就总有某个阶段使用了那独一无二的一个单位的生产要素。①

因此,只要仅有一家企业参与某种产品的生产,生产成本下降就容易予以解释。该企业的规模于平均成本达至最低这一点,或许还小了点,因为它的生产设备的某一部件、某套设备、某个领薪雇员或是该企业家自身,都无需给该企业的哪一部分设备增加成本,他(它)们很方便地就能合作,以提高产量。竞争一旦不完全,各企业规模一旦小于最适度规模(利润要正常的话),生产就会处于均衡状态;而某一家企业产量一旦增加,就会导致平均成本的下降。

一种处于完全竞争状况下的行业,成本是否会发生下降这个问题,就要复杂一些了。为使报酬递增的效应得以专门论述,且让我们假定该行业按校正的单位计量的各种要素,都有完全富有弹性的

---

① 参看罗宾逊:《竞争行业结构》,第 25 页。

供给。① 处于均衡状态的该行业由若干企业构成，而且每一家企业都有最适度规模。但单个企业家的能力很有限，而且情况或许会是企业处于最适度规模的情况下，但在某些部门，通过进一步使用某些不可分要素单位，或是借助于提高要素的专业化程度，还是有技术经济尚待实现的，因为现在这种技术经济还抵不上规模庞大的管理部门的不经济。②

我们很想得出结论，认为企业一经专业化，报酬递增即可实现。每一个企业就都可以使用那些此前未能充分使用的不可分要素单位，专注于尚存更大规模的生产，放弃某些制造过程，把管理上的负担转交给另外的企业，由此而实现更多的技术经济。与此同时，企业家专注于一部分生产过程可能获得的专业知识和技术，这样就能获得更多的利益。但在完全竞争的条件下，在企业专业化能导致成本递减这一点我们得以满足前，我们还得更为严密地研究这个问题。

企业专业化可分为两类：横向非一体化③和纵向非一体化。横向非一体化是指这样一个过程，即原先生产很多不同产品或某一产品的不同类别的每一家企业，都逐渐专门化于范围窄而又窄的产品，乃至（孤注一掷）每一家企业干脆就生产单独一种产品中的单独一类。庇古教授将在此过程中发现的对递降供给价格的存在的一种充

---

① 我们要是说某个行业的要素供给是完全富有弹性的，我们这是意指，一旦投入某个行业的劳动、资本或企业多一些了，那是如前相同的薪酬吸引所致。然而，一旦终于进入该行业了，其效率或许会因为专业化而提高，因此，该行业的效率价格就下降。不过，这倒不是因为总的说来它变得价廉了，而是因为得到使用的总量加大时，它的某一个部分的使用效率提高了。我们研究的不是某个行业，而是行业的报酬递增这个问题，这是没有办法假设作为一个整体的要素的某种价格的，于是，这类探索也就变成了难以理解而且极其困难的了。只要我们是孤立地研究某种行业的，那就可以设想为这是在使用一大批有关要素了，而此类要素的一个自然单位的成本就可以按照货币价格予以计量。
② 罗宾逊：《竞争行业结构》，第 7 章。
③ 说成水平非一体化会自然一些，但是"横向一体化"通常用于意指生产同类商品的企业的联合，而"水平非一体化"最好还是保留相反过程这个原义。

分解释作为一个例子，他援引了英国的和德国的棉纺织业。英国的棉纺织业比德国的规模大、专业化程度高。"德国有代表性的工厂从事的工作类别，比英国的有代表性的工厂从事的工作类别多得多。因此，工人的技术，德国自然少得多，浪费的时间也多，工厂组织的完善程度低"。① 在现实世界，横向非一体化的这一原则最为重要，但它有助于解释完全竞争条件下的那种成本递减的存在吗？如果某个行业一开始就从某种完全的市场逐步发展起来的话，那么，我们也就理当期望它一开始就从尽可能最大程度的专业化发展起来。要是有什么要依靠集中于几个支数的棉花方面的获得，我们理当期望有一个完全竞争的棉纺织业，尽管它仍然规模相对较小，由相当多的企业构成，且各企业都生产各种不同的支数。总之，它会由很多企业构成，而每一个行业都由一家垄断企业控制。一开始，随着该行业的发展，成本会有一定递减，因为随着每一支数的市场的扩大，企业可以专业化于少一些的支数上；但一旦市场扩大到足以有几家企业都生产同一支数，那么，成本递减的情况就会结束，因为再获得经济的可能性减小了。对庇古教授的论点提出的这一批评有助于说明潜存于完全市场假设中的荒谬言行之一。归因于企业之间极端专业化的寄售纱线的成本的节约，会大到足以抵消采购者遭遇的那种不方便和费用——归因于从一个一个生产者那里预订的每一支数。假如织造商同时需要多种不同纱线，那他就会宁肯从同一商行那里预订，除非一个能尽数向他供货的企业的报价，比其他各家都专业化于一种或两种支数的报价高得多。但现在我们是在讨论在完全竞争行业中的完全市场上的产品的销售。在一种完全的市场，我们是假定顾客首选按最低价销售商品，而且是不论价格差别有多小，也不论要价稍高者的其他方面面好处有多大。由此可见，在存在完全市场的情况下，企业间的最高专业化程度就会从一开始呈现出来，我们预期发现的唯一一种成本递减，就会发生于垄断企业所在的行业，其时，该企业的规模尚未达到最适度规模。

按照我们对行业所下的定义，横向非一体化是指独一无二的一

---

① 悉尼·查普曼先生，庇古教授所引用的，见《福利经济学》，第221页。

种行业分解为多种类似的行业，而纵向非一体化①则是指某种行业分解为一系列生产过程，而每一个过程都分别由各家企业独自完成。棉纺织业再次为此提供了范例。在英国，棉纺织业是分为若干部门的，这些部门分别由若干企业构成，这些企业是各自独立完成某一种生产过程的，比方说纺、织、漂白、印染等等。经营原棉和在外国市场销售的等类企业也不再推行一体化，而由脱离生产企业的经纪人和批发商掌管。在日本，则反之，从购买原棉到销售棉纺织品的全过程，都归各家企业独自完成。在棉纺织行业，最大可能程度的纵向非一体化迅速实现了。纺与织一分开，再没有一个过程可作进一步细分了。但就汽车一类复杂的对象而言，实施非一体化的可能性几乎是无穷的。随着一家汽车公司规模的扩大，公司如果从一开始就感受到了工商企业家报酬递减律的影响的话，那它完全可以，比方说，把某种汽车零部件或是散热器，要不就是车身的生产业务，转交给一家专业公司，而自己继续提高汽车产量，且不增加员工。其间，随着汽车产量的提高，该专业汽车厂商还能从那些技术经济中受益；而这种技术经济，汽车制造商是无从获得的，因为诸如此类的汽车零部件的单个产量都太低，实现不了充分的研究和开发。②

在纵向非一体化与横向非一体化的行业一样多时，专业化程度就取决于市场规模，因此，我们应该再一次地预期完全竞争条件下发现的每一个经济增长阶段，都能实现最大的专业化程度。两三家企业一专事每一个过程，我们就当预见进一步实现成本递减的可能性是终于枯竭在即了。③

---

① 见罗宾逊：《竞争行业结构》，第110页。
② 英国汽车工业的纵向非一体化连年不断地继续着，原来旨在控制轮胎制造及橡胶种植之整个制造过程的福特先生，现已开始获专业化之利。参见：《向前进》，第153~154页。
③ 不过，我们应当想到，随着产量的增加，纵向非一体化会不如横向非一体化发生得快。

协调非一体化过程需有一定成本，而这会反映于产品成本之中。如若某种产品经由多个生产过程，其中每一个过程又由不同的企业进行，那就必有某些运输成本，包括成品的零部件装配过程中导致的订货和开

由此可见，一旦我们严格地把完全竞争这个假设的含义悉数弄清，预期可归因于专业化的成本递减的领域就很窄。因此，只有在生产过程中的某一阶段还有在起作用的某个不可分的要素单位时，成本递减才会发生。

如果不存在非一体化经济，或是由于企业发展达到最适度规模前，大规模生产的技术经济就已经枯竭，或是由于技术上的原因，纵向一体化根本就无法实现，而非一体化经济又都已发生，专业化又不可能进一步推进，那么，该行业产量要有提高，也就只能或是使相互同样的最适度规模企业增加个数，或是就在这些企业之间进行合作或并购，增加企业集团，进而完成整个生产过程。

就是到了那个时候，可能的情况或许就会有递减成本，因为其时可能就有*外部经济*了。一家新企业进入该行业时，很可能使所有企业的产品都变得价廉起来，而各企业都按其最低平均成本生产，这最低平均成本也降至更低了。此类外部经济的最简单的例子，首推机器的购买价格是该行业给机器制造业提供的市场愈大就愈低的这样一种情况。①这也恰好可以看成是纵向非一体化的一个例子。机器制造业代表着业已从主业分解而成的那种生产过程的一个组成部分，该主业是按递减成本运行的。因此，我们必须研究机器制造业

发票成本在内。这些成本是产量一增加就可望下降的，因为有大规模搬运货物上的经济。由此可见，某种非一体化过程会因为产量大而可能获利润，产量小则无法形成利润，虽说产量尚小时已有某种专业分工经济可获得。

① 为了研究任何一种行业的报酬递增和报酬递减原理，我们必须假定任何行业的任何一种要素使用量的某种变化，都只是对总的要素的价格和效率产生微不足道的影响。若此条件满足不了，则某种行业的任何变化就都会改变一切生产成本，因而还会对该行业的产品需求曲线产生反作用。实际上，这个条件常常是得不到满足的。例如，某个地区的任何一种行业的规模的任何扩展都可能就各地各行各业的运输、银行业务和其他各种设施带来降低成本的情况。因此，区内的一切产品都会变得价廉起来，这种扩展中的行业的产品需求曲线可能会改变。在这样一种情况下，那就不可能把产品需求曲线作为与产量无关的情况来处理了。见斯拉法，《经济学杂志》，1926 年 12 月。

怎样一来竟至会呈成本递减了,于是我们也就重新继续整个研究,且发现此类成本递减不是归因于那独一无二规模的非最适宜企业①的存在,就是归因于外部经济。如果此类成本递减系归因于外部经济,那么,我们就得再次重新研究,直至水落石出。

但是,会有另外一类外部经济,这一类外部经济并不是起因于某个附属行业的规模。如果有一支庞大的劳动力队伍习惯于某种行业的工作了,那结果就会是某种传统技术得以发展,而且每一个工人在一个规模小一些的行业工作就会更为能干。不过,这类经济很可能会是罕见但无足轻重的,除非此种行业是从极小起始规模发展起来的,而且这种经济通常是取决于具有我们正在考虑之中的那种供给曲线的那种行业规模的,而不是取决于该行业的发展状况。

七

外部经济和企业的专业化经济可以并成一类,归入行业规模经济这个标题下,而与个体扩展所致的经济,或者说取决于企业规模的内在经济,形成对照。行业规模经济很可能产生改变企业规模的影响,而企业旨在使自己适应于新的最适度规模而实施的重组,则有可能导致更深层次的规模经济。此类经济,罗伯逊先生是称之为内部—外部经济的。② 它们是内部经济,因为它们有赖于企业的规模;它们又是外部经济,因为它们取决于所在行业的规模。从原因或者假定推出结果可知,或许规模最适度企业由于存在外部经济的结果③反倒是规模越来越小的原因,比起规模越来越大的原因变化

---

① 非最适宜企业必因垄断企业这一事实使这种情况复杂了。需求增加并不是每一次都会导致产品降价的,虽说这种增加会导致平均成本的降低。
② "专题论丛",《经济学杂志》,1930年3月,第86页。
③ 专业化对企业规模的影响,由于难以界定规模而难以讨论。一般而论,我们应该按产量计量一个企业的规模,但是,作为专业化的结果产量的性质改变了时,这就行不通了。按雇用的人数计量过于粗略,而按雇用的人数再加设备计量用起来又过于复杂。既然这一点与这里的讨论关系不是很大,看来这似乎是不值得设计的一种企业规模计量指数。参看肖夫,《经济学杂志》,1930年3月,第115页。

得要容易一些。例如，机器价格低廉化，就将使大企业对小企业拥有的优势减少了一部分。假如某种专用机械价廉了，可归因于其未满负荷运转的那种亏损就小一些了，而导致企业趋向于取大型最适度技术规模的影响力就不如过去了。反之，趋向于降低相对于工商企业家成本的其他要素成本的任何一种影响，都将促进企业最适度规模的扩大。继马歇尔①后庇古教授断言，一般而论，企业往往会随着行业的扩大而扩大。然而，现实世界发生这种情况的这一事实，可用下列事实予以解释清楚，那就是，在一种不完全的市场上，企业的均衡规模很有可能随着行业规模的扩大而扩大。② 在现实世界，根本没有理由指望各企业都处于最适度规模状态，企业在扩大中这一事实，并不证明最适度规模在变得越来越大。更何况在现实世界，还必须考虑种种发明、企业的某种历史增长趋势，这些或许就应归因于适于大规模采用的新的生产方法。无论如何，内部—外部经济，与导致其出现的行业规模经济相比，未见得有多么重要。

我们可以把前面的分析取得的结果概括如下：规模小于最适度规模的企业的产量，可能出现成本递减的情况；而就某种完全竞争的行业来说，某家企业的最适度规模大到尚不足以让各种可能的大规模生产技术经济在每一个过程中都得到充分发展，因此，报酬递增源自企业的专业化，而且即使专业化的可能性业已尽数消除，成本递减也还是有可能由外部经济引起的。

八

在各种不同的情况下，报酬递增都源自生产方法的精益求精。随着产量的增加，各种生产要素的效率都可以凭提高不可分要素单位的使用率，或采用专业化程度更高的生产方法，而得以提高。由此可见，报酬递增与报酬递减是迥然不同的，报酬递增的原因不是

---

① 《福利经济学》，第 221 页；《经济学原理》，第 18 页。
② 马歇尔从来不曾在《经济学原理》的正文中对他的各种图中的体现完全竞争这种刻板的观点穷源溯流，这在他的脑子里或许就有这种影响。

生产要素效率有某种变化，而是由于其价格有某种变化。不过，企业会是有可能设计出一种方法的，采用这种方法，就可以按照要素的价格体现行业规模经济。因此，从某个行业的角度考虑的报酬递增，就可以采用与报酬递减相对称的一种方法加以讨论。

我们首先就分析最简单的一类行业规模经济。试假设该行业规模扩大时和机器价廉时用的是同类机器，那么，要是比方说另外的要素我们都给增加了10%（按校正了的自然单位），机器的台数也给增加了10%，于是，我们就使产量增加了10%。由此可见，机器可以看做是资本的一个效率单位，这种简单类型的报酬递增，可以看做是源自生产要素使用量增加时资本的这些效率单位的价格的某种下降。

复杂一些的几类报酬递增可按照同一方法加以讨论，但生产方法随着产量的提高而改变时，我们就不可能立即明白存在何种效率单位。不过，一个效率单位可以设计如下：首先，除一种要素外，其余每一种要素都按校正了的自然单位增加10%。此时，给剩下的要素，比方说资本，增加10%，直至产量也给增加10%。假如不存在规模经济，那就得按货币资本单位计增加10%；① 假如存在规模经济，按货币资本的单位计的增加额就得小于10%。于是，我们就可以说，我们已经按效率单位计增加投入了资本10%。于是，我们就会有借以拟就该行业资本供给曲线的一种资本的效率单位。假如增加产量10%，资本的货币价值的增加可以小于10%（其他各种要素都增加10%），假如货币单位的资本供给完全富有弹性，那么，资本的成本就会增加小于10%，资本的供给价格按这些效率单位计也就会降低。由此可见，行业规模经济是可以用对该行业来说要素之一（按货币单位计）的一条下降的供给曲线体现的。当我们以同样的方式考虑不改变形式而变得价廉的机器时，机器就是效率单位；而且既然这种资本校正单位等于一定量的货币，那么，这个单位也就是使用量一大效率也就更高的。因为随着机器越来越价廉，可购

---

① 既然我们这是就长期问题按货币单位计量资本的，因此，这种情况下就无需就无同质性作校正，而且经校正的自然单位会与自然单位相同。

买的机器也就越来越多,效率单位的供给价格就下降了。就还要复杂的几类行业规模经济而言,那就不可能如此容易地明白应该把这种经济归于何种要素了,不过,采用这种工具,行业规模经济就可以按任意选定的任何一种要素的供给曲线予以体现。①

---

① 生产方法随着产量增加而改变时,类似于上述讨论中的一种困难便出现了。经校正的资本单位(即货币)所致的效率的提高,会不仅取决于首选使用的资本数量,而且还取决于首选使用的其他要素数量。其他要素数量则取决于其成本。由此可见,从效率单位方面来说的资本供给曲线,并非独立于其他要素的供给曲线。在各种要素性质均一旦供给价格在下降的情况下,例如,使用一多就变得价廉的机器一类情况,这一困难并不存在。不过,这一技巧要用于更为复杂的情况,那就必须有一个据以开始的起点,即要素组合的已知某种程度。产量的增加超过这个起点,该技巧就会准确起作用;但如起点改变了,则所有独立要素的供给曲线便都得予以重画。

我们已经使用的这一技巧在有的情况下实际上并无起点,例如,我们以竞争与垄断作比较时,垄断条件下的要素比例(不是产生既定产量,就是与既定的人合作)从竞争条件下的比例的每一点上看都可能不同。我们引进了各种要素供给曲线,以论述下列事实,即产品平均成本曲线和劳动平均净生产量曲线在垄断和竞争条件下并不是总是相同的。正是基于这个原因,在前几章我们讨论行业规模经济时(以下降的资本供给曲线显示),我们把更多为某一行业所用时机器变得价廉这种情况当做形式不变但价廉的例子,因为在那种情况下,要素供给曲线是独立于这种机器使用的比例的。就这种情况而言,它不会使我们对发现就连垄断和竞争校正了的比较也常不准确感到很有压力。为什么这些比较不应作?如此多的普通常识原因(见第14章),我们发现它们不能比较是存在颇有些微妙的分析原因的。

在我们使用这一技巧的另外的情况下,该技巧不会有负于我们。我们讨论劳动的竞争需求曲线时,我们是把产品需求曲线和其他要素(按自然单位计的)供给曲线当做数据的,而且还以这作为起点建立了其他要素的供给曲线,且以数量或大或小的效率单位建立而成。于是,从该商品的任何数量开始,利用将用于生产该产品的要素比例为手段,我们即可为或大或小的产量绘制出按效率单位计的各种要素的供给曲线。

由此可见,正是在垄断与竞争的此类比较中,而且是仅就某些情况的比较中,上述对我们的分析技巧所持的歧义,是不利于它的精确性的。

一旦各种要素的数量都按照效率单位加以计量了,那么,恒定的实物报酬就会占优势。这就是说,按效率单位计的各要素数量就会同比例增长,而且各要素的边际实物产量(按效率单位计)会如前一样。由此可见,采用这个工具,恒定的实物报酬的条件就会得以确立,其任何变化都可归因于要素效率的单位价格。这一绘制要素供给曲线的工具并没有使报酬递增和报酬递减的性质显得非常清楚,而且也没有告诉我们,原就不了解的商品成本曲线出现了什么新的情况。它不过就是一种分析工具而已,有了这种分析工具,每一种报酬递增和报酬递减,就都可适用于最简单的一类条件,即由完全相似的人、英亩或机器等构成的匀质生产要素,以及某种行业会有上升的供给价格还是会有下降的价格,作出分析。

九

在前几章的论证过程中,我们利用了这一技巧。我们绘制某种竞争行业的劳动需求曲线时,我们是判断按自然单位(人)计量的劳动,而且容许经济以另一要素(资本)下降的供给曲线(按效率单位)出现。假如我们想绘制资本的需求曲线,我们就得使此过程倒过来,并按货币的单位计算资本,按效率的单位计算劳动,以便假如有行业规模经济,这种经济就能以一条下降的劳动供给曲线得以证实。

我们论述某个企业的劳动需求时,我们认为不必利用这种技巧。我们就以实物单位(人和货币单位)既计量劳动又计量资本,并任由企业规模经济仅以劳动和资本的实物产量的提高显示它们作为企业所增加的使用量。

在比较垄断条件和竞争条件下对劳动的需求时,我们必须考虑企业的某种要素的边际产量与该行业该要素的边际产量之间的那种关系。一个是对该企业而言的该要素的边际实物产量乘以该商品价格的积;另一个则是该行业的边际实物产量乘以边际收入的积。尚待显示的是,我们有正当理由把企业的边际实物产量,看成是与该行业的边际实物产量一样的,因此,企业的一种要素的边际产量,与该行业的这种要素的边际产量是相同的,都等于价格对边际收入的比率。假如我们要以自然单位而非效率单位计量任何一种要素,情况就不会如此了。再一次地,就以资本由某种机器构成来说,这种机器一旦用量多了,我们以货币计就变得价廉(没有任何其他变化)了。同样,假如我们以货币(为经校正的自然单位)计量资本,如果一家企业增加它所使用的资本量,如一个单位的货币资本,那么,机器就会对所有企业变得价廉;而如果另外的企业所使用的资本量按货币计量保持不变,那么,它们这是既用了更多的机器,也使产量提高了。由此可见,行业的边际实际实物产量就比企业的要大。但是,如果以效率单位(在这里,是指机器,机器都是一样的)计量资本,如果是指机器的价格下降时的经济,那么,一家企业增加资本使用量,如增加了一个效率单位的话,它们这些增加了的资本使用量所得的全部利益,也就都显示为机器降价了。这样,按效率单位计的资本的边际实物产量,无论是对企业而言,还是对行业而言,就都相同了。

复杂一些的情况也可以以同样的方式予以论述。假如其他企业所使用的资本的效率单位数保持不变,而某一家企业的使用量增加了,那么(根据效率单位的定义),它们的产量就会恒定,企业和行业的边际实物产量就会完全相同。归因于资本增加的行业所得的利益,完全证实了资本的效率单位的廉价化,也就是说,行业的资本供给曲线,而不是资本的实物产量,都得到证实了。由此可见,在整个规模经济由我们在计量边际产量的要素供给曲线所体现时,该要素的边际实物产量,无论就企业而言,还是就行业而言,都是一样的。如果这种经济是以另外某种生产要素的供给曲线予以显示的,那么,情况就不会如此了。假如规模经济由资本供给曲线予以体现,则行业的劳动边际实物产量就会比企业的大。

十

我们认为,以一个行业的要素供给曲线体现报酬递增和报酬递减,这不只是行得通,而且按独此一个行业的角度考虑,此类递增报酬和递减报酬还会是完全对称的。报酬递减是一旦效率成本提高后某种要素使用量就会增加的现象，而报酬递增、效率成本就降低，则是归因于某种要素使用量一旦增加的这种现象。

但正如我们注意到的，就其性质而言，报酬递增和报酬递减是不对称的。报酬递增是增加某种要素使用量时，对已经使用了的各要素单位的效率产生了某种有利的作用；而报酬递减则是在增加某一种要素的使用量时，对已经使用了的各要素单位的效率产生了某种不利的作用。

某种要素使用量一旦增加价格就降低（效率保持不变）的话，与报酬递减相对称的某一类报酬递增现象就会出现。可这在实际上是很不可能发生的。① 假如某种要素使用量一旦增加，效率就不如前高了（其价格则保持不变），而与报酬递增相对称的一类报酬递减现象就会出现。这种情况有时就可能发生。我们认为，对于某种行业来说的报酬递增，会以三种方式出现。首先，报酬递增由企业实施专门化引起。与此相对称的一类报酬递减则不可能发生。其次，报酬递增可由不受任何一类附属行业支配的外部经济引起，例如，由更多的人在某种行业就业时劳动力的那种天赋的增进引起。另外，在有庞大的劳动力队伍在某一个行业谋生时，在劳动力整体素质逐渐下降时，在增加的就业者都不如以前能干时，就会有与此类外部经济相对称的一类外部不经济。第三，某种附属行业随着规模的扩大而效率提高时也可以导致外部经济，且与此类外部经济相对称的外部不经济发生的可能性还要大。假如某种机器制造业是在成本递增的条件下运行的，那么，机器的供给价格就会上升，而按同一利率提供的等额资本能买入的机器就会不是台数少一些，就是质次一些。从该行业的观点看，会有同样影响，即仿佛使用量一大，资本的供给价格就会提高。但我们不能听任这个问题直至我们已经研究

---

① 单价下降有时可能导致劳动供给增加，因为平均每一件产品所得的越少，每个人就会多生产几件。但这里并没有提供劳动供给曲线下降的真实例子。这里成为供给增加原因的是劳动降价，而不是由于降价所以供给增加。

机器制造业为什么按成本递增的条件运行时,才予以考虑,① 而这必然可归咎于某处的某种稀缺生产要素,要不就是可归因于这样一种情况,即按同一价格供给的生产要素的某种实体变质——可这是颇为不大可能的,就像我们想象工人雇用得一多,就不如以前能干颇为不大可能一样。因此,我们认为普遍的几类递增和递减报酬是不对称的,但又可以设想存在这样的情况,那就是普遍的一类报酬递减(可归因于某种稀缺要素)会与罕见的一类报酬递增(用量一大,价格就低廉的这种要素)相对称,以及普遍的一类报酬递增(归因于该要素的效率提高)会与罕见的一类报酬递减(用量一多,该要素就变质)相对称。无论如何,从某个行业的角度看,报酬递增和报酬递减都是完全对称的。②

虽然从某种行业的角度考虑,各种各样的报酬递减和报酬递增都可以看成是对称的,但是对整个社会来说,其间的区别又是极其重要的。对整个社会来说,效率的某种变化就不是代表净利就是代表净亏损,而价格的某种变化则不是这样。可见,可归因于罕见的一类报酬递减和普遍的一类报酬递增(生产要素效率变化)的成本变化,从行业的角度和从社会的角度看,就是如果不是成本递增,那么就是成本递减;而可归因于罕见的一类报酬递增和普遍的一类报酬递减的变化(要素价格变化),那就是唯据行业的角度看,而不是按社会的观点看的成本递减或成本递增了。③

---

① 如若该辅助工业在外国,这一追逐可构想为止于母国边界。庇古教授视进口原料涨价(本国工业发展时)为本国工业规模不经济的例子,而非稀缺生产要素存在的结果(《福利经济学》,第222页)。
② 本书中提出的分析没有考虑要素价格变化所致的成本递减,或归因于要素效率变化所致的成本递增(各种情况下均以校正自然单位计)。但这种分析很适易于讨论这罕见的几种成本递减和成本递增现象。
③ 见《福利经济学》,第219~227页。

图书在版编目（CIP）数据

不完全竞争经济学/（英）罗宾逊（Robinson, J.）著；王翼龙译. —北京：华夏出版社，2013.7
（西方经济学圣经译丛：超值白金版）
ISBN 978-7-5080-7672-0

Ⅰ. ①不… Ⅱ. ①罗… ②王… Ⅲ. ①不完全竞争－垄断经济学－研究 Ⅳ. ①F038.2

中国版本图书馆 CIP 数据核字（2013）第 131610 号

不完全竞争经济学

作　者	［英］罗宾逊
译　者	王翼龙
策划编辑	陈小兰
责任编辑	罗　云
出版发行	华夏出版社
经　销	新华书店
印　刷	北京世知印务有限公司
装　订	三河市李旗庄少明印装厂
版　次	2013 年 7 月北京第 1 版 2013 年 7 月北京第 1 次印刷
开　本	880×1230　1/32 开
印　张	10.75
字　数	309 千字
定　价	29.00 元

华夏出版社　地址：北京市东直门外香河园北里 4 号　邮编：100028
网址：www.hxph.com.cn　电话：（010）64663331（转）
若发现本版图书有印装质量问题，请与我社营销中心联系调换。